इंदिरा दाँगी

इंदिरा दाँगी का जन्म 13 फ़रवरी, 1980 को मुरैना, मध्य प्रदेश में हुआ। उन्होंने बी.कॉम. और एम. ए. किया। *हंस, वागर्थ, नया ज्ञानोदय, आउटलुक, समकालीन भारतीय साहित्य, कथादेश, पब्लिक एजेंडा, साहित्य अमृत, कथाक्रम, परिकथा, कादम्बिनी, भाषा, बया, साक्षात्कार, आजकल, हिन्दुस्तान टाइम्स, नई दुनिया, पीपुल्स समाचार, दैनिक जागरण* आदि विभिन्न पत्र-पत्रिकाओं में उनकी कहानियाँ व नाटक प्रकाशित हैं। उनकी कहानियों का अनुवाद अंग्रेज़ी, उर्दू, मलयालम, उड़िया, तेलुगु संथाली, कन्नड़, मराठी आदि भाषाओं में हुआ है।

ई-मेल : bbs_dangi@yahoo.com

एक सौ पचास प्रेमिकाएँ

इंदिरा दाँगी

राजकमल पेपरबैक्स

राजकमल पेपरबैक्स में
पहला संस्करण : 2013
दूसरा संस्करण : 2016
आवृत्ति : 2024

राजकमल पेपरबैक्स : उत्कृष्ट साहित्य के जनसुलभ संस्करण

राजकमल प्रकाशन प्रा. लि.
1-बी, नेताजी सुभाष मार्ग, दरियागंज
नई दिल्ली-110 002
द्वारा प्रकाशित

शाखाएँ : अशोक राजपथ, साइंस कॉलेज के सामने, पटना-800 006
पहली मंजिल, दरबारी बिल्डिंग, महात्मा गांधी मार्ग, प्रयागराज-211 001
1, अनमोल सोराबजी संतुक लेन, धोबी तलाव, मरीन लाइंस, मुम्बई-400 002

वेबसाइट : www.rajkamalprakashan.com
ई-मेल : info@rajkamalprakashan.com

बी.के. ऑफसेट
नवीन शाहदरा, दिल्ली-110 032
द्वारा मुद्रित

मूल्य : ₹ 199

EK SAU PACHAS PREMIKAYEN
Stories by Indira Dangi

ISBN : 978-81-267-2431-4

अनुक्रम

लीप सेकेंड

खच्च्!!—मौत के अपराजेय जबड़े ने कौर भरा; अबकी एक आकर्षक युवा ज़िन्दगी निवाला है।

इंजीनियर गुलाल अपनी हालिया शुरू सॉफ़्टवेयर कम्पनी के दफ़्तर में रात तीन बजे तक काम करता रहा था। एक बड़े सरकारी प्रोजेक्ट के लिए उसने इतनी तैयारी की है कि अब किसी दूसरी कम्पनी को ये प्रोजेक्ट मिल पाना कम-से-कम उसे तो मुमकिन नहीं लगता।

"इस प्रोजेक्ट के बाद कम्पनी का नाम एकदम से चमक जायेगा। मैं इतनी-इतनी मेहनत करूँगा इस पर कि लोग हमारे काम की मिसाल देंगे; हमारी कम्पनी को ढूँढ़ते फिरेंगे काम देने के लिए।...अगले तीन सालों में बैंक लोन चुकता कर दूँगा—मुझे करना ही है! फिर स्टॉफ़ बढ़ा दूँगा, फिर शहर की प्राइम लोकेशन पर ख़ुद का ऑफ़िस...नहीं, ये सब बाद में; पहले बिनी की पढ़ाई, उसकी शादी और इससे भी पहले पापा का ऑपरेशन—करवाना ही है जितना जल्दी हो सके।...ये प्रोजेक्ट मुझे चाहिए ही!"

यही और ऐसा ही सब सोचते हुए वो घर के लिए निकलने से पहले एक अंतिम नज़र डाल रहा था, स्टाफ़ के सब कम्प्यूटर्स बंद तो हैं? टॉयलेट की बत्ती बंद है? कहीं नल तो खुला नहीं रह गया?

दो कमरों में संचालित कम्पनी। छह कम्प्यूटर्स-कर्मचारी। कोने में प्लाई-लकड़ी की आधी आड़ से बना उसका केबिन : टेबल-कुर्सी-कम्प्यूटर भर। पीछे दीवार पर टँगी अब्दुल कलाम की फ्रेमशुदा तस्वीर। तस्वीर के कोने पर चस्पी एक स्लिप—उसकी हैंडराइटिंग में दर्ज दो पंक्तियाँ, अब्दुल कलाम साहब कहते हैं—एक बड़ाऽऽ ड्रीम पालिए!

घर को निकलने से पहले ये तस्वीर, ये पंक्तियाँ उसके ऑफ़िस रुटीन का अंतिम क्षण। दिन में कभी नज़र पड़ जाये तो एक सेकेंड तो देखेगा ही। स्टाफ़ हँसता है, "सर की वर्किंग का लीप सेकेंड!"

लीप सेकेंड : जीवन का, जीवन से ऊपर एक क्षण। वो हँसकर सोचता है, "यही लीप सेकेंड मुझे एक दिन सेलिब्रिटी बनायेगा; देखोगे तुम सब!"

ज़मीन के पच्चीस लीप सेकेंड्स जैसा पच्चीस साल का गुलाल!

"अरे, खिड़की खुली रह गई!'

किसी शरारती बच्चे-के-जैसा तेज़ हवा का एक झोंका फुहार कमरे में उछालकर भाग गया। यहाँ-वहाँ कम्प्यूटर्स पर बारिश की नन्ही बूँदें बदमाशी से मुस्कुराने लगीं।

खिड़की बंद करने को वो जैसे ही पास आया, एक दूसरी फुहार की लहर उसके कंधों-शर्ट-चेहरे-बालों को भिगो गई। बाहर रात कितनी ख़ूबसूरत है, किसी बुर्कापोश नाज़नीन के जैसी! जब सब ज़रूरी ज़िम्मेदारियाँ पूरी हो जायेंगी, वो शादी करेगा—फिर ऐसी ही किसी भीगी रात में, ऐसे ही किसी वक़्त उसके सेलफ़ोन पर घर से बार-बार कॉल्स आ रहे होंगे। उसके घर लौटने की बेसब्र प्रतीक्षा! हर घण्टे एक कॉल! हर कॉल में डपट भरी फ़िक्र-हुक़्म-मनुहार!...वो अधखुली चोटी में गुलाबी रिबन टाँके उसके इंतज़ार में जागती होगी!—बदन में नींदवाला मीठा आलस उतरने लगा। हैंडसम इंजीनियर ने खिड़की बंद करने के लिए हाथ बाहर निकाला।

खच्च्!!—मौत के अपराजेय जबड़े ने कौर भरा; अबकी एक आकर्षक-युवा ज़िन्दगी निवाला है। उँगली में तेज़ कुछ चुभा है। ततैया के डंक-सा दर्द?...नहीं, करंट के नंगे तार-सा!!

एक निमिष सेकेंड में उसने हाथ भीतर खींच लिया

और और

उँगली की पोर में गपे अपने दाँतों के साथ, हवा में लहराता हुआ साँप भीतर खिंचा चला आया—रसेल वाइपर??

दिल तेज़ नहीं धड़का, जैसे रुक गया—धक से! उसकी आँखों में पल को अंधेरा-सा झिप आया।

"नहीं गुलाल!"—बॉडी के सेल्फ़ डिफेंस मेकेनिज़्म ने कहा। साँप को मुट्ठी ने भींच लिया। दूसरे हाथ ने टेबल पर रखा सीडी-बॉक्स उलट दिया,

खड़ खड़ खड़ ड़

सेकेंड्स में ये घटित हुआ। सब सीडीज़ फ़र्श पर और मुट्ठी में छटपटाता साँप पारदर्शी डिब्बे में बंद। ड्रायर में से फ़ाइल बाँधने वाला सुतली-धागा निकाला और उँगली को दम भर कसके बाँध लिया। ज़हर को फैलने से रोकना होगा—तुरन्त! पेपर कटिंग वाला चाकू हाथ में है और वो सर्पदंश वाली पोर को लगभग छील रहा है। आँखों से आँसू छलक पड़े हैं, मुँह से चीख; ये बहुत कष्टसाध्य है—अपनी खाल ख़ुद काटना, अपना माँस गोदकर निकालना, दबाकर अपना ही ख़ून बहाना—पर जान पर बन आये तो आदमी क्या नहीं करता!

कम्प्यूटर ऑन करने और इंटरनेट के सर्च पन्नों पर जाने में जो मुमकिन न्यूनतम समय लग सकता था, उससे भी कम लिया उसने।

सर्च इंजन—येलो पेजेज़—एंटी वेनम—भोपाल के वे अस्पताल जहाँ इलाज उपलब्ध। पहला नाम आया—पास के सरकारी मेडीकल कॉलेज-अस्पताल का।

''हट वे!''—उस दारुण कष्ट स्थिति में भी उसने ख़ुद से कहा।

पेट दर्द-पेचिश और बात है, पर सवाल अगर जान का हो—हिन्दुस्तान के सरकारी अस्पतालों में भला कौन जाना चाहेगा सिवाय विवश-अधमरे ग़रीबों के?

अगला नाम है, नर्मदा हॉस्पिटल—नियर हबीबगंज रेलवे स्टेशन।

हबीबगंज रेलवे स्टेशन??

लालघाटी से हबीबगंज रेलवे स्टेशन की दूरी—क्या पंद्रह किलोमीटर? नहीं, शायद बीस!...और समय कितना शेष है??

वो दौड़ता हुआ चार मंज़िल सीढ़ियाँ उतरा।

क्षण भर को रुककर इधर-उधर संभावित इंसानी मदद के लिए दृष्टि भटकी—लालघाटी चौराहे की सड़कें सनाका खाई हुई-सीं, चुप, सूनी, वीरान।

कोई नहीं??—उसके कितने सारे मित्र हैं—फ़ेसबुक के सैंकड़ों वर्चुअल फ्रेंड्स से लेकर ज़िन्दगी के पुराने कॉलेजी-स्कूली यारों तक—दोस्त ही दोस्त! फिर कितने नाते-रिश्तेदार, परिचित, आत्मीयजन, कामकाज-संबंधी; और परिवार, जो ज़िन्दगी है...और इन पलों में जबकि मौत उसके आसपास है, साथ कोई नहीं...दूर-दूर तक, मदद कोई नहीं!

—प्रेजेंस ऑव माइंड गुलाल!

उसकी सेकेंडहैण्ड कार एक बार में कब स्टार्ट होती है?

कि र्र र्र—पसीना छूट गया उसका।

कि र्र र्र—मन रुआँसा होने को आया।

कि र्र र्र ड् ड्—एक उम्मीद

कि र्र र्र ड्अ ड्अ ड्अ ड्अ ड्र्र ऽ

होहअ! स्टार्ट हो गई!

साँपवाले बॉक्स को डेसबोर्ड पर रखा और फ़ोर्थ गियर की स्पीड साधती कार सड़क पर दौड़ती चली गई।...रात के स्याह बुर्के में लिपटी लालघाटी अपने नौजवान को जाता देख रही है। पानी गिर रहा है—टप! टप!

क्या वो लौट पायेगा?

''रसेल वाइपर ही है!''

बिनी के साथ देखा एक टी.वी. शो याद आ रहा है। दुनिया के सबसे ज़हरीले हत्यारों में से एक—रसेल वाइपर! शिकार को मरने में लगता है फ़क़त एक घण्टा। पहले ख़ून ख़राब होगा, फिर साँस लेने में तकलीफ़ फिर शायद ब्रेन हेमरेज़ या शायद दिल का काम तमाम!

मोहलत फ़क़त एक घण्टा!

उसने सेलफ़ोन में घड़ी देखी; पन्द्रह मिनिट की समय-वीथिका पार! मौत बस पैंतालीस क़दम पीछे है। कार की रफ़्तार तेज़, और तेज़; बारिश भी।

फ्रंट ग्लास पर से पानी हटाते रहने वाला वाइपर अटक गया। झड़ी-अपारदर्शिता से भरमाकर कहीं एक्सीडेंट ही न हो जाये! उसने डेसबोर्ड के भीतर से—इसी ज़रूरत के लिए रखी—सिगरेट की डिब्बी निकाली और दो-तीन सिगरेट्स तोड़-मरोड़कर उनकी तम्बाखू फ्रंट ग्लास पर बाहरी तरफ़ से घिस दी। बरसते पानी का दृश्य शीशे की तरह साफ़ हो गया।

जबकि उसकी एकाग्रता, गति, समय और सड़क के बीच भटक रही है; चुप दिमाग़ से निकल-निकलकर एक-दो-तीन हमशक्ल इर्द-गिर्द आ बैठे हैं। एक बगल की पैसेंजर सीट पर, दो पीछे। वो जैसे सुन रहा है, वे एक-एक कर साँप से मुख़ातिब हैं। पैसेंजर सीट वाला गुलाल रसेल वाइपर नाग से कह रहा है,

"यू नो व्हॉट, मैंने तुम्हें कैसे पहचाना? बिनी के साथ एक टी.वी. शो देखा था—ख़ास साँपों पर ही। वैसे मैं टी.वी. कभी नहीं देखता। पापा ज़रूर लगे रहते हैं चैनल-दर-चैनल, कभी न्यूज़ कभी प्रवचन। बिनी कभी उनसे रिमोट लेकर जानवरों वाला कोई चैनल लगा लेती है। कहती है, हर वक़्त इंसान-इंसान देखकर ऊब जाती हूँ। उसके इस शौक पर मैं ही सबसे ज़्यादा हँसता था, बिनी तुझे इंसानों की नहीं, जानवरों की डॉक्टर बनना चाहिए—ढोर चिकित्सक! हा हा हा!"

हमशक्ल बड़ी दारुण तरह से हँसा। आँखों में आँसू हैं। बॉक्स में फन पटकते क्रुद्ध साँप को वो उदास आवाज़ में बता रहा है,

"बिनी मेरी छोटी बहन है। मुझसे चार साल छोटी। एम.बी.बी.एस. कर रही है, एजुकेशन लोन पर। मैंने उससे कहा है, वो ज़रा चिन्ता न करे लोन की। बस, पढ़े-लिखे और ख़ुश रहे। उसकी सब चिन्ताओं को करने के लिए मैं हूँ ना उसका बड़ा भाई! बस, एक बार मेरा काम जम जाये; एम.बी.बी.एस. के बाद उसे एम.डी. करवानी है, फिर किसी अच्छे डॉक्टर लड़के से उसकी शादी करनी है। एक ही तो बहन है मेरी; वो धूम से शादी करूँगा मैं उसकी कि दुनिया देखती..., तूने ग़लत काट लिया यार!"—उसका गला रुंध गया और वो साइड ग्लास के पार देखने लगा। डेसबोर्ड पर रखा साँप कुंडली जमा रहा है।

रॉयल मार्केट-इमामी गेट के बाद कमला पार्क वाली सड़क भी बीत गई है, ये पॉलिटेक्निक चौराहा भी; और कितने अमूल्य मिनिट ख़र्च हो गए हैं ज़िन्दगी के?... फिर घड़ी देखी उसने—बारह!

—हिम्मत रखो गुलाल!

वो सोच रहा है, अगर समय रहते हॉस्पिटल तक नहीं पहुँच पाया तो अख़बार में एक फ़ोटो छपेगी—कार की ड्राइविंग सीट पर युवक मृत पाया गया। उसका पूरा शरीर नीला पड़ चुका था।

ठंडा नीला रक्त ?—नहीं! अभी धमनियों में गर्म ख़ून बाक़ी है। उसका वश चले तो कार को उड़ाने लगे।

अब पीछे की सीट पर दाँये बैठा गुलाल साँप को सुना रहा है,

"तुमने मेरे पापा को नहीं देखा। देखा होता तो ज़रूर मुझे बख़्श देते।...दस साल पहले उनकी बायपास सर्जरी हुई थी। अब फिर से तकलीफ़ है। डॉक्टर्स कहते हैं, नसों में ब्लाकेज़ होने लगा है; फिर से ऑपरेशन करना पड़ेगा। तब वे और आठ-दस साल जी लेंगे। पापा ऑपरेशन के लिए मना कर रहे हैं। कहते हैं, जो थोड़ा कुछ है घर-प्लॉट, वो तुम बच्चों के भविष्य के लिए है, उसे मैं ख़ुद पर हर्गिज़ नहीं..., इसी साल उनका ऑपरेशन करवाना है। मैं तो सोच रहा था, ये प्रोजेक्ट मिल जाये तो अगले ही महीने पापा को देहली ले जाऊँ; लेकिन अगर आज मैं मर गया, तब ऑपरेशन करवाने-न-करवाने का सवाल ही नहीं रहेगा—वे तो मेरी मौत की ख़बर सुनकर ही मर जायेंगे!"

ये हमशक्ल भी चुप होकर बाहर देखने लगा और ड्राइविंग करते गुलाल की मुट्ठियाँ स्टेयरिंग पर भिंच गयीं।

न्यू मार्केट को रफ़्तार से पीछे छोड़ती गाड़ी लिंक रोड नंबर एक पर है; पर गति यहाँ से कम तेज़ हो गई है। कुछ निढाल होने जैसा महसूस होने लगा है धमनियों में। सिर में एक अजीब वज़न। समय ?—समय ही तो ज़िन्दगी है; और ज़िन्दगी अभी हाथ में है...क्या समय भी! ये ख़र्च हो गए और आठ मिनिट।

—गुलाल! ऐ गुलाल!! सोना नहीं है!!

ड्राइविंग करते अर्धचेतन दिमाग़ के सामने कुछ धुँधला-सा, सड़क के दृश्य में आ मिला है :

स्कूल के यारों के साथ बिताये परिश्रम-प्रतिद्वंदिता से भरे प्यारे दिन,...कॉलेज के ख़ूबसूरत साल,...वो क्लासमेट जो किसी और की प्रेमिका थी, अपने बालों की अधखुली चोटी में सदा ही एक गुलाबी रिबन टाँकती थी। कैम्पस सिलेक्शन के बाद क्या कहा था उसने 'फिर नहीं मिलोगे गुलाल ?'...'खच्च'-उसने हाथ खींचा है और हवा में लहराता साँप भीतर खिंचा चला आया है!

अब पीछे बाँये बैठा गुलाल साँप के साथ अपना मन बाँट रहा है,

" बचपन की एक घटना सुनाऊँ तुम्हें; क्या पता यही मेरा आख़िरी वक़्त हो! इस आख़िरी वक़्त में सिर्फ़ मम्मी को याद करना चाहता हूँ। मैं तुम्हें तब की घटना सुना रहा हूँ जब मैं पाँच-साढ़े पाँच साल का रहा होऊँगा। हम सब बच्चे कॉलोनी की सड़क पर क्रिकेट खेल रहे थे। मैं बॉल लेने दौड़ा, तभी सामने से आती एक तेज़ रफ़्तार मोटरसाईकिल मुझे टक्कर मारती हुई चली गई। एकतरफ़ से मेरी बॉडी छिल गई थी। पड़ोस वाली आँटी ने मुझे दवा लगाई, पट्टी बाँधी और घर छोड़ने आईं; पर घर पर क्या देखते हैं कि मम्मी बाउंड्री में बेहोश पड़ी हैं और पास बैठी नन्ही-सी

बिनी रो रही है। किसी बच्चे ने उनसे झूठ ही कह दिया था कि एक्सीडेंट में आपका गुलाल...''

उसका गला भर आया। आँखों से अविरल आँसू बह चले,

''...तब मुझे तो नहीं, हाँ मम्मी को ज़रूर हॉस्पिटल ले जाना पड़ा था। उन्हें इतना गहरा सदमा लगा था कि कोमा में जाते-जाते बचीं। पूरा डेढ़ महीना लग गया था उन्हें नार्मल होने में। तब मैं पाँच साल का ज़रा-सा बच्चा था, अब पच्चीस साल का जवान बेटा हूँ; सोच, उन पर क्या बीतेगी ?...मेरी माँ बहुत सीधी है यार!''

बाँये बैठा हमशक्ल भी बाहर के शून्य में ताकने लगा। ड्राइविंग करते गुलाल के सीने में दर्द-सा हुआ है।

''सुनो तुम सब...''—उसने नज़र भरकर अपने तीनों हम-चेहरों को देखना चाहा।

—कहाँ?

—कौन?

कार में सिर्फ़ दो सच हैं—ड्राइविंग करता गुलाल और डेसबोर्ड पर कुंडली जमाये बैठा साँप।

एम.पी. नगर चौराहे से उसने राइट टर्न लिया ही है कि...कि ये बंद पड़ गई कार!

—कि र्र र्र

—कि र्र र्र

—कि र्र र्र

—कि र्र र्र

नहीं, अब इतना वक़्त नहीं बचा है! शायद बीस ही मिनिट बचे होंगे। पीछे आती मौत फ़र्लांग भर पीछे है।

बॉक्स उठाकर उसने सड़क पर दौड़ लगा दी।

बेइंतहा बारिश में साफ़-साफ़ कुछ सूझता नहीं। वो शायद सुबह के अख़बार ले जाने वाली जीप है—शुरूआती धीमी गति जैसे लोडिंग ऑटो। थोड़ा और तेज़ दौड़ूँगा तो पकड़ लूँगा।

फुटगार्ड पर चढ़कर बैकडोर से लटक गया वो। हाथ की पकड़ छूटने-छूटने को हो रही है। सीने में जकड़न महसूस होने लगी है, जैसे कोई अदृश्य अजगर अपने शिकार को जकड़कर उसकी साँस तोड़ रहा हो...अजगर नहीं रसेल वाइपर!

वो ख़ुद को लगातार हिम्मत बँधाये है,

''बस, हॉस्पिटल आने ही वाला है!''

और हॉस्पिटल आने ही वाला है। ये बाँये हबीबगंज रेलवे स्टेशन, और वो दिखने लगा है ऊँचा रोशन बोर्ड—नर्मदा हॉस्पिटल!

अरे! पर अख़बार वाली जीप तो रेलवे स्टेशन की तरफ़ मुड़ गई! धीमी होती जीप उसने छोड़ी और हॉस्पिटल की तरफ़ जाने वाले रास्ते पर दौड़ लगा दी।

पीछे छूट गई सेलफ़ोन की घड़ी कार में चल रही होगी, पता नहीं कितना समय और है ज़िन्दगी के हाथ में? समय का आकलन अब सिर्फ़ साँसें हैं। तेज़ और तेज़ होती साँसें! पीछे आती मौत कितने पास आ गई है; अभी पंजा बढ़ायेगी और दबोच लेगी गुलाल को...मम्मी के गुलाल को,...पापा के गुलाल को,...बिनी के पिता-समान बड़े भाई गुलाल को,

"तू ज़रा चिन्ता मत कर। बस पढ़-लिख और ख़ुश रह। सब चिन्तायें करने के लिए मैं हूँ ना तेरा बड़ा भाई!"

क़दम लड़खड़ाने लगे हैं। साँस खींचने में बहुत तकलीफ़, नीला पड़ता जा रहा शरीर।

इस तिराहे पर दाँये मुड़ना है--वो रहा हॉस्पिटल! दौड़ते क़दम मुड़ने से पहले ही ताक़त खो बैठे। वो गिर पड़ा। साँप वाला बॉक्स सड़क पर दूर लुढ़क गया।

तिराहे पर बेसुध-बेहोश जैसा औंधा पड़ा है। पीछे दूर किसी नीली सड़क से कुछ चेहरे उसे पुकारते हैं:

अधखुली चोटी में गुलाबी रिबन वाली एक लड़की उदास खड़ी है,

—फिर नहीं मिलोगे गुलाल?

पापा सीने के दर्द से छटपटा रहे हैं

—बेटा!

रोती-परेशान उसकी बहन

—भईयाजी!

और मम्मी, जो सबसे ज़्यादा प्यार उसी से करती हैं

--मेरा बच्चा!!

लीप सेकेंड : जीवन का, जीवन से ऊपर एक क्षण।...फिर आँखें खोलकर सिर उठाने की हिम्मत जुटाई गुलाल ने।

"मैं मर नहीं सकता अभी! मुझ पर बहुत ज़िम्मेदारियाँ हैं!"

लड़खड़ाता उठा। साँप वाला बॉक्स उठाया और फिर दौड़ा—शायद बिना ही साँसों के।

और अबकी जो गिरा, उसकी साँस लगभग बंद हो चुकी है और पूरा शरीर नीला पड़ गया है।

...और ये हॉस्पिटल की सीढ़ियाँ हैं।

जब वो दुरुस्त होशो-हवास में लौटा है, मम्मी, पापा, बिनी सब आसपास हैं। उसे लगा जैसे बहुत दिनों से बहुत-बहुत परेशान ये तीन नम चेहरे अब कहीं जाकर

मुस्कुरा पाये हैं। उसकी कलाई में सुई लगी है; ड्रिप चढ़ रही है। जूनियर डॉक्टर उसकी बाँह पर पट्टा कसते हुए ब्लडप्रेशर की सामान्यता जाँच रहा है,

"सब बढ़िया है। अभी नर्स को भेजता हूँ, आपकी ड्रिप हटानी है। अब आप एकदम स्वस्थ हैं।"

"वो रसेल वाइपर... ?"

"अपने उस दोस्त की फ़िक्र मत कीजिए। उसे हमने वनविहार नेशनल पार्क भेज दिया है।"

डॉक्टर ने मुस्कुराकर कहा और रूम से बाहर निकल गया।

एक नन्ही तितली आती तो है

सुनहली शाम; महानगरीय बाज़ार ज़िन्दगी की रौनकों से भरा हुआ।

बात कुल इतनी-सी थी कि पति-पत्नी को तोहफ़े के लिए एक ठीकठाक दाम की साड़ी ख़रीदनी थी और वे अपना स्कूटर रोककर एक दुकान में घुसे।

भव्य शोरूम में दो क़दम बढ़ाते ही दोनों के चेहरे एक भाव से अचकचाये; ग़लत जगह आ गये शायद; पर वे दुकान के कर्मचारियों के ध्यानों की सीमा में आ चुके थे और 'आइये! आइये! क्या दिखायें?' के निमंत्रणों को ठुकराया जाना अब असम्भव था।

अपराधी भाव से वो जोड़ा महँगे सोफ़े जैसे स्टूलों पर बैठ गया। रंग उड़े-से चेहरे से नौजवान पति ने एक नज़र अपनी दफ़्तर वाली शर्ट, काफ़ी इस्तेमाल हो चुके पैंट, रैग्ज़ीन के बेल्ट और चमड़े की सैंडिलों पर डाली; पर उससे भी ज़्यादा फ़ीका रंग नवयुवती पत्नी के चेहरे का हो चला था; ठेले से ख़रीदे पच्चीस रुपयें वाले कंगन, कटपीस साड़ी सेन्टर से ली भ्रामक महँगी साड़ी, कम्पनी के सेल ऑफर वाली चप्पलें और सोने के बारीक दानों का मंगलसूत्र... ! उसने साड़ी का पल्ला कंधे से आगे लाते हुए दूसरी तरफ तक खींच लिया, कुछ इस तरह कि कंगन और मंगलसूत्र अब नहीं दिख रहे थे; पर पति को उसकी पहनी एक-एक चीज़ की क़ीमत जैसे इसी वक़्त याद आनी थी। चौराहे पर तेज़ फोकस लाइट में खड़े होने सरीखा महसूसते पति के पास चिर-परिचित झुंझलाहट थी,

"कितनी बार कहा है, बाहर चलते समय ठीक से तैयार हुआ करो! जब देखो तब कंजूसी! सस्ते पर मरना तुम कब छोड़ोगी! ये कड़े क्यों पहन आईं? वो पाँच सौ रुपये वाले कंगन क्या अलमारी में रखने के लिए ख़रीदे हैं?"

वो तो शादियों-समारोहों में पहनने के लिये हैं या जब रिश्तेदारी में जाना हो। इस तरह ज़रा-ज़रा मौकों पर ख़राब कर लूँगी तो आप फिर कौन नये दिलवा देंगें!—पत्नी बिल्कुल कहना ही चाहती थी कि रह गई; दुकानदार उससे मुख़ातिब था,

"क्या दिखाऊँ मैडम?"

उत्तर पुरुष ने दिया,

"साड़ी; गिफ़्ट में देने लायक।"

दुकानदार ने नौकर को ऊँचाई से एक गड्डी उतारने को कहा और पति-पत्नी आँखों को चौंधिया देने वाली बेशक़ीमती साड़ियों से भरी दुकान को देखने लगे। आगे शोकेस में जड़ाऊ लहँगों और साड़ियों के खुले पल्ले सजे थे; दोनों ने ऐसी अनभिज्ञ-अनासक्त नजर से देखना शुरू किया जैसे पराये धर्म को देख-जान रहे हों।

"ये देखिये मैडम, ये बिल्कुल नया ट्रेंड है।"

जगमगाती दूधिया रोशनियों के तले दुकानदार ने पहली साड़ी फैलाई। आसमानी साड़ी पर जड़े चमचमाते नग ऐसे दिख रहे थे जैसे ताज़ा आसमान पर सैंकड़ों मार्निंग स्टार्स झिलमिला रहे हों।

पति-पत्नी के सधे चेहरों पर कोई भाव नहीं आया; दुकानदार ने दूसरी साड़ी खोली।

"इसे देखें, सूरत से ये माल सिर्फ़ हमारे यहाँ ही आया है। ऐसी साड़ी आपको पूरे मार्केट में नहीं मिलेगी।"

सब्ज़ साड़ी पर सुनहले मोतियों से बुन्दे टँके थे ऐसे जैसे नर्म दूब में सोने के फूल खिले हों। एक अदृश्य ठंडी साँस सीने में उठी और ढह गई; बिना दाम जाने ही पति ने कहा,

"थोड़ी रीज़नेबल रेट की साड़ियाँ दिखाइये।"

"हमारे यहाँ की रेट्स मार्केट में सबसे ज़्यादा रीज़नेबल हैं सर! ये साड़ी—आप कहीं भी तलाश लें—चार-पाँच हज़ार से कम की नहीं मिलेगी जबकि हम इसे सिर्फ़ अड़तीस सौ में बेचते हैं।"

"नहीं, हमें इससे कुछ कम की चाहिये।" क़ीमत सुनते ही पति ने साड़ी के किनारे पर से उँगलियाँ हटा लीं जैसे डर गया हो कि उसके छूने से सोने के फूल और मार्निंग स्टार्स धूमिल पड़ जायेंगे और उसे कोई असम्भव हर्ज़ाना भरना पड़ेगा।

दुकानदार ने कुछ कम ऊँचाई से दूसरी गड्डी उतरवाई और इस बीच पत्नी उठकर शोकेस में सजी साड़ियों के सामने आ खड़ी हुई।

एक-से-एक सुन्दर और जर्कबर्क साड़ियों-लहँगों को उसकी आँखें इस तरह गहरे-गहरे निहार रही थीं जैसे हरेक के कुल सौन्दर्य को जल्दी-जल्दी जी लेना चाहती हों। कमउम्र स्त्री मुग्ध होने लगी; सुनहला,...लाल,...नीला,...पीली,... किरमिज़ी,...काला—हर रंग जैसे बोल रहा था और रंगों पर जड़े हीरों-से नगों, मोतियों की लड़ियों, बारीक सितारों और रेशमी धागों के काम ने साड़ियों को दिल में उतर जाने वाला रूप दिया था। अपनेआप में खड़ी स्त्री के चेहरे पर एक उदास मुस्कुराहट आकर तिरोहित हो गई और वो लौटने ही लगी थी कि शोकेस में दमकती अंतिम ख़ूबसूरती पर उसकी आँखें ठहर गईं।

इधर दुकानदार ने पुरुष के आगे दूसरी गड्डी खोली,

"ये एकदम नया कुमकुम प्रिन्ट है सर,...वो फ़ेमस टी.वी. सीरियल नहीं देखा आपने; उसमें यही साड़ी पहनती है हीरोइन,...मात्र बारह सौ की है।"

"इस यूनिक पीस पर नज़र डालिये, ऐसा मोरपंखी रंग-डिजाइन-कपड़ा और रेट आपको कहीं नहीं मिलेगा सर!...अठारह सौ केवल!"

"शिफॉन पर इस वर्क का तो कोई जवाब नहीं है साहब! एकदम रेअर चीज़ है!...नौ सौ पचास में ऐसी साड़ी कहीं और मिल जाए तो हमसे मुफ़्त में ले जाइयेगा!"

इधर पति कह रहा है, "इससे कम रेन्ज की दिखाइये।"

उधर पत्नी शोकेस के अंतिम परिधान के जादू-से सौन्दर्य में बँध रही है।...सुर्ख हरितिमा और गाढ़े रक्त-से रंग पर महीन धूपिया सितारों की ऐसी अद्‌भुत कशीदाकारी कि लगे जैसे स्वयं ईश्वर की कृति हो; और किनारी पर जो जरी का काम था, सो ऐसा मोहक जैसे विष्णु की माया! स्त्री बाकी सब भूल गई और दिल की बात ज़ुबान तक अपनेआप चली आई,

"कितनी सुन्दर साड़ी है!"

"वो साड़ी नहीं है मैडम, लहँगा है।" दुकानदार ने—जो अब तक अंदाज़ा लगा चुका था कि ग्राहक के बटुए में कितनी जान है—बिना स्त्री की ओर देखे कहा।

"ये लहँगा है!! इतना सिम्पल!! कितने का है?"

"दो हज़ार का पड़ेगा मैडम।"

"ये लहँगा सिर्फ़ दो हज़ार में!!" प्रसन्नता से चकित स्त्री कहे बिना नहीं रह सकी। उसकी आँखों, चेहरे और मुस्कुराहट से ख़ुशी झड़ने लगी; दुकानदार ने एक सम्भावना पकड़ी,

"बैठिए मैडम, सेम ऐसा पीस अभी निकलवाये देते हैं आपके लिये। ओय बंटी, वो दाँये से पहली गड्डी दिखा मैडम को।"

"पहले वो साड़ी देख लें जो लेने आये हैं!" पति की आवाज़ में विवशता और डाँट दोनों थीं।

"वो आप देख लीजिये।" पत्नी जैसे दूसरी ही हो गई थी।

अब नौकर पत्नी को जरीदार लहँगा दिखा रहा था और दुकानदार पति को साड़ी-दर-साड़ी,

"ये एकदम सिम्पल, सोबर, शाइनी, साउथ लुक,...मात्र सात सौ रुपये।"

"ये चुनरिया प्रिन्ट,...केवल साढ़े छह सौ में।"

"नहीं, हमें इससे भी कम रेंज की,...बताया तो आपको, गिफ़्ट में देनी है। घर के लिए लेनी होती तो महँगी ही लेते।" पुरुष दीनता से मुस्कुराते हुए बोला।

"किस रेंज की साड़ी चाहिये आपको?" साड़ियाँ खोलता दुकानदार का हाथ

रुक गया।

''तीन-चार सौ तक की।'' पति ने अपने पैर स्टूल के नीचे कुछ और सिकोड़ते हुए कहा।

''वो, बाहर की तरफ डेलीवियर साड़ियों की गड्डियाँ रखी हैं, आप ख़ुद ही देख लें।''—दुकानदार ने ताज़े आसमान के मार्निंग स्टार्स से लेकर शाइनी साउथ तक को समेटते-तहाते कहा।

अब दूसरा ग्राहक आ जाने पर वो नये सिरे से सपनों-सी सुन्दर साड़ियाँ दिखाने लगा था,

''ये देखिये मैडम, एकदम नया ट्रेंड! पूरे मार्केट में आपको ऐसी साड़ी नहीं मिलेगी। कॉमन न हो इसलिए सूरत से एक ही पीस...!''

इधर पति ने पत्नी को—जो वशीभूत चेहरे से लहँगे का इंच-इंच निहार रही थी—छुआ,

''राशि, आओ ये साड़ियाँ देखें।'' उसकी उँगली दुकान बाहर गड्डियों में रखी सादा, नर्म साड़ियों की तरफ़ थी।

''नहीं! पहले ये देखते हैं ना! कितना सुन्दर लहँगा है और वो भी सिर्फ़ दो हज़ार में!! वो मेरी सहेली है ना मीनू; उसने अपनी शादी में ठीक ऐसा ही लहँगा पहना था। दस हज़ार का बता रही थी। तब नया-नया चला था ये डिजाइन; अब डेढ़-दो साल बाद ये इतना कॉमन हो गया है! सोचो तो! बस दो ही हज़ार में मिल रहा है! ले लेते हैं ना!''—पत्नी भरसक नीची आवाज़ में कह रही थी; पर उसकी प्रसन्नता किसी भी तरह दब नहीं पा रही थी।

''बाद में ले जायेंगे। अभी जो गिफ़्ट के लिए लेने आये हैं वो साड़ी देख लेते हैं।''

''लेकिन दो हज़ार तो हैं मेरे पास!''

''राशि प्लीज़...!'' पति ने दुकानदार और नौकरों की गड़ी नज़रों में स्वयं को भरसक सहज दिखाते हुए कहा; पर उसकी आवाज़ का मर्म पत्नी ने महसूस लिया और उसने पल भर को पति के चेहरे की तरफ़ देखा। उस चेहरे पर उसे अपना कुल वैवाहिक जीवन दिखा :

—दो साल की शादी से पहले की शर्म-सपनों-सुन्दरता के दिन!

—शादी का ख़्वाब-ख़्वाब-सा सच!

—नई गृहस्थी का तिनका-तिनका संघर्ष!

पत्नी जैसे एकदम होश में आ गई;...पति की आम आदमी वाली कमाई,...किराये का फ़्लैट,...अपने घर का सपना,...कुछ और समय तक बच्चा न करने का विवश निर्णय,...पाई-पाई : सिक्के-सिक्के की बचत!

अगले ही पल पत्नी के चेहरे से पिछले पल वाली ख़ुशी तितली की तरह उड़

गई जबकि दुकान का नौकर पूछ रहा था,

"तो इसे पैक कर दूँ?"

"नहीं! अभी रुकिये! इसमें और कलर्स हैं क्या?"—हार्दिक पसन्दगी ज़ाहिर कर चुकी नवयुवती स्त्री को समझ नहीं आ रहा था कि अब एकदम से न कैसे कहे।

नौकर लहँगे का दूसरा रंग लाने उठ गया और इस बीच चुप चेहरों से पति-पत्नी बाँयी ओर की सस्ती साड़ियों को छूने-परखने लगे।

"ये ठीक है।" एक गुलाबी साड़ी पर दोनों ने एक साथ कहा।

इधर नौकर ने लहँगे का दूसरा रंग फैलाया,

"देखिए बहनजी, ये पीले-किरमिज़ी का काम्बिनेशन। ये भी ख़ूब फबेगा आप पर।"

नौकर ने खड़े होकर लहँगा ख़ुद से लगाकर दिखाया।

स्त्री की आँखें झिलमिलाकर बुझ गईं।

"नहीं रहने दीजिये। अभी ये वाली साड़ी ही पैक कर दीजिये।"

"अरे! पर आपको तो इतना पसंद आया है लहँगा! ले लीजिये, डिस्काउंट कर देंगे।"

"नही, फिर कभी ले जायेंगे। अभी तो बस ये साड़ी ही...!"

साड़ी का दाम चुकाकर दोनों दुकान से बाहर निकले। नवयुवती पत्नी के चेहरे पर हल्की स्याह शाम जैसी उदासी थी। पति ने उसके कंधे पर हाथ रखा,

"तुम्हें वो लहँगा बहुत पसन्द था?"

और पत्नी ने जैसे सुना ही नहीं; सड़क पार कर चाटवाले ठेले की ओर चलते हुए उसके चेहरे पर नया रंग आ गया—छोटी तितली जैसी ख़ुशी का रंग!

वो कह रही थी,

"कितने दिनों से हमने चाट नहीं खाई ना!"

द हीरो

ज़िला पंचायत में आज नए मुख्य कार्यपालक अधिकारी आ रहे हैं।

दफ़्तर के सभी कर्मचारी नए साहब के स्वागत में प्रस्तुत, कार्यालय के बाहर परिसर में खड़े हैं। हाथों में गेंदे के फूलों की मालायें हैं और चेहरों पर मातहती विनम्रतायें। साहब के आने से पहले उनका नाम यहाँ आ पहुँचा है—देवराज सिंह! जैसा कि नाम है सम्पन्न-सा, सुना है दिल्ली में पले-पढ़े हैं। बड़े बाप के बेटे हैं। नौकरी में कुल जमा ढाई-तीन साल हुए हैं और पिछले दफ़्तर में चार कर्मचारियों को सस्पेंड किया है। चपरासी को तो सुना, सिर्फ़ इसलिए सस्पेंड कर दिया था क्योंकि ड्यूटी पर उसकी झपकी लग गई थी...सो यहाँ का स्टाफ़ अपनी नौकरियों की सलामतियों के ख़्याल के साथ सतर्क खड़ा है।

"एक नौकरी में एक परिवार पलता है, बड़े साहब लोग कहाँ ये सब जानते हैं!"

चपरासी रामचरित ने क्लर्क मनोहर से कहा। वो पुराने दफ़्तर के अनजाने चपरासी के बारे में सुनकर देर से उदास है। उसके तीन बच्चे हैं और वो दफ़्तर के बाद घंटों बीड़ियाँ बनाने का काम करता है। थकान की एक हल्की ख़ुमारी हर वक़्त उसकी आँखों में झिलमिलाती है और आज वो याद कर रहा है इस महीने ड्यूटी पर कितनी बार उसका मन सो जाने को हुआ है। यकीनन वो डरा हुआ है।

डरे हुए तो बाक़ी सब भी हैं और यहाँ खड़ा हर कर्मचारी अपने कामों-कर्त्तव्यों में बिल्कुल नए सिरे से दक्ष हो जाना तय कर रहा है। बहरहाल, साहब की जीप परिसर में आती दिखी; कई दिल एक साथ धड़के। जीप रुकी और अपने नाम-से प्रभावशाली साहब ने ज़िला पंचायत कार्यालय की ज़मीन पर पहला क़दम जमाया—ऊँचा कद, कसा शरीर, गोरा शहरी चेहरा और चेहरे पर सिंह जैसा भाव। कर्मचारियों ने सलाम ठोकने वाले अदबो-अंदाज़ में एक-एक कर अभिवादन किया, फूलमालायें पहनायीं और रामचरित ने तो आगे बढ़कर पैर छू लिये; इस नौकरी में उसका बड़ा परिवार पलता है।

"ये सब तो ठीक है।"

औपचारिक परिचय के बाद साहब ने बोलना शुरू किया और उन्नीस-बीस

जोड़ी आँखें और उन्नीस-बीस दिल अपने नए सामंत के दरबार में बाअदब हो गए।

"एक बात में क्लियर कर देना चाहता हूँ, लापरवाही...अनुशासनहीनता..." वे पंक्तिबद्ध एक-एक कर्मचारी के चेहरे पर नज़र डालते हुए टहलने लगे। दृश्य कुछ ऐसा था जैसे शिक्षक के सामने कुसूरवार छात्र परेड की मुद्रा में खड़े हों।

"चुगलखोरी...भ्रष्टाचार...और राजनीति...ये सब मुझे अपने ऑफ़िस में हर्गिज़ नहीं चाहिये।"

उत्तर में अनुमोदन के सब मस्तक ऐसे हिले जैसे बुज़ुर्ग क़िस्सागो की कहानी के बीच-बीच में नन्हे बच्चे हामियाँ भर रहे हों।

"वैसे तो आप लोगों ने मेरे बारे में सुन ही लिया होगा और अगर नहीं सुना है तो..."

अधिकारियों वाले लहजे में अधिकारी मुस्कुराया,

"...अब तो हमें साथ ही काम करना है।"

स्टेनो शिल्पा ने गले में पड़ा दुपट्टा नीचे को खींच लिया। चपरासी रामचरित ने अपने सिर की टोपी छूकर उसके होने पर यक़ीन किया। बड़े बाबू ने जेब से रूमाल निकालकर सूखे होंठ पोंछे। कम्प्यूटर ऑपरेटर मुरारी ने अपनी मुद्रा 'सावधान' की बना ली और क्लर्क मनोहर ने ज़ेब का सेलफ़ोन स्विच ऑफ कर दिया।

"ये समय ऑफ़िस का है और हम सब को ऑफ़िस में होना चाहिये; एम आई राइट ?"

आगे बढ़ गये युवा अधिकारी की तेज़ चाल से हमक़दम होने के लिये स्टाफ़ को लगभग दौड़ना पड़ा।

टेबिल पर पहुँचते ही साहब ने फ़ाइलें पलटना शुरू कर दिया। एक फ़ाइल पर हाथ रुका, फिर देर तक रुका रहा। सहसा घंटी बजी। स्टाफ़ के दिल धड़के, प्यून दौड़ा, क्लर्क मनोहर को तलब किया गया है।

पहला हुक्म: पहली तामील ?

"मनोहर, ये जनपद पंचायत भांडेर की फ़ाइल है, माध्यमिक और प्राथमिक स्कूलों के मध्याह्न भोजन बजट का कुल ब्यौरा है इसमें।"

"जी सर।"

"हमारे कार्यालय से स्कूलों को सौ प्रतिशत उपस्थिति के आधार पर बजट राशि जारी की जाती रही है आज तक।"

"जी।"

"हूँऽह!"—अधिकारी के माथे पर बल था—"लेकिन अटेंडेंस तो औसतन सत्तर प्रतिशत के आसपास है; लगभग सभी की!"

"जी।"

"अच्छा! जोशी जी को भेजिये। मैं आपको बाद में बुलाता हूँ।"

"लेकिन सर! छोटे सर तो मेडीकल लीव पर हैं।"

"अच्छा! ठीक है, एक आदेश तैयार करवाकर लाइये कि स्कूलों को जारी बजट राशि सौ प्रतिशत से घटाकर सत्तर प्रतिशत की जाती है। आदेश से, मुख्य कार्यपालक अधिकारी, ज़िला पंचायत; और मुझसे साइन करवाने के बाद ये आदेश जारी कर दीजिये।"

"नहीं सर!" मनोहर के मुँह से ऊँची आवाज़ निकल गई।

आला साहब ने फ़ाइल से सिर उठाकर उसकी ओर देखा। एकबारगी तो उसकी पिंडलियों का लहू काँप गया फिर सूखे होठों पर जुबान फेरता वो दुबला-नाटा-काला क्लर्क बोला,

"सर, इस इलाक़े के गाँव ग़रीब हैं। सालों से अकाल का डेरा रहा है; फिर बुन्देलखण्ड में उपजता ही क्या है!...जब से स्कूलों में दिन का खाना शुरू हुआ है, ऐसे कितने ही बच्चे जी गये हैं जो भूख से मर सकते थे।"

"मुझे आपसे योजना की तारीफ़ नहीं सुननी है; आदेश का पालन कीजिये!"

"मैं बस इतना निवेदन कर रहा हूँ सर कि..." वो कहते-कहते रुक गया जैसे अपना अंजाम सोच रहा हो। खिड़की के बाहर तेज़ धूप में एक व्यथित टिटही रह-रहकर चीख रही थी।

"अपनी बात पूरी कीजिये।"

"सर, कोई भी डिसीज़न लेने से पहले प्लीज़, आप एक बार स्कूलों की विज़िट...!"

"ओ आई सी! तो अब आप मुझे सिखायेंगे कि निर्णय कैसे लिये जाते हैं!" आला साहब ने अपनी कुलीन उँगलियाँ एक-दूसरे में फँसाते हुए कहा।

मनोहर चुप रह गया।

"तो आप ये कहना चाहते हैं कि सत्तर प्रतिशत की अटेंडेंस पर सौ प्रतिशत बजट देना उचित है! बचा हुआ तीस परसेंट भ्रष्ट स्वसहायता समूहों को ऐश करने के लिये देते रहें?"

"कहाँ का भ्रष्टाचार सर?"—क्लर्क की आँखें अपने सबसे ऊँचे अधिकारी की आँखों में थीं,—"माध्यमिक स्कूलों को प्रति छात्र चार रुपये दिए जाते हैं जबकि प्राथमिक के बच्चों को तो ढाई रुपये ही प्रति देती है सरकार। आप ही सोचिये, ढाई रुपये में एक बच्चे का पेट कैसे भर सकता है? कुल सौ प्रतिशत बजट भी सत्तर परसेंट अटेंडेंस के लिये कम पड़ता है। कितने स्वसहायता समूह, शिक्षक-पालक संघ के लोग और हेडमास्टर हमारे दफ़्तर में कम बजट की शिकायतें लेकर आते रहते हैं। जब से ये योजना हमारे ज़िले में आई है, मैं ही इसकी फ़ाइल पूरी करता रहा हूँ।...बजट घटाना बच्चों के मुँह से निवाले छीनने जैसा निर्णय है सर। मेरा निवेदन है आपसे, प्लीज़ ऐसा आदेश मत दीजिये सर! ग़रीब बच्चों की भूख आपने देखी

नहीं है!''

''और आपने देखी है?'' अधिकारी की आँखों में सुर्ख डोरे उतरने लगे।

''जी सर, मैंने देखी है!'' उसने सिर झुकाते हुए कहा।

एक क्लर्क धड़कते दिल, काँपती टाँगों और पहाड़-सी दृढ़ता के साथ अपने आई.ए.एस. रैंक अधिकारी के सामने था।

...कमज़ोरों के हक में खड़ा एक कमज़ोर!

''तो आप ये कह रहे हैं कि मेरा डिसीज़न ग़लत है!''

''मैं बस इतना निवेदन कर रहा हूँ कि जिस डिसीज़न से सैंकड़ों बच्चों की भूख जुड़ी है उसे लेने से पहले कम-से-कम एक विज़िट उन स्कूलों की...!''

''बस!'' अधिकारी साहब खड़े हो गये; मनोहर को अपना परिवार याद आने लगा।

''अब या तो आप अपने बर्ताव के लिए माफी माँगिये और ये आदेश तैयार करवाकर लाइये या...!''

एक पल का मारक मौन साधा अधिकारी साहब ने; मनोहर का दिल बेतरह धड़क रहा था।

''हम कल बात करेंगे।''

''सर वो...!''

''अब आप जा सकते हैं।''

केबिन से बाहर निकला तो मनोहर के चेहरे पर सनाका था। परवश-सा यंत्रचलित अपनी सीट पर आ बैठा। शिल्पा, बड़े बाबू, मुरारी और रामचरित : सबकी आँखों में प्रश्नों के इन्द्रधनुष उतर आये,

''क्यों बुलाया था बड़े साहब ने?''

''क्या कह रहे थे?''

''चेहरा क्यों उतरा हुआ है; साहब ने डाँटा क्या?''

''कैसा मिजाज़ है सर का?''

हर सवाल का उसने ऐसा जवाब दिया कि जवाबों में दरअसल कुछ नहीं मिला सवालों को। मनोहर क्या जानता नहीं, सहकर्मी मित्र नहीं होते!

कभी-कभी वो अपार अविश्वास से सोचता है कि दिनों-महीनों-सालों एक ही दफ़्तर में काम करते लोग सहकर्मी-प्रतिस्पर्धी-आलोचक...शत्रु तक बने रहते हैं; बस, मित्र नहीं हो पाते! एक बार ऑपरेटर मुरारी तीन रोज़ आधा-आधा घण्टा लेट आया तो बड़े बाबू ने उसकी रिपोर्ट डाल दी। वेतन कटी बेचारे की जबकि उसने मौखिक अनुमति तो ले ही रखी थी। उसकी बीवी को बच्चा हुआ था और अस्पताल, घर, दफ़्तर के बीच अकेला, परेशान मुरारी उन दिनों खाने के डिब्बे के बिना आता था। यहाँ सब एक-दूसरे के लिये आस्तीनों में विषधर छुपाये रखते हैं। इसी मुरारी

ने स्टेनो शिल्पा की शिकायत कर दी थी कि वो देर-देर तक सेलफ़ोन पर बातें करती रहती है; यद्यपि काम में शिल्पा का हाथ कोई नहीं पकड़ सकता। ऑफ़िस की सबसे मेहनती कर्मचारी को पूरे स्टाफ़ के सामने छोटे सर ने डाँटने के लहजे में बातें सुनाई थीं; पर अपनी बारी पर जिस शिल्पा की आँखों से टप-टप मोती झड़ रहे थे, वही शिल्पा चपरासी रामचरित की उस ज़रा भूल को लेकर सीधी बड़े साहब के पास पहुँच गई थी कि वो पूर्व दिवस में ऑफ़िस का एक पंखा चालू छोड़ गया था। रामचरित कह भी नहीं पाया कि उस दिन दफ़्तर बंद करते वक़्त बिजली गुल थी...और बड़े साहब ने जो फटकारा था उसे; केबिन के बाहर तक आवाज़ आ रही थी। पूरे दो दिनों तक उसने न खैनी-दर-खैनी खाई, न चाय-पे-चाय पी; लेकिन यही रामचरित कभी छोटे साहब, कभी बड़े साहब तो कभी दूसरी तरफ़ बैठने वाले स्टाफ़ के पास बैठा-खड़ा बतियाता रहता है कि फलां ने ये कहा-वो किया!...तो भी मनोहर को ये वाला दफ़्तर उस दफ़्तर से बेहतर लगता है जहाँ वो दो साल पहले तैनात था। वहाँ छोटे साहब-बड़े साहब की राजनीति में निरीह मातहत ऐसे इस्तेमाल किये जाते थे कि मनोहर को दुष्यन्त कुमार की पंक्तियाँ रह-रहकर याद आतीं,

तुमने इस तालाब में रोहू पकड़ने के लिये,
छोटी-छोटी मछलियाँ चारा बनाकर फेंक दीं।

कईयों की तरह मनोहर का तबादला भी सिर्फ़ इसलिये किया गया क्योंकि वो रिटायर होने जा रहे बड़े साहब और ऊँची पहुँच वाले छोटे साहब के बीच बैटल बन चुके दफ़्तर में न इस ओर आ पाया, न उस तरफ़ जा पाया; और बावजूद इसके कि उसका दिल बड़े साहब को पसन्द करता था, उन्हीं ने उसे बाहर कर दिया।

"अब बता भी दीजिये मनोहर जी, क्या हुआ सर के केबिन में?"

चंट सुन्दरी शिल्पा की मीठी मनुहार भी जब उसने टाल दी, सहकर्मियों के उमड़ते दिलों में ठंडा अफसोस उतर गया; एक मनोरंजक किस्सा हाथ लगते-लगते रह गया।

उस पूरा दिन मनोहर का दिल रह-रहकर बोलता रहा। दो टुकड़ों में बँटा मनोहर आमने-सामने था। जब भी सर के केबिन से घंटी की आवाज़ आती और रामचरित काम लेकर इधर-उधर दौड़ नहीं जाता, उसे लगता, हो-न-हो वही तलब हुआ है। दिल की दीवारों के पीछे एक मनोहर काँप रहा था और दूसरा-बिल्कुल ही नया मनोहर—बरगद-सा विराट, दृढ़ और शांत था।

"क्या ज़रूरत थी साहब से इतनी बातें करने की? भूल गये, घोड़े की पिछाई और अफ़सर की अगाई कभी नहीं करनी चाहिये। अब जो लात पड़ेगी तेरी नौकरी पर...!" कमज़ोर मन गिनाने लगा : झंग बूढ़े माँ-बाऊजी की दवाईयाँ,...सोनू-मोनू के स्कूल की फ़ीस,...रुपये-रुपये का सामंजस्य बैठाती रेवती,...रोज़ की तरकारी, गेहूँ, तेल!

गीली आँखों से कमज़ोर मन चुप हो गया। अब ज़ेहन में दिल के दूसरे हिस्से की आवाज़ बुलंद थी,

"धिक्कार है ऐसी ज़िन्दगी पर; पूरी उमर साली, अपना पेट भरने की फिकर में ही बीत जाये अगर तो जानवर-इंसान में फ़र्क क्या? अगर तेरे बीच में पड़ जाने से सैकड़ों बच्चों को भरपेट खाना मिलता रह सकता है तो पीछे मत हट मनोहर! जीवन में और कितना अन्याय देखोगे-सहोगे?

दिल उसे चित्रशाला में ले गया:

—राशन की दुकान से मिलता घटिया अनाज, मिलावटी तेल!

—टूटे नाले, उखड़ी सड़क, आवारा जानवरों और कूड़े-करकट से गंधाती उसकी बस्ती!

—अफ़सरों का ज़रा-ज़रा बातों पर अपमानित करता-सा बर्ताव!

मन मसोसता बच्चा मनोहर!...मन मसोसता तरुण मनोहर!...मन मसोसता युवा मनोहर!...मन मसोसता प्रौढ़ मनोहर??

"नहीं!" उसके मुँह से निकल गया। सहकर्मी अपने कामों के बीच उसे देखने लगे और किसी ने ध्यान दिया, उसका चेहरा कभी बुझा-बुझा-सा हो जा रहा है, कभी दीये की लौ-सा दिपदिपाता। अपने में वो गहरा डूबा दिख रहा था और अंततः किसी ने कहा,

"आज घर नहीं जाना है क्या? उठिये, दफ़्तर की छुट्टी हो चुकी है।"

"हाँआँ!" वो चौंका और बाहर निकल आया।

सिटी बस से घर लौटते मनोहर ने बोझिल पलकें मूँद लीं और खिड़की से सिर टिका लिया। दिन भर की तपी हवा अब ठंडा रही थी। बहती हवा के स्पर्श में हल्का सुकून था। मनोहर को याद आया, आज उसने लंच नहीं किया; पेट में भूख महसूस होने लगी थी; आग जैसी भूख! सहसा उसने सोचा उन भूखे बच्चों के बारे में जिन्हें दिन भर स्कूल के मिड डे मील की प्रतीक्षा रहती है। उसके घर के पास ऐसा एक सरकारी स्कूल है और उसने देखे हैं भोजन की कतार में खड़े बच्चे; आतुरता, प्रतीक्षा और भूख में जिनका अंग-अंग थिरकता-सा है और जब वे खाना खाते हैं चेहरों पर परमआनंद का ऐसा भाव होता जैसे नन्हे कृष्ण माखन खा रहे हों।

परम आनंद!

नन्हे कृष्ण!

भरपेट खाना!

घर पहुँचा तो बरामदे में बाऊजी को खाट पर सोते पाया। वे सख़्त बीमार रहते हैं। रात-रात भर जागते हैं और जब कभी उनकी आँख लग जाती है, परिवार सुकून की साँस लेता है। मनोहर खाट के पास, पाटों के फ़र्श पर बैठ गया। बाऊजी के सोते चेहरे पर कैसी पवित्र शांति है; कल को अगर उसने साहब से माफ़ी नहीं माँगी और

सस्पेंड हो गया तो बाऊजी शायद महीनों पलकें न झपकायें। पहले से ही दस कष्ट झेल रही जर्जर काया क्या पता ये सदमा सह ही न पाये! वो सिहर उठा और बाऊजी को निर्निमेष निहारने लगा; उनके चेहरे पर कैसी सम्पन्नता है!

बाऊजी!!

भारी मन से वो उठ आया। देहरी के भीतर पाँव रखा तो माँ पर नज़र पड़ी। सधे हाथों से पुराने चिथड़ों-कपड़ों के तार बनातीं, दरी बुनतीं माँ को उसने ग़ौर से देखा। माँ के चेहरे पर सृष्टि रचयिता-सी व्यस्तता है। 'बेस्ट आउट ऑफ़ द वेस्ट' ये सब चीज़ें, तार-तार लत्तों से बुने आसन-दरियाँ, सीकों के बीजने, पुराने पैंटों से सृजित थैले...हाँ, बिल्कुल सब चीजें इतनी ख़ूबसूरत इसलिये बन जाती हैं क्योंकि उनकी बुनाई में एक तार माँ अपनी आत्मा से खींचकर मिलाती हैं।

जब बाऊजी पोस्टमैन थे और माँ दूसरों के घरों में खाना बनाती थीं और मनोहर की पढ़ाई के अलावा उसकी तीन बड़ी बहनों की शादियों और इस छोटे-से मकान के लोन के लिये वर्षों तक अथक परिश्रम से रुपया-रुपया जुटाना था, तब एक क्लान्ति माँ के चेहरे का स्थायी भाव बन गई थी, पर जब मनोहर को क्लर्की मिल गई सो भी सरकारी, घोर दुनियावी माँ ने जैसे बाहरी दुनिया से वैराग्य ले लिया। अब वे पूरा समय पोती-पोते के साथ खेलने, बाऊजी की सेवा करने और घर को सजाने-सँवारने में लीन रहती हैं और साध्वी-सी सुन्दर दिखती हैं।...अगर नौकरी जायेगी तो भी क्या माँ ऐसी ही सुन्दर दिखती रहेंगी?

माँ!!

उसके दिल में हूक उठी और सृजन के ताने-बाने में उलझी माँ ने चौंककर दरवाज़े की ओर देखा,

"अरे मनु, तू कब आ गया? मैं ऐसी मग्न थी कि...बैठ, मैं पानी लाती हूँ।"

माँ कमर पर हाथ टिकाती उठ ही रही थी कि रेवती पानी का लोटा-गिलास रख भी गई। मनोहर ने नज़र भर जाती हुई पत्नी को देखा। रेवती के सिर से कभी पल्ला नहीं सरकता और काम करता हाथ कभी नहीं थमता। दो छोटे कमरों के इस घर में उसका जीवन ऐसा रचा है जैसे फूल में ख़ुशबू। परिवार की ही नहीं, बाहर पूस की झोपड़ी में बँधी श्यामा गाय की, मुँडेर की गौरयों की, गली के कुत्तों की भी अन्नपूर्णा है रेवती। उसकी ज़रा-सी वेतन में सब कैसे ढाँपे रहती है वो, मनोहर नहीं जानता। अगर वो सस्पेंड हो गया तो इस अन्नपूर्णा के हाथ ख़ाली हो जायेंगे।

रेवती!!

उसने अपनी कल्पना में पत्नी के माथे का पल्ला पीछे सरक जाते हुए देखा।

"मनु, कहाँ खोया है? और ये मुँह कैसा हो रहा है तेरा? दफ़्तर में कोई बात हुई क्या?"

"नहीं तो!" वो बेवजह मुस्कुराया।

तभी रेवती चाय का ट्रे लेकर आई। प्याली पकड़ते हुए नज़रें मिलीं और उसने आँख मार दी। पत्नी शरमाती-मुस्कुराती आगे बढ़ गई और वो सोचने लगा, कल दफ़्तर में चाहे जो हो; परिवार आज तो ख़ुश रहे।

"पापा आ गये! पापा आ गये!"

सोनू-मोनू पड़ोस से खेलकर लौटे और चहकते हुए उससे लिपट गये। सात साल की सोनू और पाँच साल का मोनू—उसके बचपन के दो चेहरे! जीवन के दो उद्देश्य! साँसों की दो सार्थकतायें!

दोनों बच्चे गोद में आ चढ़े। उनके स्पर्शों से मनोहर का दिल हिल गया।

सोनू!!

मोनू!!

"कल साहब से माफी माँग लेना!" दिल के भीतर से एक बोला और प्रतिक्रिया में दूसरे ने गोद से बच्चों को उतार दिया।

वो उठा और बस्ती में घूमने निकल आया। इस बस्ती में उसके घर जैसी कुछेक ही पक्की छतें हैं और कुछेक छतों के नीचे ही उस जैसी पक्की आमदनी। बाकी यहाँ के कुल बाशिन्दे छोटे कारीगर, कुटीर दुकानदार या हम्माल-मेहनतकश हैं। ज़ाहिर है, लोग उसका लिहाज करते हैं, आते-जाते दुआ-सलाम कर लेते हैं और उसे 'मनोहर बाबू' कहकर पुकारते हैं। उनकी एकमत राय है कि मनोहर बाबू के जीवन में कोई कष्ट नहीं है।

जूते की सिलाई कसते राधेश्याम मोची ने अपनी गुमठी दुकान से उसे सलाम किया और प्रतिअभिवादन में वो बस मुस्कुराया।

कल अगर वो सरकारी नौकरीमंद न रहा तो ये राधेश्याम मोची,...ये मोहन धोबी,...ये रमेश कारीगर,...क्या इन सब के पास तब भी उसके लिये अभिवादन बचेंगे?

चलते-चलते बस्ती से निकलकर मुख्य सड़क के किनारे आ गया। उसका पड़ोसी हरिराम कुशवाहा यहाँ सब्ज़ी का ठेला लगाता है और शाम के वक़्त उसका सात साल का बेटा विभोर उसकी मदद को साथ खड़ा रहता है।

मनोहर पास पड़ी बेंच पर बैठ गया है—कमज़ोर! क्लान्त!

"नमस्ते मनोहर बाबू! क्या हाल हैं?"

हरिराम हमेशा की तरह ख़ुश मिला। वो फुर्सत में था और ठेले पर सजी चटख हरी, कत्थई, पीली, जामुनी सब्ज़ियों को पानी के हल्के छीटों से चमका रहा था और नन्हा विभोर खनकती चिल्लर से खेल रहा था।

और तभी एक ग्राहक आ गया; मनोहर उत्तर देने से बच गया। उसने विभोर को अपने पास बुलाया,

"क्यों विभोर, तू हर रोज़ स्कूल जाता है?"

'हाँ।''

''तेरे स्कूल में खाना मिलता है ना?''

''हाँ।'' अबकी हाँ में ज़्यादा ख़ुशी घुली थी।

''आज क्या खाया?''

''आज तो मंगलवार था ना, आज हमें खीर-हलवा-पूड़ी मिली थी। और पता है अंकलजी, मैं अम्मा से हर दिन पूछता हूँ, मंगलवार कब आयेगा, मंगलवार कब आयेगा क्योंकि मंगलवार को हमारे स्कूल में इत्ता मीठा खाना मिलता है...!''

''और बाकी दिनों?''

''बाकी दिनों भी मैं ख़ूब खाता हूँ दाल, भात, रोटी। एक दिन तो थाली में रसगुल्ला था; इत्ता बड़ा रसगुल्ला!''

उसकी उँगलियों में काल्पनिक रसगुल्ला आ गया और चेहरे पर मिठास।

''अगर तुझे स्कूल में भरपेट खाना मिलना बंद हो जाये तो?''

उसके प्रश्न से बच्चा डर गया और दौड़कर अपने पिता से जा लिपटा—मनोहर का द्वन्द जाता रहा।

अगली सुबह दफ़्तर जैसे उसी का इन्तज़ार कर रहा था। सीट पर बैठ भी नहीं पाया कि रामचरित ने आकर आदेश सुनाया,

''बड़े साहब ने आपको तलब किया है।''

मनोहर दो पल खड़ा रहा जैसे अपना कतरा-कतरा इकट्ठा कर रहा हो फिर कदम-कदम आगे बढ़ने लगा।

''मनोहर बाबू, कोई दिक़्क़त है?''—रामचरित ने उसका कंधा छूकर पूछा।

''अब नहीं है।'' वो ऐसी आवाज़ में बोला जो रामचरित ने पहले कभी नहीं सुनी थी।

उसे सामने पाते ही मुख्य साहब का फ़ाइल पर चलता पेन थम गया।

''तो मनोहर, क्या तय किया है आपने? कल के बर्ताव के लिए माफ़ी माँगकर ये आदेश तैयार करवायेंगे या नहीं?''

तक़रीबन जीत चुके व्यक्ति जैसी गर्वीली प्रसन्नता में साहब ने पूछा।

''सर, मेरा वही निवेदन है, डिसीज़न लेने से पहले एक विज़िट...!''

''क्या??'' ऊँचा अधिकारी पल भर को ऐसे चौंका जैसे रात में सूर्य देख रहा हो; पर अगले ही क्षण उस चेहरे पर निर्णय का रंग था और आँखों में प्रशंसा, दया और कठोरता की चमक।

''ठीक है। हम विज़िट पर चलते हैं सिर्फ आप और मैं; पर सोच लीजिये, अगर सरकारी आदेश में रुकावट के दोषी पाए गये तो आप पर कार्यवाही की जायेगी।''

सर, और अगर मैं दोषी नहीं पाया गया तो?—मनोहर ने कहा नहीं, बस सोचा।

मुख्य साहब की जीप में जब मनोहर भी साथ रवाना हुआ; पीछे दफ़्तर में

अंदाज़े–अनुमान–अटकलें तेज़ बरसते ओलों की तरह हर तरफ़ बिखरने लगीं,

"सर मनोहर को विज़िट पर साथ क्यों ले गये? और अगर ले भी गये तो सिर्फ़ उस अकेले को ही क्यों?"

"मनोहर ने ऐसी कौन–सी जादू की छड़ी घुमा दी साहब पर कि दूसरे ही दिन वो उनकी नाक का बाल हो गया?"

"ये मनोहर बड़ा घुन्ना है!"

"अरे तुम्हें साहब का मिजाज़ नहीं पता। ये दूध पिला–पिलाकर मारते हैं। देखना सबसे पहला पनिशमेंट भी इसी मनोहर को मिलेगा; बहुत ओवर स्मार्ट है ना वो! हुँऽह!"

बातों–बुराईयों के बाहर चुप खड़ा रामचरित जा चुकी जीप की ओर देख रहा था,

"भगवान आपके साथ रहे मनोहर बाबू; मेरे बच्चे भी सरकारी स्कूल में पढ़ते हैं!"

जीप बढ़ रही थी। चमकीली काली सड़कों, ट्री–गार्डों में पले पुसे फूल–पेड़ों और ख़ूबसूरत शहरी बस्ती से आगे वे तरक्की के कच्चेपन जैसी सड़क पर आ चुके थे।

"किस गाँव की तरफ चलें मनोहर?" ड्राइवर की बगलवाली सीट पर बैठे साहब ने बिना पीछे देखे पूछा।

"जहाँ आप चाहे सर।"

मनोहर की आवाज़ में निपट सरलता थी और चेहरे पर गहरे विश्वास का भाव जिसे महसूसते अधिकारी साहब चिढ़ गए—ये मामूली कर्मचारी! शेर के जबड़े में सिर है फिर भी...!

पर वे चुप रहे। मन बोझिल है; कल रात उन्हें देर से नींद आई थी। मातहत के मानमर्दन, माफ़ी और अपने बड़प्पन की कल्पनायें करते रहे थे और अभी जो घट रहा है बिल्कुल ही बौखला देने वाली बात; नितांत अनपेक्षित!

—अब तक इस क्लर्क को सस्पेंड क्यों नहीं किया?

—क्यों एक मामूली कर्मचारी के कहने पर मैं विज़िट पर चला आया?

—मैं इसे बर्दाश्त कर रहा हूँ, क्यों? क्यों? क्यों?

आला अफ़सर के चेहरे पर गुस्से का नहीं अनमनेपन का भाव था। पलटकर देखा; क्लर्क का चेहरा शांत था।

इसे मुझसे राई–रत्ती भर भी डर नहीं लगता??...बताऊँगा इसे!

एक उच्च अधिकारी के कुल प्रशासनिक प्रभाव–वैभव–दम्भ से देवराज का चेहरा धूप में जलती झील–सा चमकने लगा।

कंटीले झाड़ों और नुकीले पत्थरों वाली गर्द–गुबार की राह–राह एक गाँव तक

जाकर जीप रुकी। शिलालेख पर अंकित था—सनातनपुर। सरकारी जीप रुकती देख इधर-उधर चबूतरों पर बैठे, काम करते लोग उठ आये और सरपंच इतनी जल्दी उपस्थित हो गया कि महानगरीय अधिकारी साहब को बहुत-बहुत आश्चर्य हुआ।

शहरी लोग नहीं जानते; गाँव होता है, एक बड़ी कुटुम्बनुमा रचना! तरक्की में भले देहात शहरों से पिछड़े हों, पर सामाजिकता में वे शहरों से कहीं श्रेष्ठ हैं। जहाँ सब एक-दूसरे की ख़बर रखते हैं, अदब-लिहाज निभाते हैं और शत्रुता में भी शालीनता बरतते हैं; इन इंसानी मुक्ताओं, नीलम हीरों, मणियों से बनी प्रार्थना की माला में मेरुमणि होता है गँवईपन!...निखालिस हिन्दुस्तानी गँवईपन!!

तो आगे-आगे सरपंच, पाँच-सात तरुण-अधेड़-वृद्ध चले रहे थे। बीच में अभिजात्य अधिकारी साहब और पीछे-पीछे काला-नाटा-दुबला क्लर्क मनोहर। गाँव में स्कूली उम्र के बच्चे नहीं दिख रहे थे; सनातनपुर के सर्वश्रेष्ठ राजनीतिज्ञ-सरपंच ने सरकारी अफ़सर को ख़ुश करने का एक मौका पाया,

"सर, जब से सरकारी ने स्कूल में खाना देना शुरू किया है, स्कूल टाइम में गाँव का एक बच्चा आपको आवारा घूमता नहीं मिलेगा! जो पढ़ाई के नाम पे अपना जी दुकाते फिरते थे, वे मौड़े भी स्कूल जाने लगे हैं और तो और साहब..."—प्रौढ़ सरपंच के चेहरे पर भविष्य की सुनहली रोशनी उतर आई,—"...जिन मौड़ियों की पढ़ाई छुड़ा दी गई थी, दिन के खाने के लोभ में माँ-बापों ने फिर से उनका नाम स्कूल में लिखा दिया है!"

पर अधिकारी का ग़ौर इस पर नहीं वरन् अपने नये अचम्भेनुमा अनुभव पर था; खपरैल बखरियों और पक्के चबूतरों-बरामदों के बीच पटियों की सड़क आसमान में बादल की पतली लकीर-सी थी (जिसे इन्द्रवाहक ऐरावत के प्रस्थान का धूल-मार्ग माना जाता है।) दरख़्तों की धूल, सुलगते चूल्हों का धुँआ, मवेशियों की गंध और कच्चे मकानों की महक से मिली-बनी ऐसी शांत ख़ुशबू कण-कण में व्याप्त थी जैसे माँ के आँचल की सुगन्ध!! प्रभाव ऐसा था जैसे ज़िन्दगी को यहाँ किसी भी किस्म की जल्दबाज़ी नहीं रहती।

और जिन्हें जल्दबाज़ी थी, आला अफसर हुज़ूर गाँव पार करते हुए प्राथमिक स्कूल पहुँच गए। सरकारी रंग से पुते दो छोटे कमरों और बित्ते भर बरामदे के विद्यालय के बाहर दो-तीन अधिकृत चेहरे स्वागत में मुस्तैद खड़े मिले। इस दफ़ा मुख्य साहब को आश्चर्य नहीं हुआ।

स्कूल के बाहर नीम तले एक कमउम्र संविदा शिक्षिका ने ब्लैक बोर्ड पर हिन्दी का शुरुआती परिचय अभी-अभी दर्ज़ किया था और नन्हे विद्यार्थी अपनी स्लेटों पर आड़ी-टेड़ी लकीरों में वर्णमाला का सौन्दर्य साधना सीख रहे थे,

अ आ इ ई उ ऊ ऋए ऐ ओ औ अं अ:

सिंह साहब शिक्षिका के समानान्तर खड़े होकर पहली कक्षा के कोमल विद्यार्थियों

का अक्षरज्ञान परखने लगे। फटी नेकर, टूटे बटनों की शर्ट वाले एक गुलगुल-श्यामल बच्चे की तोतली ज़ुबान महर्षियों की सनातन भाषा की नवीनतम संवाहिनी थी,

"छोता अ, बला आ, छोती इ, बली ई..."

मनोहर कक्षा के ठीक पीछे खड़ा था और टाटपट्टी पर पंक्तिबद्ध बैठे विद्यार्थियों को निहार रहा था। उनके बस्ते सस्ते हैं, अध्ययन सामग्री मामूली है और अधिकांश यूनीफार्म में नहीं हैं; जो हैं उनके स्कूली कपड़े घिसे, रंगहीन-से और कहीं तो फटे भी हैं पर ये बच्चे...—मनोहर सोच रहा है—"...इस ग़रीब देहात के ये नन्हे नागरिक इन असुविधाओं के बीच अपना भविष्य तराश रहे हैं। क्या पता इनमें से कोई विद्यार्थी कल डॉक्टर हो, इंजीनिर, वैज्ञानिक या देवराज सिंह की तरह आई.ए.एस.; पर क्या, तब वो भी स्कूली बच्चों के खाने में कटौती का आदेश देगा? दिल्ली और सनातनपुर के आई.ए.एसों. की आत्माओं में कुछ तो फ़र्क रहेगा?? काश! एक आई.ए.एस. सनातनपुर का हो!"

सोचते-सोचते मनोहर मुस्कुराया और इसी पल उसे किसी ने छुआ। पैंट का पाँयचा खींचता अंतिम पंक्ति का एक सूखा-साखा छात्र अनसुनी-सी आवाज़ में निवेदन कर रहा था,

"ये बोतल दे दो।"

मनोहर के हाथ में पानी भरी प्लास्टिक की पारदर्शी बोतल थी जो किसी रेलयात्रा में उसने ख़रीदी थी और इस्तेमाल के बाद भी उसकी सयानी पत्नी ने फेंकी नहीं थी बल्कि मनोहर दफ़्तर आते इसी तरह की बोतलों में पीने का पानी लाता रहा है; अच्छे थर्मस वो सिर्फ़ अपने बच्चों के लिये ख़रीदता है।

"क्यों?" धीमे स्वर में उसने पूछा।

"मेरे पास पानी की बोतल नहीं है। अम्मा शीशी में पानी देती है।"

बच्चे की नन्हीं उँगली बस्ते के बगल में रखी काँच की छोटी शीशी पर थी।

"अरे!" मनोहर का मुँह पलभर को खुला रह गया फिर वो उकड़ूँ बैठा, बच्चे का सिर प्यार से सहलाया, अपनी बोतल उसकी छोटी शीशी के आगे रखी और फिर सीधा खड़ा हो गया, कुछ इस भाव से जैसे उस बच्चे को जानता ही न हो; पर पिछले दो पलों की जो घटना थी, विद्यार्थियों के उस पार खड़े आला अफ़सर ने देखी थी जबकि स्कूल के अधिकृत लोग अपनी समस्यायें-व्यवस्थायें निवेदन की आवाज़ में बता रहे थे। तभी इंटरवल की घंटी बजी। बच्चे परिन्दों के चौंककर उड़े झुण्ड-सा हल्ला मचाने लगे।

इस बीच अधिकारी साहब स्कूल के पीछे मध्याह्न भोजन पकाते स्वसहायता समूह को देख आए थे; वे तीन-चार आदिवासी औरतें थीं जिनकी सस्ती साड़ियों के

किनारे तार-तार थे और जिनमें से एक बता रही थी कि जब से उसे ये काम मिला है, उसके परिवार में एक दिन भी फाका नहीं हुआ है। सिंह साहब को शिद्दत से याद आए अपने शब्द,...स्वसहायता समूहों पर तय अपनी राय!

वे खिन्न चेहरे से स्कूल के भीतर लौट आये और दिल्ली के साहब ने बुन्देलखण्ड में भूख का अनुशासन देखा। सारे बच्चे चुपचाप कतारबद्ध खड़े थे। उनके हाथों में ख़ाली थालियाँ थीं और आँखों में काउंटर पर रखा ताज़ा, महकता खाना। कहीं से कोई पिन-ध्वनि तक नहीं! इतने सारे बच्चे बिना किसी डर-डाँट के कायदे से खड़े हैं; आई.ए.एस. देवराज सिंह-मुख्य कार्यपालक अधिकारी ज़िला पंचायत—के लिये ये नन्ही गँवई पाठशाला ज़िन्दगी के नए सबक सिखाने वाला स्कूल है।

पंगत शुरू हुई और यही समय था जब अधिकारी को अपनी महत्ता सिद्ध करती थी। सिंह साहब ने अपने क्लर्क का निडर चेहरा देखा और अगले क्षण ऊँचे माथे पर गहरी शिकन थी।

आदेश दिया गया, इनमें से एक बच्चे को अलग बैठाकर खिलाया जाये। एक बच्चा आला अफ़सर की कुर्सी के ऐन सामने भूमि पर प्रस्तुत किया गया।

वो एक आठ साला दुबला लड़का था जिसकी आँखें भीतर को धंसी थीं, सीने की हड्डियाँ गिनी जा सकती थीं और रंग भुड़भुड़ा होने से ज़्यादा काला दिख रहा था। उसके कपड़े मैले नहीं थे; पर उन पर अलग-अलग रंग के धागों से जगह-जगह सीवन थी। बच्चे की बड़ी आँखें भय से और बड़ी दिख रही थीं। उसके भूखे हाथों ने भरी थाली के दोनों किनारे कसके पकड़ लिये थे।

"डरो नहीं। खाना खाओ जैसे रोज़ खाते हो।" साहब ने कहा।

बच्चा खाने लगा। अधिकारी और क्लर्क की आँखें उसकी थाली पर थीं और बच्चे को अपनी थाली छिन जाने का भय सता रहा था—ये बात साफ़ नज़र आने लगी थी। पनीली तुअर दाल में टिक्कड़ जैसी रोटी का कौर डुबोता वो इतनी जल्दी-जल्दी खा रहा था कि हर वक़्त उसका मुँह पूरा भरा हुआ था और निगलते हुए उसकी आँखों में बार-बार पानी आ जा रहा था।

अधिकारी साहब गिन रहे थे,

एक,...दो,...तीन,...चार!...पाँच!...छह!!...सात!!! बच्चा सातवीं रोटी खा रहा था।

बस एक पल लगा निर्णय लेने में। क्लर्क को वहीं खड़ा छोड़ आला साहब तेज़ी से उठकर चले आये; पर बाहर को आते क़दम कमज़ोर पड़ रहे थे, मुड़कर देखे बिना रहा नहीं गया,

...बची हुई डेढ़ रोटी बच्चा अपने स्कूली बस्ते में छुपा रहा था।

गुफा मंदिर के दर्शनार्थी

शहर में किराये से कमरा लेकर पढ़ने वाले दो लड़के।

मकरसंक्रान्ति की एक दिनी छुट्टी; अपने सुदूर गाँवों के देहाती उत्सवपन को बिसूरते-सीझे मनों से शहर में भटक रहे हैं। यों शहर भोपाल में रौनकों की क्या कमी है; पढ़ाई के पहले बरस जब ये दो लड़के मनोज और सत्येन्द्र यहाँ आए तो मुँह बाये देखते रह गए स्वर्ग-सी सजधज का शहर, आधुनिक अप्सराओं-सी लड़कियाँ, देवताओं-से गोरे लोग और चौबीस घण्टे जश्न-सी उन्मत्त ज़िन्दगी। उन दिनों दोनों के मन पढ़ाई से उचट-उचट जाते और घरों से आने वाले ख़र्च इतने कम पड़ते कि महीने के पन्द्रह दिन चाय न पी पाते, हफ़्ता भर पैदल कॉलेज जाते और कई-कई दिनों तक नहाने के साबुन के अंतिम टुकड़े भी बचत से लगाने पड़ते। चमचमाते मॉल्स के चटक-मटक खिंचाव, गौहर महल के शिल्प-मेले, बड़ी झील की पुकारती जल-यात्राऐं, वन विहार के दरख़्तों पर गुर्राते चीते, मानव संग्रहालय की आवारागर्दियोंनुमा सैरें; चार-छह महीने तो लड़के ऐसे भरमाये रहे कि अब तक वजीफ़ा पाते रहे ये स्कालर्स पहले ही सेमिस्टर में सप्लीमेंट्री से बचे...पर जो अपनी पगडंडियाँ ख़ुद बनाता हुआ ज़िन्दगी के राजपथ तक आता है, ज़िन्दगी आगे बढ़कर उसका हाथ थाम लेती है और सब बहकावों से बचाती सही दिशा में ही ले जाती है। पहला साल गुज़रते-न-गुज़रते गँवई छात्रों की रगों में कंजा गई आग फिर धधकने लगी। घरों से भेजा ख़र्च हमेशा ही मूलभूत ज़रूरतों का औना-पौना पड़ता है और उसके लिए भी मनोज के दद्दा गाँव के पटेल के खेतों में ट्रैक्टर चलाते हैं और बाई नहर परियोजना में रोज़नदारी करती है और बारिश के दिनों में जब मज़दूरी नहीं मिलती तो हर दिन पास के शहर जाकर गल्ला व्यापारी के यहाँ गेहूँ नुकाने का काम करती है। सत्येन्द्र की माँ उपले थापकर कस्बे में बेचने जाती है और मुँह अंधेरों, दोपहरों या देर रातों में उसे इस-उस के मवेशी का गोबर चुराते अक्सर ही गालियाँ पड़ती हैं। पिता बकरों-मुर्गों-गायों-भैसों के पालन से लेकर जंगल की गोंद-महुआ-तेन्दू बेचने तक क्या कुछ नहीं करते बेटे की उच्च शिक्षा के लिए।...माँ-पिताओं की ज़िन्दगियाँ मिटकर खाद हो रही हैं ताकि कमज़ोर पौधों जैसे बच्चे मज़बूत दरख़्त बनकर लहलहायें।

अब लड़के अपने व्यावसायिक कोर्सों के अंतिम वर्ष में हैं; और समय पर कॉलेज की फ़ीस भर पाने, इस्त्रीशुदा-साफ़ कपड़े पहन पाने और किराया-टिफ़िन-ट्रांसपोर्ट का ख़र्च पूरा करने के लिए ये लड़के कभी होम ट्यूटर, कभी अख़बारी सर्वेयर, कभी पार्ट टाइम ऑपरेटर, यहाँ तक कि कभी तो मूँगफली का ठेला लगाने तक का काम कर लेते हैं...मूँगफली की ढेरी पर जमी मिट्टी की सुलगती डबुलिया से उठता दूधिया धुआँ मेहनतकशों के भविष्य का रोशन रंग है।

तो ऐसे मनोज और सत्येन्द्र संक्रान्ति की छुट्टी काटने शहर में निकले हैं। ज़ेब ख़ाली हो तो त्यौहार मनाने का सुख दूसरों का हो जाता है और देखने का अपना। उत्तरायण सूर्य के कोरे तेज़ में नहाती पतंगें दूर आसमान में उड़ती परियों जैसी मालूम पड़ रही हैं। एक परिंदा, एक मनोकामना का रचा पन्ना, एक सिनेतारिका का हँसता चेहरा: हर पतंग अपने मालिक के दिल का आईना है। कन्ने बाँधते, उड़ान देते और 'ढील दे ऽ, ढील दे ऽ...वो काटा!!' की चीखती प्रसन्नतायें इधर-उधर छतों, सड़कों, मैदानों में नज़र आ रही हैं। लड़के सब रौनकों को दूर से ताकते, फ़ीका-फ़ीका मुस्कुराते और पैदल घूमते-घामते गुफा मंदिर चले आए हैं। त्यौहार पर घर दूर हो तो मंदिर बड़ा अपना-सा लगता है।...एकाकीपन में ईश्वर परिजन हो जाता है।

लड़के बाहरी गेट से प्रवेश करते ही पाते हैं कि विराट मंदिर परिसर में भी रौनकों की रेलमपेल है। तीन-चार खिलखिलाती लड़कियाँ बगल से गुज़रीं तो दोनों ने मुड़कर देखा, आँखों से ऑटो के ओझल हो जाने की हद तक। एक लड़की जिसके दुपट्टे में हीरों जैसे नग जड़े थे, उसकी हँसी शहद घुला छोड़ गई है हवा में।

गोशाला की जाली-बागड़ के पास से गुज़रते सत्येन्द्र को लगा, सामने अपने गाँव-घर की वे ही धवल-श्यामली गायें हैं, वे ही लाल-सफ़ेद बछड़े। भूसे, गोबर और धूल से रची इस दृश्यता में कैसा सौंधा-सौंधा-सा अपनत्व लग रहा है! वे आगे बढ़े। परिसर में पीपल, नीम, आम, जामुन, अशोक के—इंसानों के वफादार सेवकों जैसे—मुस्तैद खड़े पेड़ हैं। आगे प्रांगण में छोटे-बड़े परिवार समूह आ-जा रहे हैं। कहीं दौड़ते नन्हे-मुन्नों को डपटती माँएँ हैं, कहीं स्कूटर-कार पार्क करते उत्तरदायी पिताओं के लिए रुके बच्चे-पत्नियाँ। एक गुब्बारे वाला मुँह से गुब्बारे फुला-फुलाकर अपनी डण्डा-ढाँचा-दुकान पर सजा रहा है। गुब्बारा फुलाते उसकी गर्दन की नसें खिंचती हैं और चेहरा सुर्ख हो-हो जाता है। जैसे कोई कलाकार कृति को अपने प्राणों का सूक्ष्म अंश देकर उसे कला बना देता है, गुब्बारेवाला अपनी साँसें डालकर गुब्बारों को शक्ल दे रहा है—कोई दिल जैसा है, कोई झुनझुने की तरह का, तो कोई पतली टहनी पर खिला गोल फूल। आते-जाते सब बच्चे देखते जा रहे हैं: किसी जाते हुए की आँखों में मूक लालच जल-बुझ रहा है, किसी ठुनकते को खींचकर ले जाते माँ-पिता हैं और किसी भाग्यशाली के बड़े रुककर मोलभाव कर

रहे हैं। आगे चौड़े-चिकने कोटा स्टोन रास्ते के एक ओर बोरियाँ बिछाकर बैठे भिखारियों की कतार है। कुछ सिक्के, तिली-फूले के चंद लड्डू और लाई-नारियल के टुकड़े हर याचक के पास हैं और उनकी रोज़ वाली रिरियाहटों में आज एक सम्पन्न-सी उदासीनता है। दूसरी तरफ़ बिछी दरियों पर हनुमान चालीसा, श्रीमद्भगवतगीता, मार्डन मेंहदी, व्रतकथाओं की पोथियाँ, ताँबे-पीतल-अष्टधातु की अँगूठियाँ और सस्ती रंगीन मालायें बिकाऊ हैं। इससे भी आगे पहाड़ी मंदिर की सीढ़ियाँ शुरू होने से ऐन पहले चौड़े चौक के दोनों ओर—जहाँ लोगों की जुटती-मिटती हल्की भीड़ें हैं—लम्बी टेबलों पर काग़ज़ के दोनों में प्लास्टिक की चम्मच सहित खिचड़ी का प्रसाद सजा है। कार्यकर्ता आते-जाते दर्शनार्थियों के ध्यान ऊँची आवाज़ों में आकर्षित कर रहे हैं,

"प्रसाद ले लीजिए माताजी!"

"प्रसाद ले जाइए अंकलजी!"

"बहनजी, प्रसाद!"

दर्शन कर लौटते धार्मिक लोग प्रसन्न चेहरों से हथेलियाँ जोड़कर प्रसाद के दोने ग्रहण करते चले जा रहे हैं।

सिर्फ़ लौटते हुए लोग!!—दोनों ने एक साथ सोचा और टेबलों पर सजी खिचड़ी पर गहरी नज़र डालते हुए आगे बढ़ चले। खिचड़ी शायद गर्म है, ख़ुशबू टेबलों से दस क़दम आगे तक साथ चली आई है। लड़कों ने एक-दूसरे को बोलती आँखों से देखा,

दर्शन कर लौटने तक खिचड़ी ख़त्म हो गई तो??

लड़कों की सोच उनके अनुभवों से बनी है। एक बार वे अपनी दूसरी तल्लीनताओं और आलस की वजह से कॉलोनी मंदिर के भण्डारे में इतनी देर से पहुँचे थे कि रसीली बूँदी ख़त्म हो चुकी थी।

वे पलटे और पहली ही टेबल वाले कार्यकर्ता से एक-एक दोना प्रसाद ग्रहण किया। अब प्रसाद ले चुककर भगवान के दर्शन को कैसे जायें; एक जैसे हालात में हर आम आदमी एक-सी ही सोच रखता है। बात ज़ुबान तक लाने की ज़रूरत थी नहीं; लड़के मुख्य मंदिर की सीढ़ियाँ न चढ़कर बाँयीं तरफ़ के संगमरमरी हॉल-मंदिर से होते हुए बरगद की छाया तले दूब पर आ बैठे और बिना बोले खाने में जुट गए।

बड़े-बड़े निवालों में गर्म, महकती, मसालेदार खिचड़ी का दोना साफ़ करने के बाद मरोड़कर एक ओर फेंका, प्लास्टिक चम्मच ज़ेब में डाली और हाथ से मुँह पोंछते हुए मनोज ने कहा,

"कितनी टेस्टी खिचड़ी थी ना!"

"हाँ यार! बड़े दिनों बाद कुछ इतना बढ़िया खाया; मज़ा आ गया!"

"चल, एक-एक दोना और ले आते हैं!"

"पर...कैसा लगेगा? अगर ये ही पूछने लगे कि दोबारा क्यों लेने आ गए? प्रसाद क्या पेट भरने को है?"

दोनों को पिछले महीने वाला वाक्या याद आ गया जब कॉलेज के सामने वाले मंदिर के बूढ़े पुजारी ने उन्हें झिड़क दिया था कि वे 'थोड़ा और प्रसाद' के नाम पर और आधा-आधा पेड़ा अक्सर ही माँगते हैं; आसपास कॉलेज के दो-एक छात्र भी थे...मुस्कुराते हुए!

"देख, प्रसाद के चार काउंटर हैं। हमने अभी सिर्फ़ एक से ही तो खिचड़ी ली है।"

अबकी वे दूसरी टेबल से खिचड़ी ले आए।

"वो टिफिन वाला नंदू अपना!"

सत्येन्द्र ने स्वाद ले-लेकर खाते हुए कहा,

"कैसे कह रहा था कि अरहर की दाल नहीं दे पायेगा अब से टिफिन में; दाल सौ रुपये किलो हो गई है। हूँहअ! एक कटोरी दाल के नाम पर नीच पाँच सौ रुपये महीना बढ़वाने पर अड़ा है!"

"एक सब्ज़ी और चार रूखी रोटियों के लिए पहले ही सत्रह सौ रुपये महीना लेता है और हफ़्ते में एक बार टिफ़िन में जो खीर आती है, कैसी पनछीली-बेस्वाद जैसे सफ़ेद पानी में चावल तैर रहे हों!"

"और चावल भी कैसा; कन्ट्रोल की दुकान का माल!...दुनिया का सबसे घटिया चावल, जिसे सिर्फ़ हिन्दुस्तानी ग़रीब का आहारनाल ही पचा सकता है और इसके लिए भी नंदू हमसे वसूलता है पूरे सत्रह सौ रुपये महीना!"

"शहर का आदमी दूसरे को लूटकर ही जी पाता है। गमले के पौधे को पानी की क़ीमत पता होती है।"

दोनों दोस्तों ने वो ही बहुत बार का दोहराया विषय फिर दोहराया और खिचड़ी दूसरी बार भी ख़त्म हो गई।

तीसरे काउंटर से वे फिर एक-एक दोना खिचड़ी ले आए।

तीसरी बार खाने में कुछ तसल्ली है। खिचड़ी के छोटे-छोटे निवालों का लुत्फ़ लेते हुए मनोज ने बुशशर्ट की ज़ेब से सेलफ़ोन निकाला—जो गले में पहनी डोरी से जुड़ा था—और एसएमएस करने लगा।

"किसे एसएमएस कर रहा है?...लावण्या को?"

"हूँ।"

"मत कर।"

"क्यों?"

"कह रहा हूँ ना, मत कर।"

"पर क्यों?"

"हँसती है वो तुझ पर...वे सब!"

"देखा तूने?"

"परसों।"

"और तू मुझे आज बता रहा है?"

"तुझे बताने से होता भी क्या? कितनी बार समझाया है ये मेट्रो सिटी की लड़कियाँ हैं; हम जैसे बैकग्राउण्ड वाले लड़कों से ये बात भी करती हैं तो ऐसे जैसे जोकर के तमाशे से दिल बहला रही हों। तेरे दिमाग़ में कभी क्यों नहीं घुसती ये बात?? पीठ पीछे वे मज़ाक बनाते हैं तेरा!"

"क्या कह रही थी लवू?"

"अपने ग्रुप के साथ थी कैंटीन में। वे ही सब—प्रतीक, शशांक, अभिजात्य। तभी तेरा एसएमएस पहुँचा होगा उसके सेलफ़ोन पर। कहने लगी, 'देखो, देखो, मिस्ड कॉल भइया अब एसएमएस भइया हो गए हैं!' फिर सब हँसने लगे।"

मनोज ने सेलफ़ोन वापिस ज़ेब में रख लिया।

क्या कसर छोड़ी है उसने ख़ुद को अपने शहरी सहपाठियों जैसा बनाने में; शुरू-शुरू में सब उसकी गँवई ज़ुबान पर हँसते थे। सालों उसने उच्चारण सुधारने के लिए परिश्रम किया है। ज़ुबान को मोड़ने-पलटने के लम्बे अभ्यास किए हैं। आईने के सामने अंग्रेज़ी बोली है, गला सूज जाने की हद तक। शहर के सब शिष्टाचार सीखे हैं। आधुनिकता के सब आचरण। पढ़ने में भी वो ऐसा है कि सहपाठी उससे नोट्स उधार माँगते हैं, टॉपिक समझने आते हैं...और वे ही सब हँसते हैं पीठ पीछे?? मनोज का दिल कहता है, ये हँसी भी एक तरह की हिंसा है!

"खिचड़ी में मटर डाली है, बारीक सब्ज़ियाँ भी हैं, महँगी वालीं। अपना नंदू तो पालक, मैथी, आलू जैसी सस्ती तरकारियाँ ही देता है दोनों वक़्त।"

सत्येन्द्र ने कहा और मनोज भी अपने भीतर से लौट आया।

"उसका वश चले तो घास की तरकारी खिलाने लगे हमें।"

वे हँसने लगे।

पेट कुछ भरा है तो अब आसपास के माहौल से ख़ुद को जोड़ पा रहे हैं लड़के।

सामने हॉल के मंदिरों में लोग माथा टेकते, हाथ जोड़कर आँखें मूँदते, लड्डू-खिचड़ी-रेवड़ियों के भोग लगाते चले जा रहे हैं। पास के कुएँ से पानी पीने के बाद सत्येन्द्र ने देवी मंदिर की ओर देखा,

"सामने वाले मंदिर में चलें।"

"रुक ना! भगवान कहाँ भागे जा रहे हैं; पहले एक-एक दोना खिचड़ी और ले आते हैं।"

"तू ले आ, एक मेरे लिए भी।"

"अगर किसी ने पूछा, दो दोने क्यों...तो?"

"अरे, इतनी पब्लिक है; कौन किसे पूछता है? तू ले आ।"

मनोज चौथे काउंटर से खिचड़ी लाने चला और सत्येन्द्र ने देवी माँ के सामने पहुँचकर हाथ जोड़े। जगदम्बा का कैसा मोहनी रूप है—दूध रंग, दमकती पोशाक, जड़ाऊ ज़ेवर, मोती के बारीक रौनों की नथ, चाँदी का मुकुट, गोल-कत्थई बिन्दी...कैसी ठंडक पहुँचाती सुंदरता है!

पुजारी कहीं दिखा नहीं आसपास; सामने थाली में ढेर लड्डू थे। तिल-मावे का एक लड्डू सत्येन्द्र ने झिझकते हुए उठाया और देवी को पुनः पुनः नमन करता लौट आया बरगद तले दूब पर। लड्डू देखकर माँ याद आ रही है। बाबा कितना भी लोभ करें छटाँक-छटाँक दूध बेच लेने का; माँ कैसे भी करके त्यौहार के लिए, दूध बचाकर मावा बना ही लेती : सत्येन्द्र को पसंद भी तो कितने हैं तिल-मावे के लड्डू!

तभी एक बच्ची—मुश्किल से डेढ़ बरस की—उसके सामने आ खड़ी हुई। घोर काली, फटा स्वेटर, चिथड़ा फ्रॉक, लटाये बाल लेकिन मुख पर ठीक वही मोहनी; दिल को ठंडक पहुँचाता देवी का चेहरा!! कन्या ने हथेली आगे कर दी और मुग्ध सत्येन्द्र को लगा, देवी अपना प्रसाद वापिस माँगने चली आई हैं उसके पीछे-पीछे...प्रसाद दिए जाने पर ही ग्रहण किया जाता है, स्वयं नहीं ले लिया जाता—पवित्र नियम याद आया और सत्येन्द्र ने लड्डू कन्या की फैली हथेली पर रख दिया। एक तरुण भिखारी दौड़ता आया और छोटी लड़की को पकड़ ले गया।

मनोज दो दोने लिए मुस्कुराता चला आ रहा है; सत्येन्द्र का दिल ख़ुश हो गया।

चार दोनों के बाद वे पाँचवी और छठवीं बार भी खिचड़ी ले आए; छककर खाया है और एक-एक भरा दोना पन्नी में बाँध लिया है, घर ले जाने के लिए।

"कितने दिनों बाद तृप्त होकर खाया है!...याद है, अभिजात्य की जन्मदिन पार्टी में हमने थ्रीस्टार होटल में खाना खाया था!"

मार्बल हॉल के एक कोने में अपने गुलूबन्द का सिरहाना लगाकर सुस्ताते मनोज की लेटते ही मीठी झपकी लग गई; उसके सपने में लावण्या है: जबकि सत्येन्द्र मुख्य मंदिर की सीढ़ियाँ चढ़ रहा है, भगवान को धन्यवाद कहने।

...भूखे लड़कों का दिन पर्व में जो बदल गया है!

एक चोरी प्यासी घाटियों के नाम

चोरी का रोमांच सेक्स-कामना जैसा उत्तेजक होता है।

नहीं, मैं पेशेवर चोर नहीं हूँ! न ग़रीब-ज़रूरतमंद चोरकट और न ही रईस-मानसिक बीमार क्लेप्टोमेनियक। मैं इंजीनियरिंग का छात्र हूँ; पापा का 'अच्छा बच्चा' जिसकी कॉलेज फ़ीस भरने के लिये उन्होंने बैंक से लोन लिया है। बुरा हो जाने की सहूलियतें मेरी निम्न मध्यमवर्गीय ज़िन्दगी ने कभी मुहैया करायीं नहीं, सो मुझे तो अच्छा निकलना ही था! हाऽह! और मैं अच्छा हूँ—परिश्रमी, परिपक्व और पढ़ाकू!

सतपुड़ा की विशाल पार्किंग में टहल रहा हूँ। भोपाल के वल्लभ भवन को अगर मध्य प्रदेश का प्रशासनिक हृदय कहा जाता है तो सतपुड़ा भवन प्रशासन की रगों में बहता रक्त है। मेरे एक दोस्त को यहाँ ज़रूरी तौर पर आना था; और मैं साथ में, सादर आमंत्रित नहीं जबरिया आयोजक की तरह आया हूँ। दरअसल यहाँ के लिये दोस्त मेरी मोटरसाईकिल माँगने आया था और मेरी ये जान, सेकेंडहैण्ड मोटरसाईकिल जिसको ख़रीद पाने में पापा की बचाई और मम्मी की छिपाई सब बचत न्यौछावर हो गई थी; मैं अपनी ये बहुत क़ीमती चीज़ उसके हाथ में ऐसे कैसे पकड़ा देता? लेकिन अगर 'न' कहता तो पुरानी यारी से हाथ धोता...सो मुझे तो झक मारकर साथ आना ही था और पार्किंग में उल्लू की मानिन्द आँखें फैलाये यहाँ-वहाँ वक़्त काटते प्रतीक्षा करनी ही थी।

और मैं यहाँ हूँ। दूर तक गाड़ियों की कतारें हैं; मोम पेन्सिलों से खींची गयीं टेढ़ी-मेढ़ी रंगीन रेखाओं-सी मोहक! लड़कियों के दिलपसन्द रंगों वाली लाल-गुलाबी-नारंगी स्कूटियाँ,...नौजवानों की सुर्ख-स्याह-स्टाइलिश बाइक्स,...निरीह चतुर्थ श्रेणी कर्मियों की रौनक उड़ी साईकिलें,...क्लर्कों के घिसे स्कूटर,...छोटे अधिकारियों की खिलौनों-सी नन्ही कारें,...बड़े अफ़सरों की पीले मुकुटवाली लम्बी कारें,...दबंग आगन्तुकों की रफ़-टफ़ जीपें,...आम लोगों के धुले-पुछे दुपहिये-फोर व्हीलर्स : हर वाहन अपने मालिक के ज़िन्दगीनामे का जिंगल गीत है!

और ये जगह पार्किंग स्थल कम सरकार हुज़ूर का बाग ज़्यादा है। बूढ़े-बड़े दरख़्तों के नीचे चौड़े चबूतरे हैं जहाँ बहुतेरे लोग जिनमें से अधिकांश यहीं के कर्मी

हैं—क्योंकि ये लंच के बाद वाली सरकारी फुर्सत है—पत्ते खेल रहे हैं। अनगिनत जनता आ-जा रही है। हर चेहरा एक कहानी है। इधर छरहरे-युवा पेड़ मामूली हवा में भी झूम रहे हैं जैसे अपने युवत्व का उत्सव मना रहे हों। जवान होना भी अपनेआप में एक महान उपलब्धि है। चटख-नर्म फूलों और नन्हे-सजावटी पौधों की पंक्तियों से चौड़े रास्तों के किनारे सजे हैं। रेलिंगों पर फूलों से भरी-भरी लतायें ख़ुशबू बिखेर रही हैं और सतपुड़ा का पूरा माहौल किसी सुन्दर कामकाजी स्त्री की मुस्कुराहट जैसा सौम्य है।

मैंने मोटरसाईकिल जहाँ रोकी है, पटियों के फर्श पर धूल की सौंधी परत है जो अपराह्न की गाढ़ी धूप में इतनी सुनहली दिख रही है जैसे किसी अदृश्य ने फ़र्श पर पिसा सोना लीप दिया हो। पिसे सोने-सी लिपी धूल पर मैं निरुउद्‌देश्य टहलने लगा हूँ। सोचने को कुछ ख़ास है नहीं। मुक्त दिमाग़ से यहाँ-वहाँ देख रहा हूँ:...युवा पीपल की डाल पर घोंसला बसाती कमसिन चिड़िया को,...अधखिली कलियों और यायावर भँवरों को,...उड़ान-नृत्य में लीन एकाकी तितली को,...आशंकित-आशान्वित चेहरे से भीतर जाते किसान को,...ऊब रहे सुरक्षाकर्मी को,...और सेलफ़ोन पर शर्माती लड़की को। ओह! कैसा मीठा समय है; अब भले दोस्त दो घण्टे बाहर न आये! दरअसल इन्तज़ार मुझे कभी नहीं उबाता; मैं कभी अकेला होता ही नहीं हूँ। सिमोन द बोवुआर की इस बात का मैं पक्का भक्त हूँ कि अपनेआप में होना तो जश्न मनाने जैसा है!

अब जश्न हो और भला संगीत न हो; अपनी मनपसन्द नज़्म गुनगुना रहा हूँ...

कहीं एक लड़की, बहुत ख़ूबसूरत मगर साँवली सी ऽ...

लड़की तो नहीं, एक ख़ूबसूरत कार पर नज़र ठिठक गई है; चमचमाती स्लेटी और इतनी नई; मुझे लगा अभी तक पहली सर्विस भी नहीं हुई होगी। झिलमिलाती धूप में नई-नई एलीट कार यों सुहानी दिख रही थी मानो किसी कुलीन दुल्हन ने शादी की रिसेप्शन पार्टी में स्लेटी लहँगा पहना हो और उसके हीरों जड़े जेवर रह-रहकर दमकते हैं। मैं यों ही आकर्षित होकर उसकी ओर चला गया। फिर मेरी नज़र पिछले महँगे पारदर्शी काँच के पार सोफ़े जैसी सीट पर पड़ी...नहीं, दरअसल सीट पर नहीं, सीट पर पड़ी मिनरल वॉटर की दो सीलबंद बोतलों पर, जो ब्रान्डेड हैं। क़ीमती पानी को देखकर अचानक से मुझे न जाने क्या-क्या याद आने लगा:

—हमारी बस्ती में—जिसे गर्मियाँ शुरू होते ही नगर निगम पानी देना अक्सर ही भूल जाता है—जब पानी का टैंकर आता है, बिना बर्तन-कपड़े धोये, बिना नहाये हुए लोग पानी-पानी-पानी जुटाने के संघर्ष में सिर-फुटौव्वल को खड़े हो जाते हैं जबकि टैंकरवाला किसी सुन्दर लड़की को एक्स्ट्रा पानी देने के दौरान, एक ओर ले जाकर यहाँ-वहाँ छू भी लेता है!

—उस रात मैं एक दोस्त के घर से लौट रहा था; देखा, महँगी कॉलोनी के गेट

पर रखी पीने के पानी की टंकी से कुछ लोग पानी चुरा रहे हैं; कुछ आदमी, औरतें और बच्चे! मैली प्लास्टिक बोतलों और टूटे बर्तनों में चुल्लू-चुल्लू पानी भरते सशंकित-थरथराते वे लोग सड़क पार की कचरापेटी ज़मीन पर पड़े खानाबदोश मज़दूर थे जिनके पन्नी-तिरपाल के टुकड़ों से बने घरों और टूटी-फूटी गृहस्थियों की क़ीमत उनके जीवनों की क़ीमतों के आसपास ही लगी मुझे तब जबकि कॉलोनी का डंडाधारी गार्ड गालियाँ बकता हुआ दौड़ा और भागते स्त्री-पुरुषों के बीच से वो पाँच-छह साल का नन्हा बच्चा पिछड़कर गिर पड़ा जिसके नंगे-काले बदन पर सिर्फ़ एक चड्डी थी। औंधे गिरे बच्चे के मुँह से ख़ून की बूँदें झरने लगीं। वो रोया या नहीं, ये मैं नहीं देख पाया; बस देख पाया तो ये कि उसने अपने हाथ का पानी का बर्तन नहीं छोड़ा। गालियाँ बकता, डंडा ठोकता गार्ड पीछे था, पानी चुराकर भागता लहूलुहान बच्चा आगे और...पॉश कॉलोनी के द्वार से लेकर सड़क पार कूड़ा-ज़मीन की मज़दूर बसाहट तक पानी की छलकती बूंदों के साथ ख़ून की बूंदें भी लगातार बहती गयी थीं...प्यासी आवाम और जीवनरक्षक पानी के बीच की ख़ून भरी खाई!

—गंदा पानी पीने से एक पूरा गाँव बीमार हुआ। आधा दर्ज़न लोग मर गये। कुछ की हालत गम्भीर है...क्योंकि गाँव के हैंडपम्प कई बार की शिकायतों के बाद भी सुधारे नहीं गये थे...क्योंकि एकमात्र कुएँ का पानी सरकारी तौर पर कभी साफ़ नहीं किया गया...क्योंकि राजधानी के एक हिस्से, इस गाँव में पेयजल की समुचित व्यवस्था कभी की ही नहीं गयी

...क्योंकि!...क्योंकि!...क्योंकि!

और मेरी आँखों में एलीट कार में चमचमाती मिनरल वॉटर बोतलें हैं!

सिर-फुटौव्वल और बलात् स्पर्श को बर्दाश्त करने की विवशतायें!...फ़र्क़ों की ख़ून भरी खाईयाँ!...गंदगी पीने की मार्मिक व्यथायें!...और इस एक कारवाले के पास दो-दो बॉटल्स फ़िजूल-सी पड़ी हैं!!

दिल चाहा, कार के काँच पर ज़ोर का मुक्का मार दूँ पर...मैंने बताया ना, बुरा हो जाने की सहूलियतें मेरी निम्न मध्यमवर्गीय ज़िन्दगी ने कभी मुहैया करायीं नहीं सो भीतर से आता ज़ोर का मुक्का बाहर आते-आते झिझकते स्पर्श में बदल गया; शून्य पलों में मैंने कार का दरवाज़ा हल्के से छुआ।

अरे! नहीं!! ऐसा होता है क्या? कार का दरवाज़ा तो लॉक ही नहीं है! ग़लती से खुल गया दरवाज़ा मैंने झट से बंद किया और तुरन्त पलट आया। माथे पर पसीने की बूँदें हैं। उफ़, कहीं कोई देख लेता तो क्या सोचता, मैं चोरी के इरादे से कार खोल रहा था!!

थोड़ा आगे आकर फिर मुड़कर देखने लगा हूँ...एक आदमी के पास दो बॉटल्स...ज़रूरत से दोगुना पानी! अगर एक बोतल मैं चुरा लूँ तो?? उफ़! सोचने भर से ही देखिये, साँसों की रफ़्तार बढ़ गई है। हथेलियाँ पसीजने लगी हैं और

धड़कनें आकाशवाणी की तरह मेरे विश्व में गूँजने लगी हैं

लव डव लव डव

नहीं वे! कैसे फ़िजूल ख़्याल है! मैं अपनी मोटरसाईकिल तक लौट आया; बेचैनी में इधर-उधर फिरने लगा हूँ। रगों में बहता रक्त रफ़्तार पकड़ रहा है। बेचैनी की बेख़्याली में फिर इसी कार की तरफ चला आया हूँ;

नहीं!!

भीतर से किसी ने टोका जबकि अब तक तो मैंने कोई साफ़ इरादा भी नहीं किया था। आत्मा कितने सूक्ष्म स्तरों पर हमें पकड़ती है; बिल्कुल वैसे जैसे माँ अपने बच्चे के चेहरे से ही जान जाती है कि हालात क्या हैं! माँ हमारी आत्मा ही तो होती है; या शायद हमारी आत्मा, माँ की आत्मा का एक टुकड़ा होती है!...जबकि मेरी आत्मा मुझे टोक रही है; मैं याद करने की कोशिश कर रहा हूँ, पिछले इक्कीस साला जीवन में क्या मैंने कभी चोरी की है?...पिछली चोरी?...नहीं, सच्ची-कल्पित कोई याद नहीं! शायद मैंने कभी चोरी की ही नहीं अलबत्ता झूठ ज़रूर कुछ दफ़ा बोले हैं जो अन्ततः हर बार गुनाह बेलज़्ज़त ही साबित हुए हैं:

—जब मम्मी से पॉकेटमनी के इतर रुपये लेने थे, दोस्तों की देखादेखी ख़र्चने के लिये, कॉलेज की नई फ़ीस-फ़ण्ड की गप्प मारी थी; बाद में पता चला, मम्मी बहुत दिनों से वे रुपये मेरे लिये बचाये रखे थीं, आने वाले जाड़ों में नया स्वेटर ख़रीदकर देने के लिये।

—एक दफ़ा एक दोस्त को अपनी बाइक नहीं देना चाहता था तो शायद मैकेनिकल ख़राबी या रिश्तेदारों की आमदगी का बहाना बनाया था; बाद में उसे न जाने कैसे पता चल गया और सालों में रची किताब-सी वो मित्रता लम्हों में जलकर राख रह गई।

—स्कूली दिनों का एक वाक्या है। पापा को मेरी किसी—बकौल उनके—आवारगी की ख़बर लगी थी; मैंने प्याज़ काँख में दबाकर ख़ुद को बुखार चढ़ा लिया था और दिन-दो दिन लेटा रहा था लेकिन जब पापा अपनी चढ़ी आस्तीनें उतारकर ख़ालिस-परेशान पापा बन गये तो मैं अपनेआप में इतना शर्मिन्दा हुआ कि उनसे सब कुबूल कर बैठा!

यों झूठ ही बहुत साल गये हैं...और आज चोरी?

देखूँ तो!

नहीं!

देखूँ तो!

नहीं!

देखूँ तो!

...

कशमकश में हूँ; यों मैं नैतिकता-अनैतिकता, पाप-पुण्य, नेकी-बदी की द्वन्दात्मक अभिव्यंजनाओं में बहुत पड़ता नहीं हूँ। जीवन का मेरा अपना एक फ़ण्डा है, अन्ततः वही करता हूँ जिसकी सहमति भीतर से आती है और वो कभी नहीं करता जिस पर भीतरी मनाहियाँ ध्वनित हो रही हों। मैं ज़िन्दगी को सरल बनाने में यक़ीन रखता हूँ और सब तरह की बेईमानियाँ अंततः मुश्किलें ही होती है। (इतने बेलज़्ज़त अनुभवों ने इतना तो सिखा ही दिया है।)

...लेकिन ये चोरी की इच्छा! ज़िन्दगी सब फ़िलास्फियों से बड़ी होती है शायद! भीतर से डर रहा हूँ तो भी कार के पास आ खड़ा हुआ हूँ; सारे साहस अन्ततः डर का ही चरम रूप होते हैं। मैंने चारों ओर देखा है, किसी का ध्यान मुझ पर तो नहीं?

दो-तीन कर्मचारी खाली टिफ़िनों और खिली हँसियों के साथ मेरे पास से गुज़रे हैं। एक गार्ड बीड़ी का सुट्टा मारता हुआ दूसरे की ओर चला जा रहा है। एक हैरान-परेशान आदमी स्टार्ट न कर पाने पर, स्कूटर को धकेलता लिये जा रहा है। आनेजाने वाले आम लोग मानो शून्य में ताकते चले जा रहे हैं। परेशान आदमी अपने आसपास से, किसी ध्यान-लीन योगी की तरह कट जाता है।

तो मेरी ओर किसी का ध्यान नहीं है सिवाय उस अदृश्य के जो मेरे भीतर है। एक तरफ़ मेरा इनरसेल्फ़ मुझे रोक रहा है, दूसरी तरफ़ इच्छा उन्माद बनती जा रही है। सबकी नज़रों के डर से आश्वस्त हुआ ही हूँ कि अगला भय सामने है—यों तो कोई नहीं देख रहा; पर कहीं किसी ने चोरी करते पकड़ लिया तो? या कार का मालिक ही अचानक आकर मुझे रंगे हाथों धर ले?

ये सोचना भर था कि मैं थर-थर काँप गया। डर के ठीक सौ प्रतिशत विपरीत भीतर से कोई चीखा,

ये साला एलीट क्लास!

ठीक इसी पल उत्तेजना अपने चरम पर पहुँची और मैं सारी स्पष्टतायें खो बैठा। दरवाज़ा खोला-एक बोतल उठाई-फिर दरवाज़ा बंद किया और वहाँ से हट गया। कुल पाँच-आठ सेकेंड्स ही लगे मुझे इस सब में; पर इन पाँच-आठ सेकेंड्स में न मेरा दिल धड़का, न साँस गई-आई और न रक्त में रफ़्तार ही बची; मौत सरीखे रोमांच में मैंने जीवन की पहली चोरी को अंजाम दिया। तेज़, लड़खड़ाते क़दमों आकर अपनी मोटरसाईकिल से टिक गया हूँ और अब हाथ में चुराई हुई बोतल थामे जीवित बच गये व्यक्ति की तरह हाँफ रहा हूँ। रगों में रक्त अब तलक थरथरा रहा हूँ। दिमाग़ सुन्न है। मेरा मन पलकें मूँद लेने को करने लगा है।

और कुछ पलों के विचित्र शून्य के बाद मैं जैसे होश में लौटा हूँ...सहसा ही पापा के 'अच्छे बच्चे' का सिर ग्लानि से झुकने लगा है। अब रक्त धमनियों में ऐसे निढाल ढुलक रहा है जैसे चढ़ी हुई ड्रिप की नली में मरा-मरा-सा जीवन बहता है।

भीतर कुछ टूट गया लग रहा है...मेरी परवरिश का कोई हिस्सा!...कोई अदृश्य पवित्र चीज़! और ये ग्लानि अकेली नहीं आई है; रंग बदलकर डर भी साथ हो लिया है। अचानक ही मुझे लगने लगा है कि पूरी दुनिया मेरे हाथ की मिनरल वॉटल को व्यंग्य, घृणा और उपहास की आँखों से घूर रही है: बीड़ी के सुट्टों के बीच ठहाका लगाते वे सुरक्षाकर्मी कहीं मुझ पर ही तो नहीं हँस रहे?...चबूतरे पर पत्ते खेलते वे कर्मचारी मेरे ही बारे में तो कानाफूसी नहीं कर रहे?...वो आदमी अपने सेलफ़ोन से किसका नम्बर डॉयल कर रहा है? क्या उसने मुझे चोरी करते देख लिया है?...युवा पीपल की वही कमसिन चिड़िया अपना काम भूलकर मुझे क्यों घूर रही है?...और मेरा दोस्त??

जैसे ही मुझे अपने दोस्त का ध्यान आया; मैं सिहर गया हूँ। वो लौटता ही होगा और यकीनन उसे सब पता चल ही जायेगा! भले ही मैं कहता रहूँ कि ये बोतल मैंने ख़रीदी है; वो पूरा मामला मेरे चेहरे से ही ताड़ लेगा और तब मेरे पास सच-सी आस्था के साथ बोल सकने लायक कोई झूठ होगा ही नहीं! या शायद मैं उसे देखते ही कुबूल कर बैठूँ!...फिर ख़ास-ख़ास दोस्तों को पता चलेगा,...फिर कॉलेज के सब यारों को,...फिर मम्मी-पापा को,...फिर रिश्तेदारों को...और आखिरश: मेरी गर्लफ्रेंड को जो मुझे राम जैसा नायक कहा करती है!

अपराह्न की ठंडी धूप में भी मैं पसीना-पसीना हो चुका हूँ; चोरी करते वक़्त मौत-सा रोमान्च था...अब मौत-सी ग्लानि है।

दोस्त आता ही होगा, मैं जैसे जागा हूँ। उन्माद में कमज़ोर पड़ गयीं भीतरी आवाज़ें अब धारदार हथियारों-सी पैनी होकर लौटी हैं।

—जाओ, बोतल वापिस रख आओ!...जाओ भी!!

—बर्दाश्त करने की विवशतायें!...ख़ून भरी खाईयाँ!...गंदगी पीने की मार्मिक व्यथायें!...और एलीट क्लास को हासिल सुखों की अतिरिक्ततायें!

नहीं! बोतल वापिस तो नहीं रखूँगा मैं!...लेकिन दोस्त आता ही होगा!

अब??

दिमाग़ी धुंधलके में, परिसर से बाहर की ओर चल रहा हूँ और इस बीच मुझे मीठे समय वाले कहानियों-से लोग, फूल, तितलियाँ, लतायें, दरख़्त सब उपस्थितियों से ज़्यादा कुछ महसूस नहीं हुए हैं; सौन्दर्य सिवाय एक विशेष मानसिक स्थिति के और कुछ नहीं!

सामने एक भिखारी दिखा और मेरी दिमाग़ी धुन्ध एकदम से हट गई! मैं उस अधेड़ को ग़ौर से देखने लगा। इसकी पूरी उम्र लेकर भारत ने अपने इस नागरिक को क्या दिया: तार-तार कपड़े,...ख़ून झलकातीं दरारों वाले तलबे,...घिनौने बाल,...मैला चेहरा,...गंदी दाढ़ी,...भूखी आँखें...और हड्डी-हड्डी बदन! चालीस की उम्र में पचास का हो गया भिखारी मुझे देखते ही गिड़गिड़ाने लगा। मुझे एक अमूल्य

मानवीय जीवन के यों गरिमाहीन हो जाने का दर्द हुआ।

इस आदमी ने अपने पूरे जीवन गुणवत्ताहीन पानी पिया होगा!

मैंने बोतल झट उसे थमा दी और बिना दया दिखाये सख़्त चेहरे से कहा,

"तुरन्त भाग जाओ यहाँ से!"

अवाक् भिखारी को समझ कुछ नहीं आया सिवाय अपने हित के; और वो तुरंत भाग लिया। मैं चारों ओर डर, सन्देह और विभ्रम के सब संस्कारों से देख चुकने के बाद अचानक ही सहज फ़ील कर रहा हूँ।

...भूल जाइये कि मैंने कभी चोरी की थी!

मैंने परियाँ देखी हैं

सनातनपुर में दशहरे की धूम है।

उजले घर, धुले आँगन, प्रफुल्लित मन और मुस्कुराते चेहरे। बैलगाड़ियों, ट्रैक्टरों, मोटरों और साईकिलों की सजधज न पूछिये! हर साईकिल पर सांतिया है, हर मोटरसाईकिल पर अक्षत-फूल-रोलियाँ। जिनके पास बंदूकें हैं वे सबेरे से उनके पुर्ज़े साफ़ कर रहे हैं और जिनके द्वारपाल बाँस की तेल पियी लाठियाँ भर हैं, उन घरों ने अपने इन्ही रक्षकों को कलावे बाँधकर आरतियाँ ली हैं। विश्वकर्माओं ने अपने औज़ार पूजे हैं। लुहारों, लकड़हारों और कुम्हारों ने रोज़ी के साधन देवता। चौपालों पर दिन से ही जुये की चौसरें जमी हैं और कुछ रंगीन तबीयत बूढ़े इस दफ़ा भी दतिया का दशहरा देखने जाने को सज रहे हैं। लड़के कहते हैं, दादा दतिया क्यों जाना, सनातनपुर में क्या रावण, मेघनाद, कुम्भकर्ण नहीं हैं? और दादा हँसकर इस साल भी दोहराते हैं, इत्ता-सा था जब कंधे पर बिठाकर बब्बा दतिया का दशहरा दिखाने ले जाते थे। क्या तो मस्त पड़ा होता था वो राजा का उस ज़माने में जो साल भर इलाक़े में घूमकर यम की सवारी-सा देवतानी लगता था! राजा अपनी तलवार से उसे भगाते थे...और जो दौड़ता था पड़ा! पीछे भागते घुड़सवार कभी तो भांडेर तक दशहरे की बलि को नहीं पकड़ पाते थे! आज राजा नहीं, पड़ा नहीं, हम तो बाकी हैं!...दतिया का दशहरा, समथर की रामनवमी और झाँसी के ताजिये नहीं देखे तो क्या बुंदेलखण्ड देखा? लड़के बुज़ुर्गों की बूढ़ी पसंदगियों पर हँस देते हैं...खिलखिल-खिलखिल हँसियाँ बिल्कुल शाम के धुँधलके में देहरियों पर टिमटिमाते दियों-सी रोशन! कुछेक नये चलन के लड़कों ने (जो पास के कस्बे-शहर में पढ़ते हैं और दशहरे की छुट्टियों में गाँव आये हैं।) अपने घरों पर बल्बों की शहराती झालरें डाली हैं जिनमें जेनरेटरों के मँहगे डीजल से लुपझुप रंगीन उजाले बिखरते हैं; नहीं तो और सब द्वारों-दालानों में माटी के दीपकों, गैस बत्तियों और चिमनी-लालटेनों का दशहरा है। सनातनपुर में बिजली नहीं है। यों भी नहीं कि कभी थी ही नहीं। तीन बरस हुए, घर-घर बल्बों का सच्चा उजाला था। पंखे घूमते थे और टेपों-डेकों पर साजिंदों की संगत वाले भजन-लोकगीत-लाँगुरिया गूँजा करते--

दो-दो जोगिनी के बीच अकेलो लाँगुरिया
अकेलो लाँगुरिया ऽऽ रे अकेलो लाँगुरिया
दो-दो जोगिनी के बीच अकेलो लाँगुरिया

गाँव में चैत के चैत बहुतेरा इलेक्ट्रीकल्स आने लगा था—रंगीन टी. वी., सीडी वाले प्लेयर, कूलर और रेफ्रिजरेटर तक! खेतों में पानी देने की ऐसी सहूलियतें कि उपजें बढ़ गयीं, लागतें घट गयीं और छोटे काश्तकार भी बिना कर्ज़ा साल भर रोटी-तरकारी खा पाते। जीवन परिश्रम पश्चात् की मीठी नींद-सा ख़ुशहाल हो गया था फिर...फिर...फिर एक दफ़ा बिजली वाले पूरे गाँव का उजाला छीन ले गये। कहते थे बारह बिजली कनेक्शन हैं, पाँच उपभोक्ता बिल भरते हैं और बिजली जलाता है पूरा गाँव...नंगे-भूखे लोगों का गाँव!...नहीं! नंगे-भूखे लोगों का अंचल!!...एक-एक दिन एक-एक गाँव की बिजली कटी और एक दिन ये भी हुआ कि बिना करंट के खंभे-तार चुरा लिये नंगे-भूखे बुंदेलखण्ड ने; तब से...तीन बरस हुए आधे पठार के देहात में बिजली नहीं है। वैसे भी ग़रीब बुंदेलभूमि के अरबपति लालफ़ीता साहब-मेमसाहबों और रजवाड़े झक्क सफ़ेद कुर्तों को यों कभी जल्दी भी नहीं रही घिसते-घिसटते आवाम में इलाज, अन्न, रोशनी बाँटने की।

सो बुंदेली सनातनपुर का दशहरा उत्सव अयोध्यानगरी की शुरुआती दीया विजयदशमियों से बहुत आगे नहीं लगता।

जनकलली बैठक में पानदान को रुचि से सजा रही है। कत्था...सुपारी...गुलकंद की मिठास में पगे पान स्वागातुर मेजबानों की तरह तैयार हो रहे हैं। यों ये घर रोज़मर्रा में कौड़ी-कौड़ी बचाता है लेकिन त्यौहारों पर इनका पर्व दूसरों से कम नहीं होता। बैठक में आगन्तुकों के लिये रसीले पान सज रहे हैं, भीतर चौके में बहू चूल्हे से करारी पूड़ियाँ उतार रही है और बाहर चबूतरे पर नन्ही अलका तालियाँ पीट-पीटकर ख़ुशी से निहाल है। परसों जन्मे बछड़े के गले में उसने रतनगढ़ मेले से ली नई घण्टी पहनायी है। मेंहदी रचा, नहा-धुला सजीला गौ छौना घण्टी की संगीत ध्वनि से चौंक-चौंक सिर हिलाता है, रह-रहकर उछल जाता है और इस बेढब नृत्य पर तीन साला अलका की खिलखिलाहट देहरी, चबूतरों, गाय-भैसों, नीम और चौपाल तक बिखरी जा रही है। हरिचरण त्यौहारी फ़ायर के लिये दुनाली में कारतूस भरते हुए अलकू के कौतुक पर मुस्कुरा रहा है।

धाँय! धाँय!...धाँय!

बगल की छत से आती फ़ायरों की ध्वनि से हवा भर गई। हरिचरण ने चेहरा उठाकर देखा। घनश्याम भाईसाहब ने आठ-दस से कम फ़ायर नहीं किये हैं; कोई मौक़ा हो वे हरि पर अपनी उच्चता ज़ाहिर करने में कसर नहीं रखते। चाचा-ताऊ के ये लड़के कभी एक थाली में खाते थे, एक खाट पर सोते थे और एक-दूसरे के कपड़े पहनते थे। घर में ग़ज़ब की एका थी। जनक और उससे बारह बरस बड़ी

जेठानी शांतिदेवी आपस में मौसेरी बहनें ठहरीं तिस पर ये कि शांति ही नन्ही जनक को अपनी देवरानी बनाकर लायी थीं और पुतरियों से खेलती उस अबोध दुल्हन को उन्हीं ने पाल पोसकर सयानी गृहणी बनाया लेकिन बतौर गृहस्थ देवर लखन ने कभी कुछ नहीं किया; दंड पेले, लाठी भांजी, भैसों का कच्चा दूध पिया और जुआ खेला, तो भी माता-पिता-से भाई-भाभी ने जीवन निभा लिया। अभी पाँच बरस पीछे की बात है, मौज का जीवन जिये पहलवान लखन एकाएक दुबलयाने लगे। उनका बड़ा बेटा शिवचरण जुये का ऐसा लती निकला कि गुण्डों से लाखों का कर्ज़ा कर बैठा और एक रात पुलिस ने ट्रैक्टर चोरी के किसी केस में घर पर दबिश डाली। लड़का तो घर पर था नहीं सो पुलिस ख़ाली हाथ लौटी पर जाते-जाते घर के मुखिया, लखन के ईश्वरतुल्य भाईसाहब रामजीशरण से अभद्रता करती गई। देव-अपमान से आहत पुजारी की तरह लखन दो दिनों तक बिना कुछ खाये-पिये पौर में चुपचाप पड़े रहे और तीसरी सुबह जब शिवचरण लौटा तो आवेशित पिता ने आव देखा न ताव, लाठियाँ बरसाने लगे। डरा-घबराया लड़का भागा तो फिर कभी लौटा ही नहीं पर उसके पीछे दौड़ते लखन ठोकर खाकर ऐसे गिरे कि दिमाग़ पर मारक चोट लगा बैठे। घण्टे भर मुँह-नाक से ख़ून बहता रहा फिर अस्पताल के रास्ते में भाईसाहब की गोद में अंतिम साँसें लीं; शुरुआती से अंतिम साँसों तक लखन ने एक विराट वृक्ष तले सुरक्षित नन्हे पौधे-सा जीवन जिया।...उस दिन से बूढ़े वृक्ष-से रामजीशरण दाऊ की साँसों में मानो जीवन न बचा। माता-पिता के गुज़र जाने पर शिशु लखन को उन्होंने अपने शरीर के हिस्से की तरह पाला-पोसा था। लखन की मुश्कों पर हाथ ठोककर कहा करते,

"ये पट्ठा मेरे जीवन की असली कमाई है!"

रामजीशरण ने मानो भाई नहीं खोया, जीवनपूँजी खो दी। बाहर चबूतरे पर बैठे-बैठे सूनी आँखों मृत्युलोक के कामकाज ताकते रहते। कभी नींद में अचानक चीख उठते कि लखन उनके बिना नहीं रह पायेगा!...नहीं, रह पायेगा! और यों छह महीने होते-न-होते वे भी उस इष्ट लोक को प्रस्थान कर गये जहाँ उनका वो भाई राह तक रहा था जिसे उनकी ज़रूरत रही, जीवन में भी, जीवन के बाद भी।

सदा की संस्कारलक्ष्मी शांतिदेवी तरुणाई से प्रौढ़ता तक गुस्सैल पति के ही पैरों चली थीं...पति की ही आँखों देखती रही थीं।...पति की ही ज़ुबान बोलती रही थीं...और पति को ही अपने कुल विश्व के तौर पर समझबूझ पायी थीं। सुहागिन मरना ही उनके जीवन की सबसे बड़ी मनोकामना रही थी; पर यों अचानक जीवन-ईश्वर-विश्व हो चुके पति का साथ छूट जाने से वे कई दिनों तक लगभग हतबुद्धि रहीं। गाँव वाले कहने लगे, देखना ये सती बहुत दिन जियेगी नहीं...पर आश्चर्य! उम्र भर की अस्तित्वहीन शांति ने कुछ ही हफ़्तों में एक नया व्यक्तित्व पा लिया; वे अपने निर्णय ख़ुद लेने लगीं!! चलन-परंपरा के ठीक विरुद्ध घर के नये मुखिया अपने

लड़के घनश्याम से भी अनुमतियाँ–सहमतियाँ न लेतीं। दूसरे गाँवों में प्रवचन सुनने जाने लगीं। भण्डारे में कनिस्टर भर वनस्पति घी दान कर आयीं। चमरौरा (हरिजन बस्ती) की एक अनाथ लड़की के ब्याह में अपनी सालों की छुपी बचत के दस हज़ार रुपये लगा आयीं। और–तो–और गाँव की एक असहाय ब्राम्हणी—जिसे उसके बेटे–बहू ने घर ने निकाल दिया था और जो फूस–मिट्टी की झोपड़ी बनाकर, घर–घर से सीधा माँगकर किसी तरह ज़िन्दा थी--को शांतिदेवी ने घर की सबसे दुधारू गाय दान कर दी।

"न पूछा, न बताया, महारानी ने डोर छोरी और हाँक दी हज़ारों की गईया!"

घनश्याम की घरवाली सुनीता ने दिशा मैदान को जाते–आते पचासों जनियों से अपना मन साझा किया पर सास से रूबरू एक शब्द भी कह पाने का साहस न जुटा सकी; पति युग में निरी गऊ रहीं शांति देवी अज्ञात दैवीय विधान से सिंहनी हो गयी थीं; पर सिंहनी की भी एक कमज़ोरी होती है...शावक उसका! जब श्याम ने आँगन में खड़े होकर उनके गोदान का बाज़ार मूल्य ऊँचे स्वर में बखाना तो दो दिनों तक आँखें मूँदे लेटी रहीं शांतिदेवी ने तीसरे रोज़ अपने जीवन का पहला सबसे स्वतंत्र निर्णय सुनाया...मथुरा अपने गुरू के मंदिर–आश्रम में बस जाने का निर्णय; जहाँ वृद्धजनों को दो वक़्त कीर्तन के बदले भोजन–आश्रय मिलता है। सुनीता ख़ुश हुई, श्याम चुप रहा, हरि और उसकी गौने में आई पत्नी उदास हुए जबकि जनक रो दी। जाने की रात अपने बक्से में सीकें, रंगीन सूत, झालरें और बाँस के पतले टुकड़े भरते हुए सिर्फ जनक से उन्होंने भावी जीवन की सुंदर रहस्य योजना साझा की थी कि जिस हुनर से जीवन भर तारीफ़ पाई है, इसी कला से वे स्वावलंबी बनेंगी; आश्रम में रहकर ख़ाली समय में सुंदर बीजने, चटाईयाँ और सजावटी चीज़ें बनाकर बेचा करेंगी ताकि...बाकी जीवन भर साबुत धोतियों और तम्बाखू का अभाव न हो...और देश भर के तीर्थ कर सकें...और पसंदीदा भोजन जुटा सकें...और...और भी न जाने क्या–कुछ! सुनते–सुनते जनक हँस दी और मन–ही–मन प्रार्थना की,—देवी मैया, जीजी का दिल न तोड़ना!

अगली सुबह गाँववालों के मुँह आश्चर्य से खुले थे। जो सुनता, 'क्या??...अरे, नहीं!!...ऐसा क्यों हुआ??' कहकर अचरज की प्रतिमा बन जाता। जो शांति पति के समय में सालों–साल दतिया के बाज़ार न जाती थी, मुहल्ले में कहीं न बैठती थी, अकेली गाँव बाहर जिसने कभी क़दम न रखा, वो रातोंरात मथुरा चली गई सो भी सदा के लिये! श्याम–सुनीता को भी पहले से पता न था, सुबह ही उन्होंने जाना कि रात किसी गाड़ी से शांतिदेवी और वो विधवा ब्राम्हणी मथुरा चली गयी हैं और गोदान की गाय सामने नीम के नीचे बँधी है।

पहर बीतते–बीतते गाँव के हर घर में श्याम और उसकी घरवाली को लोग धिक्कार रहे थे कि उन्होंने लड़–लड़कर विधवा माँ को घर से निकाल दिया और

जाने से पहले बूढ़ी ब्राम्हणी से गोदान भी छीन लिया।...देहातों में बात फैले वक़्त ही कितना लगता है। रिश्तेदारी में जिसने सुना, दौड़ा-दौड़ा आया और श्याम को सपत्नीक चार बातें सुना गया। पूरे मामले में श्याम की घृणा की सुई हरि पर अटकी रही जो उस रात न सिर्फ ताई को रेल में चढ़ाकर आया था बल्कि गोदान वाली गाय भी वही वापस लाया।

रिश्ते के फटे छोर को आगे चीरने का काम किया मुखिया-पत्नी सुनीता ने; आये दिन चाची सास और देवर-देवरानी से गाली-गलौच कर घर की बड़ी बहू ने रिश्तों-लिहाज-मुहब्बत-प्यार सब के दो-दो टुकड़े कर डाले और छह महीने के भीतर ही चूल्हे अलग हो गये।...न जाने कैसा बँटवारा था, न जाने कैस पंच; पढ़े-लिखे श्याम ने लखन और शिवचरण के खाते इतने-इतने ख़र्चे दिखाये, ऐसे-ऐसे कर्ज़े साबित किये कि निरक्षर हरि के खाते में दो लाख का पुराना ऋण, तीन कमरों का घर और बीस बीघा जमीन चढ़ा दी गई। बाक़ी साठ बीघा ज़मीन, आठ कमरों का घर श्याम का रहा। ढोर-मवेशियों की भइया-बाँटन में भी पंचों ने माथा देखकर तिलक काढ़ा। पड़ियों तले की तीन भैंसे और एक लाउरी गाय श्याम के द्वारे बाँधी गई जबकि एक बूढ़ी भैंस, एक ग्यावन पड़िया और गोदान वाली बाखरी गाय हरि की ओर आयी। ट्रैक्टर श्याम का रहा पूरी तरह से, मोटरसाईकिल भी जबकि एक पुरानी साईकिल हरि को दी गई; और यों एक परिवार के दो अलग-अलग जीवन शुरू हो गये।

हरि और उसकी नवेली बहू अनथक परिश्रमी निकले तिस पर जनक की मर्दों-सी मेहनत! गाय-भैंसों के दूध से सास-बहू मावा बनातीं; हरि साईकिल से हर दूसरे रोज़ दतिया बेचने जाता और लौटते हुए साग-भाजी, कपड़ा-किराना कर लाता। परिवार ने किसानी में यों टूटकर मेहनत की कि खेतों ने गेहूँ नहीं सोने के दाने उगले। पहली ही साल सब कर्ज़ा चुकता हो गया। दूसरी साल एक छोटा ट्रैक्टर दरवाज़े की शोभा बढ़ाने लगा और इस तीसरे बरस हरि ने बंदूक ख़रीदी है, एक खलिहान भी। श्याम चचेरे भाई की चारों तरफ़ से उठती वाहवाही सहते-सहते पक गया है। ये भी क्या हद नहीं है कि उसी की शराब पीकर दोस्त-यार हरि की तरक्की पर रश्क कर जाते हैं और श्याम की तारीफ़ करते भी हैं तो ऐसे जैसे बाहरी चीनी में लिपटा भीतर से फ़ीका शक्करपारा! फिर कितने छोटे-छोटे द्वेष हैं जिनको छेड़कर सुनीता रोज़ माथा खाती है,

"अपना राहुल खेलते-खेलते उधर को चला गया। अलका बिस्कुट खा रही थी। मोढ़ा ने दस दफ़े माँगा पर उसने एक टुकड़ा न दिया। ज़रूर चाची ने सिखा दिया होगा।...मुझे तो ऐसा गुस्सा चढ़ा, वहीं से पीटा मैंने राहुल को; हाय! बैरियों के कलेजों में बड़ी ठंडक पड़ गई होगी!"

"कल चाची की गईया छूट गई थी; क्या पता जान के ही छोड़ी हो! हरि भईया

बैठे देखते रहे। जब मैं चिल्लाने लगी तब कहीं उठकर आये। तब तक वो नासमिटी गईया हमारी भैंस की लिढ़ोई की आधी सानी खा गई। जानकर ही छोड़ी होगी, हाँआँ!''

''तुमने सुना? चाची पुरा में क्या कहती फिरती हैं? मुझे तो रामकली कक्को ने बताया; कहती हैं कि श्याम दारू-मीट में जायदाद मेटे दे रहा है और सुनीता साड़ी-ज़ेवरों में। बताओ जी, ये भी कोई बात हुई भला! अब इनको हमारा पहनना-खाना भी नहीं सुहाता! कहती हूँ तो सुनते नहीं; शहर में घर बनवा लो और पूरी ज़मीन ठनके पर चढ़ा दो। इस रोज़-रोज़ की हाय-दुसट से तो प्राण बचें!''

अब...अब...अब श्याम की ईर्ष्या का हल्का रंग घृणा की स्याहता में ढल चुका है। पिछली साल उसने दतिया में प्लॉट ख़रीदा था। इस बरस से मकान बनना शुरू हो गया है लेकिन गाँव छोड़ने से पहले वो हरि को सबक सिखाना चाहता है, जख़्म के गहरे निशान-सा सबक! और मौक़ा? दशहरा भी तो एक मौक़ा है!!

हरि ने हवाई फ़ायर के लिये कारतूस उठाया ही था कि सामने श्याम है: कंजर शराब के देशी नशे में मत्त, सुर्ख चेहरा, भरी बंदूक और तनी देह भाषा। अगले को अज्ञात-सा भय व्यापा पर हिम्मत बाँधे, सहज बर्ताव करता वो बंदूक में कारतूस लगाने लगा।

''जैसे तेरा ट्रैक्टर ढलकुलिया है वैसे ही तेरी बंदूक भी खिलौना है खिलौना!''

बाईस साल की उम्र का उफनता ख़ून था तिस पर हाथ के शस्त्र का ईथर असर; हरि से बात सहन नहीं हुई। शब्द चबाता हुआ बोला, ''बताऊँ असली है कि नहीं?''

''अबे हरिया, तू क्या बतायेगा हमें; हमहीं देखे लेते हैं तुझपर चला के।''

श्याम ने अपनी बंदूक एक ओर फेंक दी और आगे बढ़कर हरि को धक्का दिया। वो धूल में गिरा। गिट्टी को कोई किरंच गहरे जा धंसी; नौजवान के माथे से ख़ून बहने लगा। अपनी बंदूक तानकर वो खड़ा हो गया। दोनों की मुट्ठियाँ एक ही बंदूक पर भिंच गयीं। चौपाल पर चौसर खेलते लोग चौंके; पर इससे पहले कि वे गुत्थमगुत्था भाईयों को अलग करने आ पाते,

''धाँय!!''

छीना-झपटी में बंदूक चल गई और श्याम की दाहिनी जाँघ से लहू का फव्वारा फूट पड़ा,

''आ अ अ ऽ...अम्मा ऽऽ''

गगनभेदी करुण गर्जना से गाँव गूँज उठा।

स्तब्ध हरि ने बंदूक फेंक दी; और जो दिशा सूझी, दौड़ गया।

'छनाक!' जनक के हाथों पानदान छूटा और कत्था-सुपारी-गुलकंद सने पानों ने बिखरकर फर्श पर रक्त के छींटे-से रच दिये।

लोग घायल श्याम को ट्राली में डालकर शहर ले जा रहे हैं और बड़ी बहू

दरवाज़े का ताला लगाती हुई गालियाँ बकती जा रही है,

''रंडियो, जेल में तुम सब की इज़्ज़तें न उतरवायीं तो मुझे भी एक बाप से पैदा न कहना!''

उजाहिरानी खड़ी जनक की जैसे संज्ञा लौटी। दरवाज़े की ओट खड़ी अपनी बहू पर एक नज़र डाली, दूसरी पैरों से लिपटी सहमी पोती पर। क्षण में जनकलली मानो साक्षात् साहस बन गई। पोती को झट घर भीतर किया और नसीहत से बहू को दरवाज़ा हर हाल में बंद रखने को कह, आदमियों-से तेज़ डग भरती दूसरे पुरा के नरोत्तम को बुला लाई। नरोत्तम-हरिचरण की दाँत काटे की दोस्ती है। जनक उसे अपना तीसरा बेटा कहती आयी है; और नरोत्तम भी इस घड़ी बेटा ही साबित हो रहा है; झट मोटरसाईकिल उठा लाया।

''शहर में भाईसाहब के घर इन दोनों को पहुँचा आओ।''

मोटरसाईकिल पर बहू की गोद में अलकू को बिठाते-बिठाते वो रुकी,

''सुन नरू, गोला (पक्की सड़क) तक मैं भी साथ चलूँगी।''

''नहीं काकी, तुम चिंता न करो। मैं हिफ़ाजत से पहुँचा दूँगा।''

''तो भी बेटा, कच्चे रास्ते पर डर है। कहीं उनके आदमी घात में न बैठे हों! गोला पर तो कितनी मोटरें चलती हैं; वहाँ से डर नहीं है।...और बहू-अलकू से मँहगे मेरे प्राण नहीं हैं; कुछ हुआ तो पहली लाश मेरी गिरेगी!''

जनक भीतर से बल्लम उठा लाई और सबसे पीछे बैठ गई।

कच्चे-अंधे रास्ते पर मोटरसाईकिल चल पड़ी है। क्षण-क्षण मृत्यु भय में पगा है। जनक चौकन्नी आँखों धौकई वन का लेश-लेश घूरती जा रही है। मुट्ठी में बल्लम उतनी ताक़त से कसी है जितनी से कोई डूबता सहारे को थामता है।

बीसेक मिनिट बाद पक्की सड़क पर आकर मोटरसाईकिल रुकी। जनक ने अलकू का माथा चूमा और ब्लाउज़ से बटुवा निकालकर बहू को थमा दिया,

''डरना नहीं। मामा का घर अपना ही घर है। यहाँ सब ठीक कर मैं भी आ जाऊँगी।...नरू, अब जा। देर मत कर।''

''काकी, इस टैम अकेली कैसे जाओगी?''

''मेरी चिंता छोड़ो; तुम लोग निकलो अभी।''

और आँखों की हद तक जनक ने मोटरसाईकिल को सुरक्षित विदा किया। बड़ा रास्ता न चुनकर उसने लौटती पगडंडी चुनी है। चढ़ती-उतरती पगडंडी पर आश्विन की दसवीं रात में एक स्त्री अकेली चल रही हैं। हाथ में बल्लम है, तन-मन में सिंहनी-सी दृढ़ता। ये वही जनक है जो भूत-पिशाच में इस क़दर यक़ीन रखती है कि कभी अँधेरे में छत तो दूर बाहर नीम तले तक नहीं गई।...जो तमाम ताबीज-गंडे पहने रहती हैं...जो हर दिन घर में धूप देती है...और जो दिन-दोपहर पिछली सूनी गैल (राह) जाने से हरसंभव तौर पर मुकर जाती है...यही...यही जनक इस समय

कंधे पर बल्लम रखे यों सर्तक चाल चली जा रही है मानो स्तब्ध धौकई वन की पहरेदार यक्षिणी हो।

पहुँची तो गाँव बदला हुआ मिला; घंटा भर पहले जहाँ दशहरे की धूम थी, शमशान-सा सूनापन व्यापा है। हर दरवाज़ा बंद, हर रास्ता ख़ामोश, हर रोशनी डबडबाई-सी। घर की देहरी देखी तो दिल में सनाका खिंच गया। चबूतरे रक्त रंगोली से रचे थे। श्याम के घर ताला जड़ा था तो भी लगा मानो उस द्वारे प्रेतनी मृत्यु आ बैठी है। हवा में सूतक के घर-सी उदासी थी। खूँटों से बँधे ढोर उसे देख रंभाने लगे। जनक ने पितरों का आभार माना; वर्ना ऐसे कितने गोलीकाण्डों का पूर्वार्ध-पश्चात् आँखों देखा है। थाना-कचहरी बाद में होता है, मुलजिमों के घर-मवेशी और बहू-बेटियाँ पहले लुट जाती हैं।...अब दो भैंसों और एक बछड़े-गाय को कैसे ले जाया जाये? जनक ने बछड़े को पिरिया (टोकरी) में रख सिर पर लाद लिया। लाउरी गईया रंभाती हुई पीछे हो ली, दोनों भैंसे भी। आगे बढ़ती जनक ने पीछे छूटते घर की ओर एक गहरी साँस छोड़ी,

"ये क्या किया मेरे बच्चे!!"

बीस कोस पैदल चलना है...पहले कच्ची सड़क...फिर गोला...फिर पगडंडियाँ, तब ननद रामकिशोरी के गाँव पहुँचेगी। सबेरा न होने पाये; उसकी चाल भरसक तेज़ है और मन अनुशासन की उस विचारशून्य दशा तक सर्तक जहाँ शारीरिक क्रियायें ही सबकुछ हो जाती हैं। सिर पर बछड़े की पिरिया रखे, तीन मवेशियों की अगुआ, रात की दूधिया अस्पष्टता में लगभग दौड़ती जनक को अपने रक्षक इष्टों पर उतना ही भरोसा है जितना कन्हैया को टोकरी में ले जाते वासुदेव को रहा होगा।

कच्ची सड़क बीत गई। अब डामर रास्ता है, दूर-दूर तक न इंसानी वाहन न इंसानी रोशनी। एक पीपल पर चमगादड़ें रो रही हैं। दूर कहीं एक उल्लू यों हलक फाड़कर चीख रहा है जैसे यम के आगमन की मुनादी हो। अचानक ही जनक को याद आया है, आज तो दशहरे की रात है!! इस रास्ते पर आधी रात गये बुंदेले प्रेत घुड़सवारों की बारात निकलती है और जिसने भी अपनी जीवित आँखों पिशाचों का साक्षात्कार कर लिया, प्रेत उसका उल्टा धड़ आधा ज़मीन में गाड़ देते हैं और उसकी आत्मा को खींचकर अपना-सा एक घुड़सवार करके लिये चले जाते हैं। जनक ने समय जानने के लिये ब्रह्माण्ड घड़ी की ओर देखा; आकाश में हिरनियाँ बीचोंबीच हैं...ठीक आधी रात का वक़्त!! उसकी रूह काँप गई। टाँगें इतनी थरथरायीं कि एकबारगी तो पिरिया गिरते-गिरते बची और उसे ज़ोर से पेशाब करने की ज़रूरत लगी।

नहीं! नहीं जनक! अब अगर मरना तय है तो भी अंतिम साँस तक जीवन को न हारना! बच्चे की ज़िन्दा पूँजी-घर के ये कमाऊ सदस्य-इन मवेशियों को कुछ नहीं होना चाहिये!...विष्णु की माया ने अलौकिक भय की छाती पर महिषासुरमर्दिनी-

सा पाँव जमा दिया।

रतनगढ़ की एक सिद्ध माला और दो ताबीज़ उसके गले में थे, कलाई में एक रक्षक धागा। वो एक पीपल के नीचे रुकी। अरे! जनक क्या बिल्कुल ही भूल गई है, पीपल पर दुनिया-जहान के भूत बसा करते हैं?? और ये क्या? उसने अपने ताबीज भैंसों की साँकरों में बाँध दिये हैं। माला गाय के सींगों में लपेट दी और रक्षा सूत्र बछड़े की घण्टी में पिरो दिया।

अब!...अब ठीक आधी रात है, साँय-साँय कर चीखती हवा, जीवन शून्य जंगल-सड़क और सदा की भीरू जनक...नहीं! यक्षिणी जनक!! क्षण-क्षण मृत्यु प्रतीक्षा-सा ख़ौफ़नाक है। पता नहीं किस पल बुंदेले घुड़सवारों की बारात सामने हो! उसने अपना मृत्यु शिल्प रच लिया है। जैसे ही प्रेत घुड़सवार आते दिखेंगे वो पिरिया को जंगल की ओर फेंक देगी। गाय-भैंसों को हाँक देगी फिर...फिर उसके हाथ में बल्लम है और देह में प्राण; मौत से हारा नहीं, लड़ा जाता है! दीक्षा में मिला गुरूमंत्र वो ऊँचे स्वर में बुदबुदाती चली जा रही है।

प्रेत प्रतीक्षा...विष्णु की माया...और जीवनहीन रास्ता!...बहुत देर तक चल चुककर उसे अचानक ही ध्यान आया कि प्रेत घुड़सवारों वाला रास्ता बीत गया, रात भी। हिरनियाँ डूब गयी हैं और धुव्र तारा उजाले की ख़ुशख़बर सुना रहा है। बिन्नू के गाँव का गैंओड़ा देखकर सहसा उसके साहस ने साथ छोड़ दिया। इस दशा में ननद की ससुराल क्यों जा रही है? ननदोई का नापसंदगी भरा बर्ताव कैसे भूल गई? आज तो ज़रूर ही अपमानित होकर लौटना है! जनक ने पलटकर देखा, पीछे जाने को कोई रास्ता न था। धूल सने, चकनाचूर पैरों में कुल ताक़त बटोरती वो आगे बढ़ी।

बचपन की सखी-सी ननद को सामने पाया तो रात भर की भरभराहट आँखों से बहने लगी। रुँधे गले से पूरी घटना सुनाई। मायके की दुर्दशा जान बिन्नू भी रोने लगी फिर आँसू पोंछती उठी और मवेशियों को ले जाकर ढुरऊ बखरी में बाँधा। सानी-पानी दिया फिर घर आकर भाभी के आगे थाली परोसी और पति को जगाने भीतरी कमरे में चली गई।

"सुनते हो! जनक भाभी आई है!"

"क्या??? इस टैम?"

"हाँ! कल रात हरि और श्याम में ऐसी कहासुनी हुई कि हरि के हाथों गोली चल गई और वो फ़रार हो गया।"

"और घनश्याम?"

"उसे तुरंत ही अस्पताल ले गये। गोली जाँघ में लगी है, शायद ख़तरे की कोई बात न हो। भाभी अपने मवेशी लेकर आयी हैं। अब हमें ही उनकी बिगड़ी सँवारनी है। दोनों ही बच्चे अपने हैं।"

"पागल हो गई है क्या?"

"क्यों?"

"अरे! तीन सौ सात का केस है और क्या पता तीन सौ दो हो जाये! फिर घनश्याम की बहू ने कोई कसर छोड़ी होगी क्या? अब तक एफ. आई. आर. भी हो गई होगी और तुम्हारी भाभी का नाम भी लिख गया होगा। इस फ़रारी औरत को यहाँ रखकर क्या तुझे घर पर पुलिस की दबिश डलवानी है?"

"ऐसे न कहिये। मेरी भाभी हैं वे!"

"अरे, तो क्या भाभी के साथ जेल जायेगी। अम्मा को पता चलेगा तो झोंटा पकड़कर घर से बाहर कर देंगी तुझे।"

"ऊँची आवाज़ में मत बोलिये। भाभी दालान में हैं।"

"सुनती है तो सुन ले! हत्यारों की माँओं के लिये यहाँ कोई पनाह नहीं!"

"मैं आपके पाँव पड़ती हूँ...!"

"हट्ट! अब तू मुझे त्रियाचरित्र न दिखा! सीधी जा और उस रांड को इसी समय घर से बाहर कर...और तुझे अगर इतना ही हेज है उन कत्लियों से तो तू भी निकल जा इस घर से।"

पति से और निवेदन करना और अपमानित होने के सिवाय कुछ न था। धोती की कोर से आँखें सुखाती रामकिशोरी दालान में निकल आई। भोजन की थाली अनछुई सजी है। भाभी की आँखों में अब आँसू नहीं संयम झिलमिला रहा है। बैठकर पैर छूते हुए कहा,

"चलती हूँ बिन्नू।"

"भाभी, खाना तो खाती जाओ। कुछ देर सुस्ता लो, रात भर चली हो।"

"नहीं बिन्नू जाना ज़रूरी है वर्ना वहाँ घर लुट जायेगा; और खाना तो इतने सबेरे मुझसे खाया भी नहीं जायेगा।"

"अच्छा रुको। बस तनिक। जाना नहीं भाभी।" आँसू पोंछती, हड़बड़ाती ननद भीतर गई और लगभग तुरंत ही वापस आ गई।

"भाभी, इसमें गुड़-रोटी बाँध दी है। जहाँ भूख लगे खा लेना।"

"नहीं बिन्नू, मुझसे नहीं खाया जायेगा।" हरसंभव तरह से भाभी ने ननद के घर में ख़ुद को रोने से रोका हुआ है।

"तो न खाना भाभी। बस एक बार खोलकर देख लेना फिर भले फेंक देना। तुम्हें मेरी सौगंध!" झर-झर बहते आँसुओं के बीच बिन्नू ने हाथ जोड़े।

"रामकिशोरी! ओ रामकिशोरी! वहाँ क्या कर रही है खसममरी?" पति की पुकार हिंसा से भरी हुई थी।

"अब तुम जाओ भाभी।"

परवश पशु-सी ननद ने भाभी को गले लगकर विदा किया।

"रामकिशोरी! ओ किशोरी! ऐसे नहीं सुनेगी तू! अरे अम्मा, मेरा लट्ठ तो लाना; बड़े दिन हुए पिटी नहीं इसलिये गर्राने लगी है!"

बुर्जुआ आवाज़ कच्चे कमरों, आँगन, दालानों में गूँजती रही और रामकिशोरी माथा थामे भूमि पर बैठी रही।...अभिशप्त अप्सराओं की नारकीय योनि; स्त्री का गृहस्थ जीवन!!

पैरों में प्राण शेष नहीं हैं पर जीवन के लिये चलना है। भूख, नींद और थकावट में चेतना बिला-बिला जा रही है। जनक सड़क से हटकर एक जंगली पेड़ की ओट बैठ गई। ख़ाली पेट फोड़े-सा दुख रहा है तो भी उसके भीतर से किसी ने इस भोजन को ग्रहण करने से मना कर दिया; एकाएक हवा में बिन्नू का करुण निवेदन सुनाई देने लगा,

"तो न खाना भाभी। बस एक बार खोलकर देख लेना फिर भले फेंक देना। तुम्हें मेरी सौगंध!"

पोटली खोली; रोटियों के बीच बिन्नू की झुमकियाँ और पायलें थीं, लौंग भी। माने आज भी बिन्नू उसकी वही बचपन की सखी है।...बेचारी आज बहुत पिटेगी। पल भर को उसका चेहरा जलती लकड़ी-सा धधक उठा। जी चाहा दौड़कर जाये और ननदोई के मुँह पर ये गहने फेंक आये...पर उसने गहने रख लिये; इस समय वो अभिमानिनी स्त्री नहीं, ज़रूरतमंद माँ है।

अपने गाँव के खेतों पर ही पहुँची थी कि किसी ने बताया, एफ.आई.आर. में उसका भी नाम है। हरि तो मिलने से रहा लेकिन वो अगर गाँव भीतर गई तो ज़रूर गिरफ़्तार हो जायेगी। जनक गाँव नहीं गई। अपने सुदूर खेत की कोठी में जा छिपी और माता की मनौतियाँ मनाती रही कि पुलिस उसे तलाशती यहाँ न आ जाये; इस विपत्ति में उसके बच्चे की सिवाय उसके कोई रक्षा नहीं कर सकता!

किसी तरह दिन डूबा। अंधेरा गहराते ही वो लुकती-छिपती घर को चल दी। श्याम के दरवाज़े पर ताला है। मोहल्ला नींद और अंधकार में डूबा है तो भी अपने घर ठीक सामने से जाने का साहस एकाएक नहीं जुटा; किसी ने पुलिस को ख़बर कर दी तो??

साहस जुटा जनक! साहस जुटा!...एक पल उसने ख़ुद से बात की और फिर बिना किसी अकधक घर का ताला खोल भीतर चली गई। अंधेरे में टटोलते-टटोलते पिछले द्वार तक पहुँची जो पहाड़ के भयावह निर्जन की ओर खुलता है। उसे खोल फिर लौटी और मुख्यद्वार का ताला लगाया ही था कि चौंक गई; सामने से लालटेन लिये पड़ोसी बड़े दादा गुज़र रहे थे जिनके कुल से पुश्तैनी अदावत रही है। जनक सफ़ेद पड़ गई; अब पुलिस के आने में देर ही कितनी लगेगी! अस्सी पार के बड़े दादा ने क्षणांश में उसे एड़ी-से-चोटी तक पढ़ लिया। मुँह फेर कर आगे बढ़ते हुए

कहते गये,

"हम कृष्ण के वंशज हैं; बहू-बेटियों की रक्षा करते हैं, उनसे दुश्मनी नहीं निकालते।"

अब जनक घर के पिछवाड़े से क़ीमती असबाब ढो-ढोकर खेत की कोठी पर पहुँचा रही है। इस रास्ते पर श्मशान है। जिधर को वो कभी दिन-दोपहर पैर करके नहीं सोयी, आज आधी रात की घुप्प स्तब्धता में उसे ये राह निर्भय लगती है; सुरक्षा कायरता को जन्म देती है, असुरक्षा वीरों की माँ है।

भूख लग रही है, बहुत भूख; पर घर में चूल्हा सुलगाना पुलिस को आमंत्रण भिजवाना है। कुछ बासी पूड़ियाँ, कुछ सूखी मिठाईयाँ जनक ने जैसे-तैसे निगली हैं और ईश्वर की दी कुल मानवीय ताक़त से काम में जुटी रही है।

तीन रातें!...पूरी तीन रातें एक निहत्थी स्त्री की श्मशान-देवता ने रक्षा की है जबकि वो अपनी जीवनपूँजी बचाने के लिये अनथक जूझती रही। कबरबिज्जू, सियार, सर्प और चमगादड़ें—सब देवता के भेजे पहरेदार हैं जो आसपास रहकर जनक की रक्षा करते हैं जीवित नरपशुओं से। और प्रेत-मशान-आत्मायें? अगर हैं भी तो भी शत्रु नहीं हैं। इस कठिन समय में मानो पूरा सृजन, कुल अलौकिक उसका धर्मपिता है।

चौथी रात जनक बेटे को ढूँढ़ने निकली और वो मिल भी गया; नरोत्तम की मार्फ़त उसकी रिश्तेदारी के दूर गाँव में। बेटे को देखा तो दिल डूबने लगा। चार ही रोज़ में पट्ठा लड़का आधा नहीं रह गया है फिर भयभीत भी इस कदर कि बार-बार पूछता,

"बाई, सुना है पुलिस बहुत बुरा मारती है। जो एक बार उसके हाथ के नीचे से कढ़ गया, जीवन भर फिर किसी काम का नहीं रहता। वे अंग-अंग पर मूँदी चोटें करते हैं!!"

बुंदेलखण्ड की अमानवीय पुलिसिंग की सच-सच तस्वीर नौजवान के रोम-रोम में थरथरा रही थी।

" अगर तुम हाज़िर हो जाओगे तो वे नहीं पीटेंगे।"

"नहीं बाई! नहीं! पुलिस के पास जाने से पहले मैं जान दे दूँगा! नहीं बाई! मैं हाज़िर नहीं होऊँगा!"

वो गोद में मुँह छिपाकर रोने लगा। माँ देर तक उसके बाल सहलाती रही। लोरी की तरह धीमे-धीमे समझाती रही और उसके सो जाने पर चुपचाप उठकर चली आई।

भाईसाहब का घर दतिया में है। बस पकड़ने में पहचान का डर है; पहाड़ी रास्ते से जनक ढाई पहर पैदल चलकर आई है। भाईसाहब बड़े अपनापे से मिले। उसके सिर पर हाथ फेरा। तसल्ली दी फिर ख़ुद ही भीतर से पानी का गिलास भर लाये

उसके लिये। जनक ने अपनी बहू और पोती के बारे में पूछा।

"बहू को तो मैं अगले ही दिन उसके मायके छोड़ आया था; तुम जानती तो हो ही अपनी भाभी का स्वभाव!" उनका स्वर भरसक धीमा था; आवाज़ कहीं आँगन तक न पहुँच जाये।

जनक ने एक व्यर्थ-सी साँस लेकर छोड़ दी। भाईसाहब से कुछ भी कहना बेमानी है। सरकारी स्कूल के रिटायर्ड प्रिंसिपल उसके भाईसाहब सरस्वतीचन्द्र की कस्बे में जितनी प्रतिष्ठा है, घर में उतना ही असम्मान। जैसे किसी वृक्ष के कमज़ोर तने को दृढ़ बनाये रखने के लिये उसके साथ मज़बूत लकड़ी बाँध दी जाती है ऐसे ही भाईसाहब के गृहस्थ जीवन की दृढ़ता है उनकी धर्मपत्नी अनुसुईया देवी। स्वभाव की बड़ी पैनी, ज़ुबान की बड़ी तेज़, दुनियापे में ख़ूब-ख़ूब धारदार और गृहस्थी में महानगरीयों-सी निजता पसंद। बाकी दो ननदों से रिश्ता न के बराबर बचा है। रक्षाबंधनों-भाईदूजों पर सरस्वती बाबू ख़ुद ही बहनों की ससुराल चले जाते हैं रिश्ता जीवित रखने। यों अनुसुईया से वे बहनों के लिये सौ-सौ का एक-एक नोट ही पाते हैं पर रास्ते में, छुपाकर लायी रक़म से कपड़े, फल, उपहार ले जाना कभी नहीं छोड़ते। एक बार मँझली दीदी के घर बिजली का मीटर लगवाने के लिये हाथ की अँगूठी दे आये थे और घर आकर कह दिया कि राह में लुट गये। विधवा बड़ी दीदी की बेटी के ब्याह में प्राविडेंट फ़ण्ड का हज़ारों रुपया लगाये बैठे हैं। अनुसुईया ने उड़ती-उड़ती ही सब ख़बरें सुनीं और दोनों बड़ी ननदों के लिये मायका आजीवन निषिद्ध हो गया। जनक की अलबत्ता बात और है। एक तो उसने बाकी बहनों की तरह अपनी ग़रीबी और भाई की अमीरी की दुहाई देकर आर्थिक मदद कभी नहीं माँगी तिस पर आते ही पूरा घर-द्वार सम्हाल लेती है। भतीजों की फ़रमाइशें, भाई की ज़रूरतें और भाभी की अनंत बातें धैर्य और ख़ुशी से निभा लेती है। कभी ऊँचा-नीचा बोल दो तो भी दिल पर नहीं लेती और चार जनों में जनक के मुँह से भाभी की तारीफ़ ही निकली होगी, बुराई नहीं, ऐसा उन्हें गहरा विश्वास है। यहाँ चाहे जितना घिस जाये काम में, ससुराल जाकर सदा यही कहा है, "लोग अनुसुईया भाभी को पहचानने में ग़लती करते हैं। वे मंदिर की प्रतिमा की तरह है, बाहर से पत्थर भीतर से भगवान।" सिवाय जनक के अनुसुईया ने जीवन में किसी के मुँह से अपनी प्रशंसा नहीं सुनी। यों भाभी की ननद से निभती रही है। दूसरी तरफ़ जनक सोचती है, मायके में पूछ-परख बनी रहे, साल में दो धोतियाँ मिलती रहें तो बेटे-बहू की आँखों में भी उसका पानी बना रहेगा। इस तरह पूरकता का ये नाता इज़्ज़त से निभता रहा है...पर आज जनक आहत है; इस विपत्ति में उसकी बहू-पोती को एक दिन भी आश्रय न दे सके ये लोग? इसी के लिये जीवन भर स्वाभिमान ताक पर रख रिश्ते निभाये उसने? मन धूँ-धूँ कर जल उठा। वो चुप चेहरे से शून्य में तकती रही। भाईसाहब ने उसका कष्ट पढ़ लिया। पास बैठते हुए बोले,

"बताओ जनक बेटा, मैं तुम्हारे लिये क्या कर सकता हूँ?"

"पहले तो हरि को हाज़िर करवाना है। आप बस इतना कर दीजिये कि पुलिस उसे मारे-पीटे नहीं वर्ना लड़का डर के मारे ही मर जायेगा।"

"इतना तो बड़ी सरलता से हो जायेगा। समझो दो-एक ही दिन में।"

दो-एक नहीं आज पूरे पाँच दिन बीत गये हैं। भाभी की एक नौकरानी छुट्टी पर है।...जनक बर्तन माँजती है।...तीनों वक़्त रसोई करती है।...मेहमानों को चाय-नाश्ता देती है...और कोने-अंधेरे में जाकर अदृश्य इष्ट देवी के आगे आँचल पसारकर बेटे की कुशलता की दयनीय याचनायें करती है।

कल से भाभी के मायके के चार पाहुने मेले (रुके) हैं। जनक दिन भर के काम के बाद रात के जूठे बर्तन समेटकर धोने बैठी ही थी कि भाईसाहब धीमे से आकर फुसफुसाये,

"हरि को हाज़िर करवाकर आ रहा हूँ।...नहीं! नहीं! पुलिस ने उसे हाथ भी नहीं लगाया। टी. आई. मेरा ही पढ़ाया लड़का निकला। और हाँ, एक और ख़ुशख़बरी है; पुलिस अब तुम्हें नहीं पकड़ेगी। आज सुख की नींद सोओ बेटा।"

वे सिर पर हाथ फेरकर उठ गये।

सुख की नींद ?? जिस माँ का बेटा जेल में हो, बहू-पोती आँखों से दूर, गृहस्थी लावारिस, उसे कैसा सुख? और कैसी नींद?

जनक बेटे से मिलने जेल गई। उसे हाथ से खाना खिलाकर आई और लौटते हुए तपती हवा में बेटे के रुँधे शब्द सुनती रही,

"बाई, ये जेल नहीं नरक है। यहाँ के दादा लोग बात-बेबात मुझे पीटते हैं। कपड़े धुलवाते हैं। मालिश करवाते हैं और मेरा खाना भी खा जाते हैं। बाई, तुम कुछ भी करो; चाहे घर-ज़मीन सब बेच दो पर श्याम भाईसाहब से राजीनामा कर मुझे जेल से छुड़ा लो वर्ना मैं मर जाऊँगा! मैं यहाँ मर जाऊँगा बाई!"

दो बूँदें माँ की आँखों से गिरकर धरती के सीने में समा गयीं।

क्या करे? कहाँ जाये? कुछ समझ नहीं आता; और जो सूझा, अगले दिन मथुरा जाती रेल में चढ़ गई। सफ़र भर साहस जुटाती रही। शब्द तय करती रही। निवेदन दोहराती रही। आश्रम पहुँची तो पता चला, शांतिदेवी यहाँ बमुश्किल तीन महीने रही थीं फिर वृंदावन के आश्रम चली गयीं। उसने तुरंत वृंदावन की बस पकड़ी। पोटली में सत्तू बंधा है पर जनक निराहार है। जब तक शांति जीजी मिल नहीं जायेंगी, उसका उपवास है; देखें, साथ चल रहीं अदृश्य इष्ट देवी किस सीमा तक अपनी भक्तिन के कष्ट देखना चाहती हैं!

वृंदावन आश्रम से पता चला, शांतिदेवी ने कुछ दिन रहकर ये जगह भी छोड़ दी थी। अब वे उसी बूढ़ी ब्राम्हणी को साथ लिये, यमुना किनारे अपने घर में रहती हैं और सजावटी सामान का कुटीर उद्योग चलाती हैं। लोग उन्हें शांति माँ के नाम से

जानते है।

जनक दौड़ी चली जा रही है वृंदावन की कुंज गलियों में। न उसे जटाधारी साधु दीखते हैं, न मंदिरों का प्राच्य शिल्प न वृंदावनी मोहनी गायें; मन अपने ध्येय में ऐसे रमा है जैसे कृष्ण बाँसुरी में राधा की आत्मा।

यमुना किनारे ऊँची ज़मीन पर शांतिदेवी का घर है। बगल में बागड़ है जिसमें रंग-रंग और गंध-गंध की सब्ज़ियाँ-औषधियाँ उगी नहीं सजी-सी लगती हैं। घर भी बड़ा सलोना: एक पक्का और दो कच्चे कमरे, रसोई, दालान, बड़ा आँगन और आँगन में तुलसी चौरा और एक ओर बंधी कन्हैया की वृंदावनी गाय। लिपा-पुता, साफ़ घर जिसमें ज़रूरत की मुकम्मल गृहस्थी है, गैस चूल्हा, टेबल पंखा, रेडियो तक! बूढ़ी ब्राम्हणी भीतर रसोई कर रही है। आँगन में शांति माँ निहायत ग़रीब दिखतीं सात-आठ स्त्रियों के बीच कच्चा माल बाँट रही हैं,

''परसों शाम तक सामान ज़रूर दे जाना। चाहो तो यहीं बैठकर करो। ज़रूरी आर्डर है। और सुनो, जो जितना बढ़िया काम करेगा, उसे उतने ही ज़्यादा दाम दूँगी।''

दूर खड़ी रह गई जनक एकबारगी तो शांति जीजी को पहचान ही नहीं पाई। गेरुआ बाना, रुद्राक्षों का श्रृंगार: माला-कुण्डल-कलाईबंध, साथ में कलाई घड़ी भी। माथे पर चंदन की सजधज, भरी-भरी देह और सोने-सा दमकता रंग-रूप। हाथ में सेलफ़ोन और भाषा भी शहराती-सी। वो तो यों भी हिम्मत जुटाते-जुटाते आ पाई है, इस भव्य नारी रूपा को देखा तो एकबारगी पलटकर भाग जाने का मन हुआ। यों जनक भाग भी सकती है पर हरिचरण की माँ नहीं भाग सकती...किसी परिस्थिति,...किसी हीनता...किसी डर में नहीं।

शांति जीजी ने उसे देखा तो गले लगा लिया। उन्हें लगा, बहन गृहस्थी के खूँटे से रस्सी तुड़ाकर सदा के लिये चली आई है। विभोर होकर बोलीं,

''राधारानी की कृपा से काम ख़ूब बढ़ गया है। दूसरे शहरों से भी आर्डर आते हैं। मैं कल रात ही सोच रही थी, इस देवकृपा का सुख उठाने वाला मेरा कोई अपना नहीं यहाँ; और देखो, आज राधारानी ने तुम्हें भेज दिया। अब हम दोनों बहनें सुख-चैन से रहेंगे। यमुना जी में नहायेंगे और राधारानी के भजन गायेंगे।''

''मैं आ जाऊँगी जीजी। एक रोज़ सब मोहमाया त्यागकर तुम्हारे ही पास आ बसूँगी पर आज तो एक माँ तुमसे अपने बच्चे की रक्षा की भीख...!!''

''जनक!!'' जीजी ने आँचल पसारते हाथ थाम लिये और उसे गले लगाकर पूछा,

''क्या बात है?''

''जीजी, हरि और श्याम में दशहरे की रात झगड़ा हो गया।''

''फिर?''

"फिर हरि के हाथों गोली चल गई।"

"क्या???" जीजी धम्म से भूमि पर बैठ गयीं। वो धीमी आवाज़ में सब सुनाती रही। वे दूर बहती यमुना को खोई आँखों से ताकती रहीं। अंत में जनक ने हाथ जोड़े,

"जीजी, चाहो तो हमारे सब खेत-खलिहान अपने नाम लिखा लो। घर-मवेशी भी सब तुम्हारे। बस, श्याम को राजीनामे के लिये मना लो। तुम संग चलो जीजी। तुम्हारे सिवाय वो किसी की आन न मानेगा। हरि को तुम्हीं ने पाला है, जानती तो हो कितना कँपला है। तनिक आँखें तरेरने में रो देता था। आज जेल में है। न छुड़ा सकी तो कहीं वो अपने प्राण ही न छोड़ दे! तुम चलकर अपने हरि के प्राण बचा लो जीजी।"

रोती जनक को जीजी ने चुप कराया पर उसकी बात का कोई उत्तर नहीं दिया।

रात हुई। दोनों बहनों ने ब्राम्हणी का पकाया बिना प्याज़-लहसुन वाला स्वादिष्ट भोजन किया और आँगन में खटियाँ डालकर सोयीं। जनक की खाट पर जीजी ने नई चादर बिछाई है। बहनों में देर तक गाँव की, वृंदावन की, कारोबार की बातें होती रहीं फिर थकी-हारी जनक अपनी अदृश्य इष्ट देवी का ध्यान करती सो गई। अलबत्ता शांति माँ को नींद नहीं आई। प्रश्नभरी आँखों से तारों को, घटते चन्द्रमा को और ठंडी पड़ती जा रही रात को ताकती रहीं और 'राधे-राधे' का जाप करती रहीं। देर बाद अचानक चुप हो गयीं, चौंकीं, लगा, आकाश की पाटी पर तारों की लिपि में राधारानी अपना निर्णय लिख रही हैं। हाथ जोड़कर कहा, "जो आज्ञा माँ!"

अगली सुबह यमुना स्नान और पूजापाठ से निवृत हो बोलीं,

"जनक, मैं तो अब न लौट सकूँगी उस जीवन की ओर। हाँ, राधारानी ने ये तुम्हें देने को कहा है।"

एक मंजूषा उन्होंने आगे कर दी।

"इसमें क्या है जीजी?"

"चालीस हज़ार रुपये; मेरी तीन सालों की बचत।"

"क्या?? पर ये क्यों जीजी?"

"क्योंकि मेरे बेटे के घाव नोटों को देखकर ही भर सकते हैं, माँ को देखकर नहीं।" वे ऐसी हँसी में हँसीं जिसमें न रस था न ख़ुशबू न ज़िन्दगी फिर सहसा बड़ी बहन के बाने में लौटते हुए बोलीं,

"और सुनो, उससे ये हर्गिज़ न कहना कि घर-ज़मीन-मवेशी लेकर राजीनामा कर लो वर्ना उसकी लालची बहू तुम्हारे लिये खड़े होने का भी ठौर नहीं छोड़ेगी। तब क्या हरि मजूरी करेगा कि भीख माँगेगा? तुम्हें अक्ल से काम लेना होगा जनक। देखो, तुम बस इतने ही रुपये देना और न माने तो कुछ और रुपयों का कहीं से इंतज़ाम कर लेना पर तुम्हें मेरी सौगंध, अपने खेत-घर उसे न सौंपना!"

जनक पैर छूने को झुकी तो जीजी ने उसे गले लगा लिया।

"जीजी, तुम साथ चलतीं तो हौसला रहता। मैं क्या मुँह लेकर श्याम के सामने जाऊँगी? बहू कितना अपमानित करेगी, सो तुम सोच ही सकती हो।"

"तुम श्याम के पास जाना ही नहीं। उसके ससुर के यहाँ जाना। उसकी ससुराल में भगवान की नहीं, नोटों की पूजा होती है। राधारानी ने चाहा तो तुम्हारा काम ज़रूर हो जायेगा।...और सुनो, जब सब ठीक हो जाये, दोनों बच्चों को अपनी-अपनी गृहस्थियों में सुखी देख लो तो गृहस्थ आश्रम छोड़ आना। राधारानी के आँचल तले दोनों बहनें बाकी जीवन सुख से बितायेंगे।"

उसे बस तक छोड़कर शांति माँ लौट गयीं। जनक को लगा, वो अपनी जीजी से नहीं एक साध्वी से मिलकर लौटी है।

दतिया बस स्टेण्ड पहुँचकर जनक अपने भाई के घर की तरफ़ नहीं गई। बस बदलकर श्याम की ससुराल चल दी।

समधी पौर में हुक्का गुड़गुड़ाते मिल गये। धड़कते दिल से वो देहरी के एक ओर घूँघट निकालकर जा बैठी।

"तुम्हारी यहाँ आने की हिम्मत कैसे हुई समधन? तुम्हें तो जेल में होना चाहिये, जेल में! तनिक ठहरो। मैं अभी थाने फ़ोन लगाता हूँ।"

"आपकी शरण आई हूँ समधी साहब। चाहें तो जेल भेज दें, चाहें तो राजीनामा करवा दें।"

"राजीनामा?? वाह! क्या मज़ाक लगा रखा है माँ-बेटे ने! पहले उस हरामज़ादे ने राह चलते मेरे दामाद को पीछे से गोली मार दी; अब माँ आ गई गिड़गिड़ाने! अगर मेरा दामाद मर जाता तो? मेरी लड़की विधवा होते-होते रह गई देवकृपा से वर्ना तुम हत्यारों ने तो कोई कसर नहीं छोड़ी थी।"

समधी साहब पौर में घूम-घूमकर गालियाँ बकते रहे, जनक सिर नीचा किये शिरोधार्य करती रही। अंत में थककर चबूतरे पर बैठते आवाज़ नरम पड़ गई,

"कितने दे सकोगी? कुछ लाई भी हो या यों ही गाल बजाने चली आयीं?"

"हम ग़रीबों की दशा आपसे छुपी नहीं समधी साहब। तो भी जो बन पड़ेगा...अभी चालीस हज़ार गाँठ में थे सो आपके चरणों में हैं।"

भूमि पर बैठी जनक ने मंजूषा समधी के पैरों के पास रख दी। समधी ने एक-एक नोट गिना। बीच-बीच में किसी-किसी नोट को हवा में ऊँचा कर उसके असली होने को भी जाँचा। जैसे-जैसे समधी की उँगलियों में नोट सरक रहे हैं जनक का काँपता दिल सामान्य होता जा रहा है।

"ठीक है। मैं कल ही अस्पताल जाऊँगा और बात करूँगा। कुँअर साहब यों तो मानेंगे नहीं पर मेरी सुनीता ने मेरी बात कभी नहीं टाली। देखूँ क्या कर सकता हूँ?"

प्रणाम कर उठती जनक से समधी बदले हुए स्वर में बोले,

"ये रुपये तो राजीनामे की पेशगी समझो। बेटी के धन को मैं छुऊँगा तक नहीं; फिर मुझे इस मामले में पड़ने की ज़रूरत ही क्या है?...अब क्या बतायें समधन, इस बरस हमारे गाँव में किसी की फ़सल अच्छी नहीं हुई। अब साल भर दूध बेचकर ही घर चलाना है।"

"आदेश कीजिये समधी साहब, हम ग़रीब क्या..."

"अरे! ग़रीब काये की, तुम तो पैसेवाली हो समधन! हाथों में क्या मोटे चाँदी के कड़े पहने हो! क्या बढ़िया पायल है और कानों में क्या सीतारमी फूल पहने हो? सच्चा सोना लगता है!"

जनक ने कड़े, पायल और कर्णफूल उतारकर चबूतरे पर रख दिये और हाथ जोड़कर लौटने लगी।

"अरे समधन! गले की तुलसी माला में क्या सोने के मोती भी पिरोये हैं?"

जनक ने वो भी उतारकर रख दी; आँखों में रुँआसे बेटे की सूरत थी।

"अब ठीक है। तुम कोई फ़ोन नंबर दे जाओ। सुनीता से राजीनामे की रक़म पूछकर मैं तुम्हें कल ही ख़बर कर दूँगा।"

जनक पैदल चलकर, बस पकड़कर और फिर पैदल-पैदल जब भाई के घर पहुँची, आधी रात होने को थी। भाईसाहब दरवाज़ा खोलकर चुपचाप लौट गये जबकि भाभी अपने कमरे से ही ऊँची आवाज़ में बड़बड़ाती रहीं,

"देखो तो, बेटा जेल में है और इन पर जवानी चढ़ी है! आज़ादी जो हाथ लग गई, इसी मौक़े का फ़ायदा न उठायेंगी तो रंगरेलियाँ फिर कब मना सकेंगी! आधी-आधी रात तक ख़ूब बदचलनी करे कोई; पर मैं कहे देती हूँ, ऐसी रंडियों के लिये इस घर में कोई जगह नहीं है!"

अपनी रुलाई भरसक दबाती जनक जाकर भूखी ही सो गई। सुबह भाभी का बर्ताव एकदम सामान्य था मानो रात की कोई बात याद ही न हो। उससे फरमाइश करके आलू के पराँठे बनवाये। शांतिदेवी के बारे में विस्तार से सुना। समधी की नीचता को कोसा और उससे सहानुभूति भी ख़ूब जतायी; अपनी भाभी की ऐसी नर्मियों-गर्मियों को सहना हरि की माँ की विवशता है।

और तीन लाख! राजीनामे के लिये और तीन लाख नकद चुकाने हैं, एक रुपया भी कम नहीं!

जनक गाँव गई और अपना एक खेत बेच दिया, नया वाला खलिहान भी। दोनों भैंसों का भी सौदा पक्का हो गया। पूरी रकम पेशगी में मिल गई। लोगों ने मौक़ा ताककर कौड़ियों के भाव संपत्ति लूट ली। यों जनक कुल डेढ़ लाख जुटा सकी। ग़रीब सनातनपुर में इससे ज़्यादा के तत्काल ख़रीददार कभी हो भी नहीं सकते।

अब क्या करे वो? जानती है कि भाईसाहब के आगे अगर हाथ पसारा तो बहनों की तरह वो भी मायके के लिये पोत (मृत) घोषित कर दी जायेगी। यों भाईसाहब

छुप-छुपाकर कुछ रक़म कर भी देते पर अब पूरा प्राविडेंट फ़ण्ड और महीने की पेंशन भी भाभी के शामिल बैंक खाते में आती है। अब कहाँ जाये? किससे भीख माँगे?

बहू के मायके ख़बर भिजवाई थी। ख़बरिये के हाथों ही बहू ने अपने सब गहने पहुँचा दिये, अलकू की नन्ही हाय तबिजिया तक। बिन्नू की चीज़ों सहित सब गहने बेचकर पचास हज़ार और जुट गये पर बाकी रकम?

जनक भाभी के लिये पान लगा रही है। भाईसाहब आरामकुर्सी पर आँखें मूँदे लेटे हैं पर बीच-बीच में आँखें खोलकर बहन को दो बार इशारा कर चुके हैं कि वो अपनी बात शुरू करे।

पान देती जनक बोली,

"भाभी वो..."

"क्या है?" पान का बीड़ा गाल में दबाते हुए अनुसुईया देवी ने उसे घूरा।

"भाभी, राजीनामे की रक़म में लाख रुपये कम पड़ रहे हैं। क्या करूँ, कहीं से इंतज़ाम नहीं हो पा रहा है।...तो तुम्हें मेरा जो खेत पसंद हो, उसकी रजिस्ट्री करा लो और..."

"और तुम्हें एक लाख रुपये दे दें? यही ना?"

"हाँ भाभी...तुम्हारा बड़ा उपकार..." उसकी सशंकित आवाज़ काँप कर रुक गई; भाभी खड़ी हो गयी हैं।

"तुम सब एक जैसे हो! ये तुम्हारे भाईसाहब सामने तो बड़े मीठे-मीठे बने रहते हैं पर पीठ पीछे यही मुझे चुड़ैल कहते हैं। दोनों जीजियाँ मुझे कैकेयी कहती फिरती हैं और आज जनक, तुमने भी ऐसी ही बात कह दी!"

भाभी उठकर भीतर चली गयीं। भाईसाहब का चेहरा कातर हो उठा और जनक माथे पर हाथ रखे सोच रही है, अगर अभी भाभी ने घर से निकाल दिया तो वो कोठी में रखी गृहस्थी, गाय और मकान बेचकर एक लाख रुपये जुटा पायेगी या नहीं?"

"लो!" एक काग़ज़ पति के हाथ पर रखते हुए अनुसुईया ने कहा,

"मेरी एफ.डी. है, पूरे एक लाख की। अभी-के-अभी जाकर तुड़वाओ और हरि को छुड़ा लाओ।"

फिर जनक की ओर देखकर व्यथित क्रोध से मुँह फेर लिया और पल्लू से मुँह पोंछती हुई बोली,

"और अपनी जनक से कह दो कि कोई माँ अपनी बेटी की ज़मीन नहीं ख़रीदती!!"

पहली कतार

निश्चितता जीवन की सबसे सुन्दर ग़लतफ़हमी है।

अब उस दिन मुझे क्या पता था कि अगले कुछ घण्टों में मेरे साथ क्या कुछ नहीं घट जायेगा!! उस दिन मैं बड़ा मल-मलकर नहाया था; पानी में यू डी कोलोन डाला था, बालों में शैम्पू किया था और साबुन तो आला दर्ज़े का था ही। फिर हैंगर पर टँगे बढ़िया कपड़े पहने: कोट-पैंट-शर्ट-जूते,...सब इंतेहा व्यवस्थित और शालीन! ओह! आईने में ख़ुद को देखा, हेयरक्रीम लगाकर बाल सँवारे और मैं अपनेआप को बड़ा प्रभावी लगा, इतना कि मुस्कुराने लगा; कॉलेज के वार्षिक उत्सव के आज दिन शायद ही कोई दूसरा शिक्षक इतना शानदार दिख रहा होगा। वैसे भी मेरे सीनियर-साथी शिक्षक मुझसे ईर्ष्या की हद तक प्रभावित रहते हैं; अपने छात्र-छात्राओं में, मैं बड़े भाई-सा सम्माननीय जो हूँ! अभी, इसी सप्ताह की एक बात है; बहुत मामूली लेकिन बहुत मार्मिक भी!

दरअसल, हमारे कॉलेज में वार्षिक उत्सव वाला पूरा एक सप्ताह सांस्कृतिक गतिविधियों और खेलकूद के नाम कुर्बान रहता है; हर दिन हैरत भरे तोहफ़ों जैसे ख़ूबसूरत कार्यक्रम होते हैं जैसे पहले दिन पेंटिंग के महोत्सव जैसा एक आयोजन था। विशाल प्रांगण में सब शिक्षक और सब बच्चे थे। (मैं अपने छात्र-छात्राओं को 'बच्चे' कहना पसन्द करता हूँ गोकि मैं उनकी उम्रों से दसेक साल ही बड़ा हूँ; और उनकी उलझनें-योग्यतायें-शरारतें मुझे अपने से दस बरस छोटे भईया-बहनों की सब बातों जैसी ही लगती हैं।...वैसे ही जैसे उम्र का तय फ़ासला भ्रातत्व को पितृत्व या गुरुत्व में बदल देता है और हम अपने से छोटों को नाम से पुकारते-पुकारते 'बेटा' कह जाते हैं।...और फिर सिद्धान्तों-सपनों वाली ग़ैर ज़मीनी यथार्थ की कॉलेजी उम्र में युवा अपने शिक्षकों की जीवित आदर्शों की तरह इज़्ज़त करते हैं और इस ख़ालिस प्यार के एवज़ में मेरे दिल में, उन सब का एक ही परिचय दर्ज़ है—बच्चे!)

तो यों वो दिन पेंटिंग उत्सव का था जिसमें सब एक-दूसरे की मनोरंजक तस्वीरें बना रहे थे और उन पर एक-दूसरे के भावनाओं-भरे ऑटोग्राफ़ ले रहे थे। छात्रों की कॉलेजी स्मृतियों में स्थायी जगह पाने को तय इन पेंटिंग्स की सबसे गहरी

सच्चाई ये थी कि हर तस्वीर जो हर अकलाकार हाथ ने रंगों और ब्रशों के टेढ़े-मेढ़े स्ट्रोक्स से रची थी, चेहरों की बनिस्बत दिलों-ज़हनों और स्वभावों को ज़्यादा नुमाया कर रही थी जैसे:

...एक छात्र ने हमारे विभागाध्यक्ष जैन सर की जो तस्वीर बनाई थी, उसमें वे परम उदासीन मुद्रा में एक बंद किताब को देख रहे थे जो कि वास्तविक जीवन में उनके अन्दरूनी मिज़ाज से ख़ूब मेल खाती है कि वे कॉलेज के बाकी सब कामों में तो भरपूर रुचि लेते हैं पर अपनी कक्षा, विद्यार्थियों और कोर्स के प्रति अपरिचितों-सा बर्ताव रखते हैं।

...हमारी एक साथी लेक्चरर ने झरने, जंगल और एकाकी झोपड़ी के दृश्य में ख़ुद का चेहरा उकेरा था; अपने महत्वाकांक्षी परिवार की ज़रूरतों की पूर्ति में वो पालतू पशु की तरह घर-कॉलेज के बीच दौड़ती-हाँफती ज़िन्दगी जी रही है।

...एक छात्रा ने किसी नौजवान चेहरे को कैनवास पर उतारा था और वो तस्वीर इतनी उच्चकोटि की कलाकृति बन पड़ी थी कि मैंने उससे कहा, "ये ख़ूबसूरत चेहरा नहीं, तुम्हारी ख़ूबसूरत सोच है!"

इस तरह पहले दिन पूरा कॉलेज तूलिकाओं और रंगों से अपनी सोचों को कैनवास पर उतारता रहा था। दूसरा दिन फ़ैशन-परिधान प्रतियोगिताओं का था,... कोई लड़की ईसाई दुल्हन के वेष में विदेशी गुड़िया लग रही थी,...तो कोई सजीला लड़का राजपूत दूल्हे की सज्जा में कैटवॉक करता यकायक सुर्ख गुलाबी हो उठा था, जब मंच के इर्द-गिर्द की विद्यार्थी भीड़ में से किसी छात्रा ने जुमला उछाला,

"दूल्हे मियाँ, ज़रा तो शरमाओ!"

जैसे परम्पराओं-परिधानों की नहीं, ठहाकों और प्रसन्नताओं की प्रतियोगितायें थीं!

तीसरा दिन बौद्धिक स्पर्धाओं के नाम रहा। बच्चों ने जब मंच से, वैश्वजनीन ज्ञान, सामाजिक-वैज्ञानिक विषयों पर अपने उत्तेजक विचार रखे; सब शिक्षक दिलों ने महसूसा कि विषय विशेषों की नहरों में अपनी विद्वताओं के ख़म ठोकने वाले हम गुरुजन दरअसल कितने कम पानी में हैं, समन्दर में खड़े अपने इन पिपासु विद्यार्थियों के मुक़ाबले!

और मुक़ाबले की सीधी प्रतियोगिता इस नहीं तो अगले दिनों में थी ही; जबकि सब कक्षाओं के छात्रों के बीच क्रिकेट के ट्वेन्टी-ट्वेन्टी मैच हुए थे और इन में से अंतिम विजेता रही टीम को फ़ायनल मैच हम शिक्षकों से खेलना था। जैसा कि होता ही है, शारीरिक कसरत शून्य, दिमाग़ी जीव शिक्षकों की स्थूल, टेढ़ी-आड़ी, थकी-माँदी-सी टीम उर्जा से उफनते छात्रों की टीम से हार जाती है; बच्चों ने हमारे लिए दो सौ दस रनों का पहाड़ स्कोर खड़ा किया था। लगातार चौकों-छक्कों-नो बॉल्स-व्हाइड के बीच हमारे थुलथुल एच.ओ.डी. जैन सर हाँफते-दौड़ते फीलिंडग करते,

कहते जा रहे थे,

"अरे! ये बैटिंग कौन कर रहा है? उससे कहो कि अगले हफ़्ते हमें ही उसके प्रैक्टिकल एक्ज़ाम कराने हैं!"

और हमारी इन गतों पर बच्चे ठहाकों के बीच लोट-लोट जा रहे थे।

फिर जब हमें बैटिंग करनी थी, मैं ओपनिंग बैट्समैन था। अपने कॉलेजी दिनों की क्रिकेट कैप्टनशिप ने यहाँ मेरी इतनी लाज रख ली थी कि मैं बढ़िया खेल पा रहा था। तभी घास मैदान के किनारे पौधारोपण की ज़रा-ज़रा छायाओं में बैठे शिक्षकों में से एक ने कहा,

"दाँगी सर, आप आउट हो जाइए वर्ना किसी और को बैटिंग नहीं मिल पायेगी!"

सब हँस रहे थे; पूरा ही माहौल खेल भावना का आनंदोत्सव था फिर मैं दस वर्षों से छूटे अभ्यास और इस अचानक की कड़ी मेहनत के बीच, थक भी रहा था; मैंने रुककर अपनी टीम की ओर बैट आगे कर दिया,

"आ जाओ यार, अब तुम खेल लो।"

वही अस्सिटेंट प्रोफ़ेसर आभारी होता हुआ उठा और मेरी जगह खेलने लगा। मैच परिणाम—जैसा कि पहले से ही सब जानते थे—छात्रों के पक्ष में रहा। मैच के बाद—क्योंकि कॉलेज के मालिक, हमारे बड़े सर का शहर पर इतना प्रभाव है कि सब स्थानीय अख़बार हमारे कॉलेज की सब अतिरिक्त गतिविधियों को सुन्दरता से छापते ही हैं—कैप्टन छात्र ने पत्रकारों से जो कहा, अगले दिन सब समाचारपत्रों में छपा था। अलसुबह से दोस्तों के फ़ोन कॉल्स आने पर, मैंने अख़बार का वो ख़ास पन्ना खोला। पहले मैं अवाक् रह गया फिर धीरे-धीरे नम पड़ गया; विजेता कैप्टन का वक्तव्य छपा था,

"मैं बहुत ख़ुश हूँ और अपनेआप को लकी महसूस कर रहा हूँ; इसलिए नहीं कि हमारी टीम फ़ायनल मैच जीत गई बल्कि इसलिए क्योंकि आज मुझे ज़िन्दगी का एक क़ीमती सबक मिला है; अपने दाँगी सर से आज हम सब ने सीखा है कि ज़िन्दगी को एक ऐसे खेल की तरह लेना चाहिये जिसमें हम अपनी उत्कर्षताओं में भी दूसरों की परवाह करना न भूलें!"

हमारी जिस छवि को बहुत पसन्द किया जाने लगता है; हम भी उसी छवि के प्यार में पड़कर अन्ततः वही हो जाना चाहते हैं जैसे कि बहुत सारे लोग तो सिर्फ़ इसीलिए शालीन-शिष्ट बने रहने की विवशता को उम्र भर निभाते हैं क्योंकि लोग उनकी इसी छवि पर फ़िदा होते हैं! यों मैं भी अपनी लोकप्रिय छवि को लेकर सदा सजग रहता हूँ,...क्लास-कॉलेज में आवाज़ कभी ऊँची नहीं करता,...शिक्षकों की आपसी बुराई-भलाई में हरसंभव हद तक चुप रहता हूँ,...अपने सब्जेक्ट की हर नई किताब पढ़ता हूँ...और कभी जींस पहनकर पढ़ाने नहीं आता।

इसीलिए वार्षिक उत्सव के आज दिन तो मुझे इंतेहा व्यवस्थित और शालीन दिखना ही था; और मैं हूँ। ओह! कॉलेज परिसर भी आज कितना आकर्षक दिख रहा है; सब छात्र-शिक्षक-मेहमान अपने सबसे अच्छे कपड़े पहनकर आये हैं,...सब चेहरे आर्य! सब बर्ताव कुलीन! और मेधा जी तो आज क्या लग रही हैं...कयामत!! वे भी यहाँ असिस्टेंट प्रोफ़ेसर हैं,...सिंगल हैं...और मैं उन्हें पसन्द करता हूँ। यद्यपि मैं शादीशुदा हूँ लेकिन शादी की ये अवैज्ञानिक नैतिकता मेरे दिल को कभी नहीं छू पाती कि एक से बँध जाने के बाद बाकी सब विपरीतों के प्रति हमारे सहज आकर्षण को मर जाना चाहिये! जीवन में होता बल्कि इसका उल्टा है। शादी के बाद स्त्री-पुरुष व्यापक अर्थों में प्यार करना सीखते हैं; दूरी रहस्यमय रूमानी आकर्षण भर होती है, हासिल जीवन का सहज हिस्सा।...और मैं जीवन के एक हिस्से की तरह उसे पसन्द करता हूँ! प्यार जैसा कोई नाम यहाँ नहीं है; परिचय भर कह लीजिये...और स्त्री-पुरुष के बीच का साधारण-से-साधारण परिचय भी किसी-न-किसी सूक्ष्म प्यार की लय में बँधा होता है।

तो बस, इस तरह मैं मेधा जी का परिचित भर हूँ और वे जो मेरी आँखों की—हरसंभव तरह से छुपाई गई—भाषा की महीन इबारत पढ़ ही लेती हैं; ख़ूब मिलने-मुस्कुराने में भी एक अदृश्य दूरी सदा बनाये रखती हैं और मैं जानता हूँ, ऐसी रक्षात्मक ढालों के उस पार स्त्रियों की भावनायें भी पुरुषों जैसी ही होती हैं। जैसे पुरुष थोड़ा-थोड़ा प्यार अपनी सब परिचिताओं से करता है, वैसे ही स्त्री भी ज़रा-ज़रा तो अपने सब साथियों के लिए आकर्षण महसूसती ही है।

हम मुस्कुराकर मिले हैं और मेधा जी ने चाहकर भी मेरी तारीफ़ नहीं की है; यही मासूम दुविधा इस युवती को और ज़्यादा मोहक बनाती है! बहरहाल, हम देर तक कभी एक-दूसरे के साथ नहीं दिखते; जीवित आदर्श होने की अपनी विवशतायें हैं! अलग होने से पल भर पहले मैंने मेधा जी को एक गहरी नज़र भर निहारा: शिफॉन की सितारा-सितारा, पारदर्शी साड़ी, सजा चेहरा, सँवरे बाल, हील सैंडिल, खनकती चूड़ियाँ और इत्र में नहाया जिस्म—ये ज़ीनत पता नहीं किसके नसीब में होगी!...और मैं इधर-उधर हो गया हूँ, बच्चों के अभिवादन स्वीकारने लगा हूँ, जैन सर से बतियाने लगा हूँ, अलबत्ता इधर-उधर से नज़र बचाकर मैं मेधा जी को देख ही...देख रहा हूँ। एक मर्तबा हमारी नज़र मिली भी और फिर दूसरी बार यही दोहराये जाने पर मेधा जी इस ओर से मुँह फेरकर एक दूसरी शिक्षिका से बतियाने लगी हैं; और मैं सोच रहा हूँ, इन उपेक्षाओं के मर्म कितने कोमल होते हैं!...क्योंकि मैंने तो इस आमफ़हम स्त्री शिल्प से बहुत आगे का शिल्प देखा है।...मैंने घृणा के शिल्प में प्यार का मर्म देखा है! वो मेरी एक बहुत पुरानी दोस्त है और शहर की ख्यातिलब्ध कविताकारा भी। हुआ क्या था कि जब मेरी ये बहुत प्यारी कवयित्री दोस्त साहित्य में नई-नई थी, दूर के एक नौजवान संपादक-साहित्यकार और इसके

बीच कोई बड़ी ग़लतफ़हमी हो गई थी। दोनों के बीच, सब बातें दूसरों ने ही कही-सुनाई थीं; वे आपस में न कभी रूबरू हुए, न पत्र-आवाज़ से एक-दूसरे का सच जानना चाहा; और लोगों से सुन-सुना कर ही वो उससे घृणा करने लगी। जब भी मुझसे मिलती, उसी-उसी की बातें किया करती; फिर...इतना अरसा,...इतना लम्बा वक़्त उसने लगातार उसे सोचा-जिया; और इस शिद्दत से कि बाद के दिनों में जब भी वो मुझे मिली, वो अदृश्य नौजवान मुझे उसके औरा में महसूस होने लगा। और एक दिन जब वो फिर उसी की बातें करने लगी थी, वो ऐसा है! वो वैसा है!—मैंने अपनी प्रिय मित्र को समझाया कि वो उसके बारे में—बुराई ही सही—देर तक बात इसलिए करती है क्योंकि वो घृणा के अन्तिम बिन्दु को पार कर उससे प्यार कर उठी है,...ख़ालिस प्यार!! घृणा दरअसल प्यार का ही एक हिस्सा होती है जैसे हर झूठ सच का एक टुकड़ा होता है।

और अपने लिए एक टुकड़ा प्यार तो मेधा जी के औरा में मुझे महसूस होता ही है; और यहाँ शिल्प उपेक्षा का है!

बहरहाल, जबकि मेधा जी उस ओर मुँह फेरकर तल्लीन हैं, मैं भी पूरी कोशिश में हूँ कि उनका मुरीद न दिखूँ। जैन सर न जाने क्या सुना रहे हैं; मेरा पूरा ध्यान व्यस्त दिखने पर है। चारों तरफ़ सजे-सँवरे विद्यार्थी ख़ुशबू की तरह बिखरे हुए हैं और अभी-अभी मुख्य द्वार की ओर जाते प्रिंसिपल सर हमारे पास रुककर बतियाने लगे हैं। सर अपनी आज वाली अनंत व्यस्ततायें गिना ही रहे थे कि मुख्य द्वार की तरफ़ अचानक सरगर्मियाँ दिखने लगीं। प्रिंसिपल सर लगभग दौड़े,

"चलिये जैन साहब, आओ दाँगी, बड़े सर को लेकर आते हैं!"

मैं फुर्ती में उनके साथ हो लिया जबकि अनुभवी जैन सर वहीं शांत खड़े रहे।

बड़े सर यानी हमारे कॉलेज के मालिक श्री जयप्रकाश आर्य। जिन्होंने अपने नायक कथा जैसे जीवन में इतनी उपलब्धियाँ अर्जित की हैं कि गिनाना स्तुतिगान हो जायेगा। वे सत्तर कॉलेजों के मालिक हैं जिनमें से छियालीस इसी प्रान्त में हैं। मेडीकल,...डेन्टल,...इंजीनियरिंग के जाने-माने संस्थान उनके खाते में हैं और हमारे कला-विज्ञान-वाणिज्य महाविद्यालय जैसे संस्थानों का ज़िक्र तो वे अपने परिचय में शायद करते भी न होंगे (गोकि ये शहर का सबसे प्रतिष्ठित महाविद्यालय है और ये शहर बड़े सर का होमटाउन भी है।) इस कॉलेज के प्रबन्धन का काम बड़े सर ने अपने बेटे युवराज आर्य को सौंप रखा है और युवराज सर के पास भी दूसरी व्यस्तताओं के बीच ये हमारा कॉलेज इस क़दर मामूली है कि वे इसे चैकबुक पर हस्ताक्षर करने भर की तवज्ज़ो देते हैं!

तो बड़े सर हमारे वार्षिक उत्सव में बतौर अतिथि उपस्थित हैं, ये बात प्रिंसिपल सर के प्राणों को नखों में लाने के लिए पर्याप्त थी। हर संभव-श्रेष्ठ तरह से वे

आज्ञाकारी दिखने को आतुर तो थे पर किसी भी तरह से अपने अंदरूनी भाव छुपा नहीं पा रहे थे और बहुत अदृश्य कम्पनों में वे लगभग काँप रहे थे; यहाँ कौन नहीं जानता, बड़े सर की एक नज़र किसी का भी कॅरियर अर्श या फ़र्श कर सकती है! सादा-सरल तौर पर अपने ही घर के किसी बूढ़े-बड़े जैसे दिखते ये बुजुर्गवार दरअसल कितने बड़े आदमी हैं, ये इस पल में यहाँ के किसी भी चेहरे पर पढ़ लीजिये; हर निगाह-साँस-धड़कन पर उनकी छाप देखी जा सकती है अलबत्ता लड़कियों की एकाग्रताएँ युवराज सर पर टिकी हैं; वे तीस के हैं और अब तक कुँवारे हैं! (हा हा हा)

बहरहाल, मेरे लिये तो ये बायोडाटा में लिखने लायक उपलब्धि हो गई है कि स्वागत करते प्रिंसिपल सर के बाद मैंने बड़े सर से हाथ मिलाया है और वे मुझे स्नेह से देखकर मुस्कुराये हैं; और न सिर्फ बड़े सर, बाकी सब वी.वी.आई.पी. 'यों से भी हाथ मिलाकर 'वेलकम' कहने का इतिहास मेरे हिस्से दर्ज़ हो रहा है। वे सब लोग जिन्हें हम टी.वी. और अख़बारों से ही जान पाते हैं, वे ज़िन्दा तौर पर मुझसे मुख़ातिब थे—वो भी मुझसे!...ये लोकायुक्त साहब!...ये प्रदेश के पुलिस चीफ़!...ये नेशनल स्कूल ऑफ़ ड्रामा के मशहूर निदेशक!...ये इस शिक्षा एम्पायर के इकलौते वारिस युवराज सर! और ये पल कितने क़ीमती हैं जबकि मुख्य द्वार पर स्वागत-थाल लिए खड़ीं कॉलेज की सबसे सुन्दर छात्राओं ने कुमकुम-अक्षत तिलक से माननीयों का स्वागत करते हुए मेरे मस्तक पर भी ये गौरव-टीका अंकित किया है। पता नहीं कैसे, मैं इनमें शामिल हो गया हूँ कि मुख्य द्वार से ऑडीटोरियम की राह में लाल कालीन पर चल रहा हूँ! दोनों तरफ़ कतारबद्ध सैकड़ों आँखें मुझे देख रही हैं!!...मेधा जी भी भीड़ में से ज़रूर देख रही होगीं; पर कहाँ से? नहीं! ये वक़्त उन्हें तलाशने में नहीं बर्बाद करना है! मैंने दिल को समझा लिया और अपनेआप में लौटकर फिर ऊँचाई के उन पलों को बड़ी शिद्दत से जीने लगा; क्षणिक-से-क्षणिक सफलता में भी आदमी बदल जाता है—ये कौन कह रहा है मुझसे? बहरहाल, लाल कालीन के दोनों ओर सजी-सँवरी लड़कियाँ हाथों में पुष्प-थाल लिए खड़ी हैं और मुख्य मेहमानों पर पँखुड़ियाँ बरसा रही हैं।...प्रतीत हो रहा है, स्वर्ग की राह जाते देवर्षियों पर अप्सरायें पुष्पवर्षा कर रही हैं; और इस स्वर्गीयता का एक हिस्सा मैं भी हूँ,...वाकई मैं!!

पर लाल कालीन की हद से बाहर खड़े सब तो तुच्छ इंसान ही हैं ना! देखिये तो, जैन सर ने क्या किया है; जबकि मैं अपने पूजनीय महत्वपूर्णों के पीछे चल रहा था, उन्होंने कोने-किनारे से मेरी कोट-आस्तीन को चिकोट लिया और फुसफुसाये,

"दाँगी, तुम रहने दो!"

मैंने विषपायी नज़र से उन्हें देखा और आस्तीन से उनका हाथ हटाकर चारों तरफ़ को मुस्कुराता आगे बढ़ गया। ये सब पिछले दो पलों में बीत चुका है, तो भी

मैं हल्के तनाव में हूँ; कहीं किसी ने देख-सुन तो नहीं लिया ? नहीं ! नहीं ! सब तो इन महामात्यों से अभिवादनों-अभिभूतियों में व्यस्त हैं। सबको देख-देख ख़ुद को मुतमईन करते मुझ घोषित भले आदमी के भीतरी नीम अन्धेरों में कोई बुरी तरह झल्ला रहा है; और सदा के आदरणीय जैन सर के लिए मेरा बे-लिबास मन बोला,

" इस बुड्ढे को तो समझ लूँगा कभी !"

और लाल कालीन मुझे ऑडीटोरियम में ले आया है; इधर महामात्य मेहमान मंच के ऐन सामने लैदर के लम्बे सोफ़ों पर बैठ रहे हैं और मेरी गौरानुभूति अचानक ही दुविधा में बदल गई है। इस पहली कतार में, इन महत्वपूर्णों के साथ बैठूँ कि नहीं ?...बैठूँ कि नहीं ?...बैठूँ कि... ?

मंच और पहली कतार के बीच मैं खड़ा रह गया हूँ। ऐ,...ऐ,...ये क्या हो रहा है ? बैठ चुके सब अतिथि, सब पत्रकार, पूरा कॉलेज क्या अब मुझे ही नहीं घूर रहा है ? ख़ुद पर फ़ोकस्ड सैंकड़ों आँखों से घबराये उस पल में, मुझे सूझा कुछ नहीं; और पता नहीं कैसे...कैसे मैं बड़े सर के बगल में रिक्त छोटी सोफ़ा कुर्सी पर जा बैठा ?

बैठा, तो पल भर को बड़े सर ने मेरी ओर देखा। मेरा दिल हिल गया; मुझे याद हो आया कि ये वो नज़र है जो लोगों के कॅरियर अर्श या फ़र्श कर देती है ! अब उनकी ओर देखना तो दूर, इंच भर हिलना तक मुश्किल लगा मुझे। रुकी धड़कन-थमी साँस की बुत मुद्रा में, मैं खाली मंच पर अपलक आँखें जमाये रहा। पल भर बाद, जब बड़े सर दूसरी ओर के अपने मुख्य मेहमानों से बातचीत में मशगूल हो गये; मैंने महसूस किया, मैं ज़िन्दा हूँ !

अभी-अभी मंच से एनाउंसमेंट हुआ है। दीप प्रज्वलन के विनीत आमन्त्रण पर सब अतिथि मंच की सीढ़ियाँ चढ़ने लगे हैं; और अकेला बैठा रह गया मैं, अपने बगल में इस ओर को पड़ी एक छोटी सोफ़ा कुर्सी को देख रहा हूँ। क्या मैं उठकर इस पर बैठ जाऊँ ? तब बड़े सर से कम-अ-कम एक कुर्सी की दूरी पर तो हो जाऊँगा !...लेकिन अगर अपनी सीट से उस वक़्त उठ पाने का हौसला मुझमें होता तो दूसरी कुर्सी पर क्योंकर बैठता; वहाँ से निकल ही न आता ? मैं पूरा वक़्त बस यही सोचता रहा कि लोग क्या सोचेंगे ? यही ना कि मैं पहली कतार में जा तो बैठा था, पर जब दीप प्रज्वलन के लिए मेरा नाम नहीं पुकारा गया तो अपना-सा मुँह लिये मैं उठ आया।

नहीं ! मैं ऐसे नहीं उठ सकता !

बर्फ़ जिस्म-बर्फ़ दिमाग़ से मैं अपनी जगह पर चिपका बैठा रहा। सब अतिथि अपनी-अपनी सीटों पर लौट आये। मंच से उतरते बड़े सर की नज़र मुझ पर है या नहीं, मैंने जानबूझकर ये नहीं देखा; मैं इधर-उधर खड़े-बैठे-बतियाते लोगों को देखता रहा और सोचता रहा, मेरे बारे में क्या बातें कर रहे होंगे लोग ?...बच्चे जो

मुझे बड़े भाई-सा आदर-प्यार देते हैं, वे ज़रूर मेरे लिए ख़ुश हो रहे होंगे।...टीचिंग स्टाफ में अलबत्ता बहुत अच्छी बातें नहीं हो रही होगीं।...और अब!...अब तो हर्गिज़ नहीं जबकि प्रथम पंक्ति के उस अंतिम सिरे पर बैठे प्रिंसिपल सर उठ खड़े हुए हैं; युवराज सर ने उनसे बहुत धीमी आवाज़ में कुछ कहा है जिसे हाथ बाँधे खड़े प्रिंसिपल सर ने बाअदब सुना है और इस बीच एक दफ़ा इस तरफ़ को भी देखा है। क्या वहाँ मेरी बात हो रही है?...ओह! वे तो इधर को ही आ रहे हैं! क्या वे मुझसे उठ जाने को कहेंगे? और पूरा कॉलेज...पूरा कॉलेज मुझे पहली कतार से निष्कासित होते हुए देखेगा! अब मैं क्या कर सकता हूँ? नहीं! यहाँ बैठते ही मेरे सब विकल्प समाप्त हो चुके हैं और अब जो करना है, प्रथम पंक्ति वाले ये लोग करेंगे! अगर इस हो चुकी गुस्ताख़ी के एवज़ में मुझे नौकरी से भी निकाल दिया जाये तो मुझे बहुत बुरा नहीं लगेगा। मैंने ग़लती की है; मैं बिला अफ़सोस सज़ा भुगतूँगा!...और मेरे पास इतनी योग्यता, इतना अनुभव, इतनी डिग्रियाँ तो हैं ही कि किसी दूसरे कॉलेज में मुझे नौकरी मिल ही जायेगी। इस शहर में नहीं मिलेगी तो किसी दूसरे शहर में मिलेगी! इस महीने नहीं तो दो-चार महीनों बाद मिलेगी! और इतनी बचत तो सुरक्षित है बैंक एकाउंट में कि वेतन के बिना भी दो-चार महीनों तक मेरे परिवार पर कोई फ़र्क़ नहीं पड़ेगा,...न बच्चों की स्कूल फ़ीस पर,...न फल-सब्ज़ियों पर,...न डिक्स कनेक्शन पर...और न ही बीवी की महरी पर। बेशक, ये लोग मुझे निकाल दें नौकरी से; पर इस वक़्त मेरी बेइज़्ज़ती न करें! मेरा दिल धड़क रहा है; पूरा कॉलेज देख रहा है!!

और पास आ चुके प्रिंसिपल सर मुझ पर एक उड़ती-सी नज़र डालते हुए सामने से गुज़र गए हैं। मंच पर हंसनियों-सी श्वेत सज्जा में छात्रा-समूह ने सरस्वती वंदना शुरू की है :

हे शारदे माँ, हे शारदे माँ
अज्ञानता से हमें तार दे माँ
तू स्वर की देवी है, संगीत तुझसे
हर शब्द तेरा है, हर गीत तुझसे।
हम हैं अकेले, हम हैं अधूरे,
तेरी शरण हम, हमें प्यार दे माँ॥
हे शारदे माँ, हे शारदे माँ
अज्ञानता से हमें तार दे माँ

पर मेरा ध्यान सरस्वती के मीठे वंदन गीत पर कतई नहीं टिक पा रहा है। मैं इधर-उधर देख रहा हूँ; प्रिंसिपल सर पता नहीं भीड़ में कहाँ गुम गए हैं! काश! ये अवसर मुझे मिला होता! काश! मुझे कोई काम बताया गया होता तो मैं ऐसा जाता कि लौटकर ही नहीं आता! चलो, ये न हुआ तो ये ही हो जाये कि मेरे सेलफ़ोन पर

किसी का कॉल आ जाये; मैं बात करने के बहाने उठूँगा और सीधा ऑडीटोरियम के बाहर! अब उस दुविधा पल को कोस रहा हूँ जब मैं पहली कतार में न बैठने का निर्णय नहीं ले पाया था; तब हट जाता तो लोग ज़्यादा-से-ज़्यादा क्या कहते? यही ना कि,

"दाँगी सर आगे वाली लाइन तक जाकर लौट आये!"

या बहुत हुआ तो ये कि,

"अरे! दाँगी की मंशा तो बड़े सर के साथ बैठने की थी पर ऐन वक़्त पर हिम्मत नहीं पड़ी!"

बस यही ना!...लेकिन अब?...अब कोई ऊँच-नीच हो गई तो?

और हुआ तो कुछ! नहीं मेरे साथ नहीं; वो तो मंच पर अगला कार्यक्रम शुरू हुआ। एक नौजवान वायलिन बजा रहा है। पूरा ऑडीटोरियम मंत्रबिद्ध होकर उसे देख-सुन रहा है; बस एक मैं ही अभागा हूँ जिसे इन क्रूर पलों में, न किसी बीथोवन, न किसी मोज़ार्ट की सिम्फनी तसल्ली दे सकती है; ये लड़का तो फिर पता नहीं बजा क्या रहा है! और मैं लोगों की मंच की ओर एकाग्रता का फ़ायदा उठाकर इधर-उधर सिर घुमा-घुमाकर देख रहा हूँ। ये मेरे इस ओर, कोने की जो अंतिम रिक्त कुर्सी है, काश! इस पर कोई ग़ैरज़रूरी आदमी आ बैठे—एक से भले दो! नहीं?

पर हुआ इसका उल्टा! इस ओर से एक चपरासी मुझे अपनी तरफ़ आता दिखा; मैं मौत-की-सी आशंका से उसे आते देखने लगा। क्या बाहर गये प्रिंसिपल सर ने मुझे यहाँ से हटाने को इसे भेजा है?...फिर मैंने ख़ुद को हिम्मत बँधाई, इन लोगों के इस तरीक़े में मेरा मान-मर्दन तो है; तो भी ये दूसरे अपमानों से कम बुरी बेइज़्ज़ती है! बाद में, पूछने वालों से कह दूँगा कि मुझे बाहर किसी ने ज़रूरी काम से बुलवाया था। मैं ये सोच ही रहा था और तभी क्या हुआ कि चपरासी आया...चपरासी आया...और मेरे बगल वाली खाली कुर्सी उठाकर ले गया!

हाऽह! दिल गहरी साँस लेकर रह गया। बाँयी ओर, ऐन मंच के उस बाजू शिक्षक दीर्घा है। उस तीसरी पंक्ति में मेधा जी बैठी दिख रही हैं और उनके बगल की एक कुर्सी खाली है; यकींनन इस वक़्त वहाँ मैं हो सकता था अगर मैंने लाल कालीन के स्वर्गीय पलों का दम्भ छोड़कर अपनी व्यक्तिगत पसन्द को तवज्जो दी होती; और क्या वक्तव्य था उस कैप्टन छात्र का..."हम अपनी उत्कर्षताओं में भी दूसरों की परवाह करना न भूलें!"...आदर्श क्या वाकई आदर्श होते हैं?...मेरी उत्कर्षता? ...मेरी मेधा जी?

और शिक्षक दीर्घा की पहली लाइन में जैन सर दिख रहे हैं। वे ज़रूर ही मुस्कुरा रहे हैं और इसी इन्तज़ार में हैं कि मेरे साथ कुछ ऐसा-वैसा हो जाये और वे एक-एक को चटख़ारे ले-लेकर सुना सकें,

"अरे! मैंने तो दाँगी को पहले ही मना किया था पर...हा हा हा!"

इधर अतिथियों के आगे कॉफ़ी कपों की ट्रे आई और मैं निरीह आँखों से ट्रे वाले कर्मी को देखने लगा; अगर वो बिना मेरे सामने झुके लौट गया तो ये भी मेरा एक अपमान रहा!...और इस वक़्त में, पहली कतार का हिस्सा होकर, मैंने जीवन का कितना बड़ा सच जाना है कि...ऊँचाईयाँ कितनी मारक होती हैं! तो सब नामचीनों को उनकी असामान्यताओं के लिए क्षमा किया जा सकता है; वे तुनकमिज़ाज नहीं, तनावग्रस्त लोग हैं; ख़ास होना तो एक तरह का अभिशाप है! और केवल यही वो जगह है जहाँ बैठकर मैं देख पा रहा हूँ कि अपने नन्हे बच्चों पर मैं कितना ज़ोर डालता हूँ, जीवन मे सेलिब्रिटी हैसियत हासिल करने को! मेरी छोटी, चार साल की बेटी कत्थक क्लास जाती है और बड़ा छह साल का बेटा स्वीमिंग के सतत् अभ्यास में है।...नहीं! मैं पत्नी को भी समझाऊँगा; एक आम जीवन कितनी बड़ी नेमत होता है इंसान के लिये! जैसा कि वाल्ट ह्विटमैन लिखते हैं,

ज़िन्दा रहने से विलक्षण चमत्कार कोई दूसरा नहीं!

वहाँ मंच पर नई प्रस्तुति है, रॉक-एन-रोल पर जोड़ियों का नृत्य और यहाँ जैसे मेरे आसपास कोई अदृश्य शुभचिन्तक उपस्थित है; ट्रे लिए कर्मी मेरे सामने प्रस्तुत हुआ है। उठाऊँ न उठाऊँ; फिर वही द्वन्द! तो क्या इस पल भी सब ध्यानों का केन्द्र मैं ही होऊँगा? अगर कप न उठाया तो सब सोचेंगे कि मैं बड़े लोगों के बीच बैठ तो गया था पर रहा बड़ा नर्वस!...और मैंने कॉफ़ी का कप ट्रे से उठा लिया। अच्छा है कि मुझे पसीना नहीं आता वर्ना जो हाल-ए-दिल है; मैं भीतर से पानी-पानी हो रहा हूँ!

मंच पर नृत्य का समाँ बँधा हुआ है। हवा में दूर तक संगीत है; इसी बीच मैं अपनी सोच की लय पर लौटा हूँ। क्या तो सोच रहा था मैं? हाँ! जैसे इन पलों में कोई अदृश्य शुभचिन्तक... ! पीड़ा के चरम पलों में ही आस्था परवान चढ़ती है! तो ये ज़रूर कोई-न-कोई भगवान ही होंगे!...जिन्हें पत्नी सुबह-शाम पूजती है और वे गिनती में बहुत हैं: गणेश जी, दुर्गा जी, हनुमान जी, शंकर जी, राम जी...ज़रूर उन्हीं में से कोई!...उसका उन पर विश्वास भी तो कितना भोला है!

और ये क्या? अरे! ये तो मैंने सोचा ही नहीं था! पत्नी के किसी अदृश्य इष्ट ने अन्ततः इस रौरव से निकालने को मेरी तरफ़ हाथ बढ़ाया है; पिछली प्रस्तुति के बाद एक अतिथि का संक्षिप्त भाषण हुआ और मंच से उतरते ही वे माननीय अपनी किन्हीं व्यस्तताओं का हवाला देते, बड़े सर से जाने की अनुमति चाहने लगे। बड़े सर और बाक़ी प्रमुख उनके इर्द-गिर्द खड़े हो गये। अपनी बहुत-बहुत कृतज्ञताओं के साथ प्रिंसिपल सर उन अतिथि को छोड़ने चल दिये।

...हाऽह, और मैं भी उनके पीछे-पीछे बाहर निकल आया हूँ!

बाऊजी की बहुत इज़्ज़त है

रिटायर्ड पुलिस इंस्पेक्टर ओमप्रकाश ने अपने पुश्तैनी गाँव के देहाती स्टेशन पर दो मिनिट के स्टॉपेज़ वाली ट्रेन पकड़ी है और अब हाँफती बूढ़ी बीवी समेत अपनी रिज़र्व सीटों पर बैठे हैं। वे सुदूर महानगरों के अपने व्हाइट कॉलर जॉब वाले बेटों से मिलने जा रहे हैं, किसी तीर्थयात्रा पर जाने की तरह आत्मा में घुली प्रसन्नता के साथ।

रेल चल पड़ी है और चाय पी चुकने के बाद पत्नी भारतीय रेलवे की कैटरिंग पर असंतुष्टि से बड़बड़ा रही है,

''पाँच रुपये में ऐसी चाय देते हैं नासमिटे जैसे झूठे कप का धोबन हो!''

ओमप्रकाश जिन्होंने ईमानदारी का कठिन मगर गर्वीली श्रेष्ठता का जीवन बिताया है, अब अपने गाँव में चौपालों पर ग़रीब किसान सहोदरों, फ़ाकाकश मज़दूरों, पीड़ित शिक्षकों और मैले आढ़तियों के बीच हीरो के-से स्थान पर बैठकर बीसियों दफ़ा वे ही-वे ही क़िस्से दोहराते हैं कि अपनी सी.आर. बिगड़वाकर भी, अपने प्रमोशन गँवाकर भी और कईयों बार के सस्पेंशन-ट्रांसफ़र के बावजूद उन्होंने प्रभावशाली अपराधियों, भ्रष्ट अफ़सरों और पतित राजनेताओं का किस-किस तरह से डटकर सामना किया। ओमप्रकाश भले ही जाड़ों में स्वेटर के नीचे फटे कुर्ते पहनते हैं, मोची से जुड़वा-जुड़वाकर चप्पलें चलाते हैं और रात के बचे खाने का सुबह नाश्ता करते हैं; पर उनकी अपराजेय ईमानदारी का दंभ ही उनकी सांस, धड़कन और आत्मा को चलाने वाली शक्ति है। असंतुष्ट बचपन पाये बेटे भी अपनी पत्नियों-बच्चों के आगे पिता की नैतिक उच्चताओं का ज़िक्र कर सीना फुला लेते हैं और बूढ़ी-वफ़ादार पत्नी अपने अभाव पगे जीवन को पति की आत्मतुष्टियों-आत्मरतियों को देख-देखकर निभाती रही है। इस तरह ओमप्रकाश का संघर्षों में जिये नायक-सा जीवन पूरे कुल का मान है।

तो, पति-पत्नी यात्रा में हैं। ओमप्रकाश सहयात्रियों की तरफ़ परखती आँखों से देख रहे हैं। अपनी-अपनी निजताओं मे टापू हो गये लोगों को देख ठंडी सांस भरते हैं,

''समय कितना बदल गया है गीता! अब रेल में लोग एक-दूसरे का दिया

खाना-पीना नहीं बाँटते, बोलते-बतियाते नहीं, और तो और आसपास वालों से ऐसे बचकर बैठते हैं जैसे आदमी आदमियों में नहीं मवेशियों में बैठा हो।''

''हवा ही ऐसी चल रही है। पहले ज़माने में पड़ोसी ही सबसे सगा रिश्तेदार होता था और अब! अख़बार में कित्ता छपता है कि फलाँ अपने घर में भूखा-अकेला मर गया और लोगों को इत्ते दिनों बाद पता चला!''

''हरिओऽम!''

बूढ़ा जोड़ा बतियाता जा रहा है। रेल चल रही है। टी.सी. यात्रियों के टिकिट जाँचता एक स्त्री-दो बच्चों के सामने ठहर गया है,

''ये टिकिट मान्य नहीं है। ये केवल जाने भर का था, वापसी के लिये आपको फिर से रिज़र्वेशन करवाना था।''

नन्हे बच्चों की सीधी-गँवई माँ घबरा उठी,

''नहीं सा'ब, इन्ने दोनों तरफ़ का टिकिट करवाया था, आप अच्छे से देखिये।''

''जुर्माना लगेगा।'' टी.सी. ने पुस्तिका का पन्ना पलटा पर कुछ लिखा नहीं।

''नहीं सा'ब, ऐसा कैसे हो गया? इन्ने तो सही में लौटने का भी टिकिट करवाया था!''

''आप मेरे साथ आइये।''

धीमे-से कहकर टी.सी. एक ओर जाने को है; अपने बच्चों को सीट पर बैठे रहने की ताक़ीद कर कम पढ़ी-लिखी महिला अधिकारी के पीछे है।

''रुकिये बहनजी, एक मिनिट अपना टिकिट मुझे दिखाइये।''

ओमप्रकाश ने स्त्री का रिज़र्वेशन टिकिट देखा ही है कि टी.सी. लगभग चीख पड़ा है,

''तू कौन है वे? अपने काम से काम रख, टी.सी. मत बन!''

''मुझे टी.सी. बनने की ज़रूरत है भी नहीं, अगर आप अपना काम ईमानदारी से करें तो! ये टिकिट बिल्कुल वैध है। आप इन बहनजी की अज्ञानता का फ़ायदा उठा रहे हैं!''

तेज़ आवाज़ें सुनकर दो रेलवे गार्ड आ गये हैं जो अब टी.सी. के पीछे खड़े हैं। उनके कंधों पर नुकीले संगीन लगी बंदूकें हैं। टी.सी. की आवाज़ और कड़ी हो गई है,

''तेरे पास टिकिट है?''

''बिलकुल है!''

''तो चुपचाप अपनी सीट पर बैठ। मुझे मेरा काम मत सिखा!...ओ मैडम, आपको जुर्माना भरना पड़ेगा, जहाँ से ट्रेन चली है, वहाँ से का।''

''ये ग़लत है! आप रिश्वत नहीं ले सके तो जुर्माना ठोक रहे हैं, वो भी वैध टिकिट पर!''

ओमप्रकाश ने आगे बढ़कर टी.सी. का पेन चलाता हाथ रोका। अधिकारी ने धक्का दिया, बर्थ के लौह-किनारे से टकराकर ओमप्रकाश का चश्मा टूट गया।

"क्यों अपना बुढ़ापा ख़राब करने पर तुला है? मेरी एक क़लम से तुझे जेल हो जायेगी। चुपचाप अपनी जगह बैठ बूढ़े कुत्ते!"

ओमप्रकाश की रगों का पुलिसिया ख़ून खौल उठा। दो गालियाँ ज़ुबान पर आई ही थीं,

"देश के गद्दार, बेईमान सुअर..."

कि रेलवे गार्ड ने जो अबकी धक्का मारा, ओमप्रकाश धूल में गिर पड़े और उठ नहीं पाये।

पत्नी ने बीच में आकर हाथ जोड़ लिये,

"माफ़ कर दीजिये सर! बूढ़े आदमी हैं, दिमाग़ भी अब कुछ ठीक नहीं रहता। इनकी तरफ़ से मैं पैर पड़ती हूँ। आप तो मेरे बेटे की उमर के हैं। ग़लती माफ़ कर दीजिये।"

अपना स्याह कोट व्यवस्थित करता टी.सी. आगे बढ़ गया। गार्ड लौट गये। पत्नी ने पति को धूल से उठाकर सीट पर बैठाया। होंठ से रिस आया ख़ून पोंछने को पल्ला आगे बढ़ाया ही था कि पति ने हाथ झटक दिया,

"नीच औरत! उन भ्रष्टों के सामने गिड़गिड़ाने की क्या ज़रूरत थी?"

पत्नी चुप रही और ख़ुद पर केन्द्रित सहयात्रियों की आँखों से बचते ओमप्रकाश टॉयलेट की ओर उठ गये।

देर बाद लौटे; सूजी लाल आँखों और धुले चेहरे के साथ। वे खिड़की के बाहर देखने लगे हैं। रुलाई को अब भी रोक पाना शायद कठिन है।

पत्नी ने रुख़ बदला,

"राघव के बाऊजी, पता है कल जब छोटे का फ़ोन आया था तो वो आपकी बहुत बड़ाई कर रहा था। कहता था, अबकी दफ़ा अम्मा, आप लोग ज़ादा दिन रहके जाना। बाऊजी के कुछ अच्छे संस्कार मेरे बच्चे भी सीख पायेंगे।"

"अच्छा! छोटे ऐसा कह रहा था पर तुमने तभी क्यों नहीं बताया मुझे?" बूढ़ा झूठमूठ रूठा और बुढ़िया बड़े मनुहारी ढंग से सफ़ाई देने लगी,

"आप जानते तो हैं वही मेरी भुलक्कड़ी की पुरानी बीमारी! फिर कल से..."

"कल से लगी हो दालें, पापड़, अचार, खीचले बाँधने। बेटों के घर एक महीना रहती हो और बाकी ग्यारह महीने इसके लिये तैयारी करती हो!"

दोनों हँसे।

एकाएक रिटायर्ड पुलिस इंस्पेक्टर ने पत्नी से लगभग गिड़गिड़ाने की तरह कहा,

"गीता, बच्चों से इस घटना का ज़िक्र मत करना।...मेरे पास बस एक ये इज़्ज़त ही है!!"

पार्क फ़ेसिंग घर

पत्नी ने ज्यों ही दरवाज़ा खोला, पति उससे लिपट गया।

पत्नी बेतरह चौंक गई; कहीं इनके पीछे गुण्डे तो नहीं लगे ? पर यह हास्यास्पद आशंका पल के सौवें हिस्से में ही उसके दिमाग़ से हवा हो गई और उस निहायत निरीह क़िस्म के मामूली जीव पति की पत्नी ने इस विचार को इतनी भी एहमियत नहीं दी कि गली की ओर झाँका तक हो! अलबत्ता उसे ये ज़रूर लगा कि कहीं पति का टंडीला स्कूटर फिसल-फिसलू तो नहीं गया; कहीं उसे लग-उग तो नहीं गई ? चिहुँक कर उसने ख़ुद को पति से अलग किया और एक गहरी नज़र भर उसका मुआयना किया; उसकी घिस चुकी इस्त्रीशुदा शर्ट कुछ मैली ज़रूर दिख रही थी, पर कहीं से फटी नहीं थी। नीला पैंट जो एक बार की धुलाई-इस्त्राई के बाद तीन दिनों तक दफ़्तर में लगातार पहना जाता था, अपने मामूलीपन में भी सुव्यवस्थित था और पैरों की नकली चमड़ा चप्पल भी—सिवाय अँगूठे के जहाँ उसे दो मर्तबा सिलवाया जा चुका है—उखड़ी नहीं थी।...तो दुर्घटना कोई नहीं! फिर यों अचानक सरेआम लिपट जाने का हादसा क्यों हुआ ? पत्नी सोच रही है, नशा-पत्ती उसका आदमी करता नहीं है और सीधाई में तो, गाय क्या गधे को मात देता है; ज़रा-से-ज़रा काम भी घरवाली से पूछकर करता है मानो वो ही उसका दिल-उसकी आत्मा हो!...फिर ये उन्मादित बर्ताव ? ? जिसने शादी के ताज़ा-ताज़ा दिनों में भी, सार्वजनिक तौर पर शिद्दत से उसे पुकारा नहीं, वो ब्याह के तेरह बरस बाद आज... ? दुनियादारी में हद चौकन्नी हो चुकी ग़रीब पत्नी अपने विचारों में निमग्न ये भी नहीं जान पाई कि लिपटने के बाद पति ने कब उसके सूखे गालों पर ज़ोर-ज़ोर से दो चुम्बन अंकित किये और कब कमरे के भीतर मोढ़े पर यों आ बैठा जैसे राजा भोज विक्रमादित्य के सिंहासन पर बैठ रहे हों। सहसा वो चौंककर तात्कालिकता में लौटी। उसने देखा कि सामने वाली खोली से झाँकती पड़ोसन ख़ास तरह से मुस्कुरा रही है। झेंपी-झुँझलाई पत्नी ने पुरानी साड़ी का बना पर्दा चौखट भर फैला दिया; फिर इतने से भी तसल्ली न हुई तो किवाड़ ही बन्द कर लिये।

"बच्चे कहाँ हैं ?"

उसने चहककर पूछा तो पत्नी ने स्थिति समझने की कोशिश की; पति के हाथ

में दो पन्नियाँ थीं और उनके भीतरी अख़बारी पैकटों से कमरे में उड़ती चटपटी-सौंधी मीठी ख़ुशबू से ही समझ में आ रहा था कि वो अभी-अभी चाटवाली गली से गरमागरम समोसे और मावा जलेबियाँ लिए चला आ रहा है।

"क्या बात है, बड़े ख़ुश हैं?"

पत्नी ने उसे पानी का गिलास दिया और बीजना झलने लगी। बिजली का वोल्टेज़ शामों को इस घनी बस्ती में—जहाँ अधिकांश घरों में रात का खाना महँगे एल.पी.जी. गैस चूल्हों के बजाय अवैध हीटरों पर पकता है—इतना कम रहता है कि सीलिंग पंखे चलते तो हैं, हवा नहीं देते; और ये अप्रैल के शुरुआती धमके के गर्म दिन-रातें हैं...पर आज क्या बात है कि पति ने न गर्मी को कोसा, न व्यवस्था-भ्रष्टाचार को!

"बच्चे कहाँ हैं?"

उससे अपनी ख़ुशी सम्हाली नहीं जा रही थी,...न पत्नी,...न परिस्थितियों का उसे ख़्याल रह गया था। आज वो जैसे अपने आप में सम्पूर्ण था और अपनी पूर्णता के छूटे हिस्सों की तरह बार-बार अपनी दोनों बेटियों को पुकार रहा था।

"रुचि तो मेंहदी क्लास गई है; आती होगी और सुरुचि!" पत्नी ने पन्नियों की ख़ुशबुओं को थाली में उड़ेलते हुए कहा,

"जबसे उसकी परीक्षाएँ ख़त्म हुई हैं, लड़की की टाँग घर में टिकती ही नहीं! ग्यारह की होने को है और लच्छन ज़रा नहीं लड़कियों जैसे! मैं कहे देती हूँ, आपने इस लड़की को ख़ूब बिगाड़..."

"चारू, तुम्हारा सपना था ना कि हमारा एक घर हो, वो भी पार्क फ़ेसिंग!!" अधेड़ पति के चेहरे पर युवा लड़कों सरीखा उत्साह दिपदिपा रहा था।

"तो??"—पत्नी की आवाज़ कल्पना और वास्तविकता के बीच थी।

"तो वो सपना पूरा हुआ!!"

"क्या??" चारूलता के हाथों से थाली गिरते-गिरते बची।

दोनों ही आवाज़ें काँप रही थीं, कहने वाले की भी! सुनने वाले की भी!

"हाँ! एक पार्क फ़ेसिंग प्लॉट मिल गया है और कल सुबह ही हम उसकी रजिस्ट्री करवा रहे हैं!!"

"हे भगवान!! क्या सच में?? नहीं तो!!"

"हाँ चारू, कल हम तुम्हारे सपने की रजिस्ट्री करवा रहे हैं!...लेकिन... वो...आअ..."

"लेकिन क्या?"

"प्लॉट बहुत बड़ा नहीं है, बस सात सौ स्क्वायर फ़ीट!"

"अरे, तो क्या हुआ; पार्क फ़ेसिंग तो है ना!"

पत्नी ने समोसे-जलेबियों की थाली पटिये की अलमारी में सिंहासनों पर

विराजे देवी–देवताओं के आगे कर आँखें मूँद लीं; फिर कहा, न जाने पति से, न जाने देवी–देवताओं से,

"बस, कल रजिस्ट्री हो जाये तो शुभ मुहूर्त देखते ही काम लगवा दें।"

"हाँ चारू! आ...अ...लेकिन वो...ऐसा है कि रजिस्ट्री के बाद कुल इतने ही रुपये बचेंगे एकाउंट में कि एक कमरा और रसोई–बाथरूम भर बन पायेंगे।"

"तो क्या हुआ, बाकी काम बाद में करवा लेंगे।"

"नहीं! बात वो भर नहीं! आज दिन भर मैं यही हिसाब जोड़ता रहा; अभी मकान तो खड़ा हो जायेगा पर शायद प्लास्टर कुछ दिनों तक...तुम कहो तो बैंक लोन... ?'''

"नहीं जी! यों कर्ज़ा लेकर ही मकान बनाना होता तो कब का बना लेते! अगर हमने कभी किसी को उधार दिया नहीं है तो कभी कहीं हाथ फैलाया भी नहीं है। जब सालों–साल रुपया–रुपया जोड़ा है तो कुछ धीरज और सही! हाथी निकल गया है तो पूँछ भी निकल ही जायेगी!"

उसने दो कटोरियों में एक–एक समोसा–जलेबी ली और पति के पास आ बैठी। बाकी सब समोसे–जलेबियाँ उसने बेटियों के लिये थाली में रह जाने दीं।

"पहले मैं बच्चों को बुला लाऊँ; अभी तो समोसे गर्म हैं।"

पति बाहर चला गया और चारू ने अपने भगवानों के समक्ष घुटने टेककर हाथ जोड़े, आँखें मूँदीं और मूक आँसुओं में शत्–शत धन्यवाद बहने लगा।

आज तेरह सालों की तिनका–तिनका तपस्या बचत फलीभूत हुई है।...इस बहुत महँगे महानगर में अपने ख़ुद के पार्क फ़ेसिंग घर का चिर स्वप्न सच होने जा रहा है,...जीवन का सबसे बड़ा सौभाग्य सच होने जा रहा है—

पार्क फ़ेसिंग घर!

पार्क फ़ेसिंग घर!

पार्क फ़ेसिंग घर!

वो रो रही है।...हँस रही है।...उत्तेजना से काँप रही है।

और बिना प्लास्टर का एक कमरे वाला मकान खड़ा हो गया है, इस कॉलोनी में जिसके अधिकांश घर इसी घर की तरह हैं—मेहनती लोगों के जीवट से निर्मित सपनीले यथार्थ के शिलालेख!...कॉलोनी के टॉय हाउसों जैसे घरों की चौतरफ़ा कतारों के जस्ट सामने पतली सड़क की रेखा है और इस सड़क चौखाने के बीच पार्क के लिए जगह छूटी हुई है; छह हज़ार स्क्वायर फ़ीट का एक गँदला मैदान, जहाँ रखे निगम कंटेनर में लोग कूड़ा फेंकते। कुत्ते–कौवे–सुअर खाने की तलाश में हरदम भटकते; और चारू के घर के सामने तो स्थिति बद से बदतर थी! यहाँ एक चौड़ा–गहरा गड्ढा है जिसमें सुअर पड़े घुरघुराते हैं। चिथड़े–पन्नी को लेकर कुत्ते लड़ा करते हैं। रुचि–सुरुचि दोनों ही दरवाज़े के बाहर बैठने–खड़े होने से कतराती

हैं लेकिन बहुत सीधे पति को हर शाम प्लास्टिक की कुर्सी पर बैठकर यहाँ चाय पीनी ही पड़ती है जबकि उसके साथ बैठी चारूलता के लिए कूड़े-बदबू और सुअर छौनों-माँओं का मैदान नागार्जुन की कविता हो जाता है,

...यह भी तो मादरे हिन्द की बेटी है!

पैने दाँतों वाली...

और इन दिनों हर वक़्त उसके दिल-दिमाग़ में पार्क की कल्पना है। रोटी सेंकने-बर्तन माँजने-टूटे बटन टाँकने से लेकर थकी नींदों की ख़्वाबगाहों तक में, बहती हवा की ठंडक के बीच, सजी रमणी के तौर पर चारू ने ख़ुद को पार्क की कालीनी दूब पर मुलायम फ़ाख़्ते को दुलारते पाया है; ये उसके जीवन की सर्वश्रेष्ठ कल्पना है,...सबसे ऊँचा सौन्दर्य!

मीरा का प्यार जब हदें पार कर गया, वे कृष्ण का हाथ थामे प्रेम के शाश्वत भटकन भरे मार्ग पर निकल पड़ी थीं; और चारू का पार्क प्रेम जब पूरी तरह पक गया, वो निकल पड़ी सृजन के मार्ग पर। आसपास के लोग क्या सोचेंगे? बेटियाँ क्या सोचेंगी? पति क्या सोचेंगे?—कुल लोकभय पर उसने उस एक पल में क़ाबू पा लिया,...उस एक पल में जबकि इंसान के लिए एक नज़रिये से बहुत महत्वपूर्ण बातें, दूसरे नज़रिये से कतई महत्वहीन हो जाती हैं!...और जैसे प्रेम हमें प्रकाशपुंज में बदल देता है; उसकी प्रेम बन चुकी कामना ने उसे उर्जा का एक रूप बना दिया और एक दिन...चारू ने साड़ी का पल्ला कमर में खोंसा और तिनका-झाड़ू से मैदान झाड़ने लगी। लोग सहसा हुई क्रान्ति वाले ढंग से चौंके। गृहणियों के काम करते हाथ थम-थम गए।...पुरुषों की रोज़मर्रा वाली बातचीतें ठहर गयीं।...वृद्धों के अतीतालाप रुक गए...और तरुण बच्चों की गतियाँ ठिठक गयीं। लोगों को एकदम तो यक़ीन ही नहीं हुआ कि एक घरेलू स्त्री सार्वजनिक मैदान बुहार रही है???

हमारे भजन भले ऐसे हुआ करते हैं,
हमने आँगन नहीं बुहारा,
कैसे आयेंगे भगवान ऽ
मन का मैल नहीं धोया तो,
कैसे आयेंगे भगवान ऽ

पर हम हिन्दुस्तानी अपने व्यक्तिगतों से आगे बहुत सोचने के आदी नहीं; सब सार्वजनिक सम्पत्तियाँ और सब सामूहिक रास्ते-जंगल-मैदान हमारे लिये मुफ़्त सुविधा-से हैं। ओह! और ये उस मुल्क का राष्ट्रीय चरित्र हो गया है जहाँ 'सबै भूमि गोपाल की' रचा जाता था, 'जीव दया सो मम दया, कृष्ण कही सौ बार' गाया जाता था और 'जननी जन्मभूमि स्वर्गादपि गरीयसी' निभाया जाता था!...लोग सन्न हैं; किताबों, फ़िल्मों और लोकगाथाओं-सा नायकत्व वे उस गंदले मैदान में देख रहे हैं जो उनके जीवन का बुरा-सा सहनीय हिस्सा हो चुका था।...लोग ज़िन्दा नीलकमल

देख रहे हैं!! जबकि नीलकमल अपने होने की एहमियत ही नहीं जानता! चारूलता जब पूरा मैदान साफ़ कर चुकी तो घर के भीतर घुसने से पहले दरवाज़े के बाहर ही, रुचि से मंगाकर एक बाल्टी पानी ख़ुद पर यों उड़ेल लिया मानो कूड़े को नहीं, किसी मृत को सम्पन्न कर लौटी हो।

लेकिन जैसा कि ज़िन्दगी में होता है, सच की शक्ल में आते-आते सपनों के चेहरे बदल जाते हैं; अगली अलसुबह जब चारू ने दरवाज़ा खोला, गंदला मैदान फिर गंदला था! जानवरों ने सब कूड़ा धूल में मिला दिया था और कल की मेहनत सिफ़र हो चुकी थी। उसका मन इतना खिन्न हुआ कि उसने सुबह की चाय भी नहीं पी। क्या पड़ोसिनें उसकी मूर्ख शहादत पर मुस्कुरा रही थीं? और ये ख़्याल भी उसके मन में आया ही, क्या नई कॉलोनी से उसका प्रथम परिचय बदनामी की तरह हुआ है?...ग्लानि!...परिहास!...व्यंग्य!...और खिन्नतायें!!

पर कालचक्र का विराट पहिया तात्कालिकता के सब भावुक धूलकणों को अपने में चस्पाता आगे बढ़ जाता है केवल वे शिला-सी भावनायें ही रह और रुक पाती हैं जिन्हें वक़्त न कुचल पाये, न साथ ले जा पाये। ये पहला ही महीना हुआ है उन्हें अपने नये घर में बसे हुए और जब सोसायटी की मासिक मीटिंग का रजिस्टर लेकर चौकीदार आया, उसने तय किया कि पति नहीं, वो ख़ुद जायेगी कॉलोनीवालों की बैठक में।

...और जब वो मीटिंग में पहुँची, पल भर को हरेक चेहरा चौंका; विकास-व्यवस्थादारों की प्रश्नभरी बुर्जुआ आँखें उस पर थीं। लवलेश को उसका दिल थम-सा गया, पर ऐन इसी वक़्त में, पार्क की कल्पना पूरे वेग से रगों में दौड़ने लगी, साँसों में चढ़ने-उतरने लगी, कतरे-कतरे में घुल गई; और उसके लिये सब सहज हो गया। तब पिचके शरीर, सूखे बालों और मामूली साड़ी-चप्पलों वाली उस स्त्री ने—तारासमूह में चाँद जैसी उपस्थिति के साथ—अपनी बात इस अद्वितीयता से रखी कि हर मस्तक सिर्फ़ अनुमोदन में हिला; और अपनी अकर्मण्यता के लिए चिर विख्यात सोसायटी वालों ने न जाने किन निगमी सम्पर्कों का प्रयोग किया कि सरकारी सफ़ाई वाले—जिनका ऐसी दूर-दराज़ कॉलोनियों में दिखना नीलकंठ-दर्शन के जैसा दुलर्भ होता है—तीसरे ही दिन कूड़ा कंटेनर वहाँ से हटाकर अगले मोड़ पर छोड़ गये।...और ये तो सक्रियता की हद हो गई कि सोसायटी वालों ने हर घर से कूड़ा लेने के लिए जमादार भी तैनात कर दिया; तो क्या पार्क फ़ेसिंग घर का एक नितांत निजी सपना कार्ल रॉजर्स की सोच का हिस्सा था—

जो सबसे व्यक्तिगत होता है, वही सबसे आम होता है।

पर व्यवस्था एक बात है और उसका लागू हो पाना बिल्कुल ही दूसरी बात। फिर निचले मध्यम वर्ग की बस्ती जहाँ पैसा ईश्वर नहीं तो ईश्वर तुल्य ज़रूर होता है; सो ये तो होना ही था! सोसायटीवालों का तयशुदा जमादार अपने नन्हे-मैले बेटे

के साथ हर घर के सामने ज़ंगखायी ट्राली ले-ले जाकर आवाज़ लगाता; पर कचरे के साथ उसे तीस रुपये महीना देने की जो बाध्यता थी, उसी ने बहुतेरों को बिदका दिया।...हिन्दुस्तान में स्वास्थ्य और सफ़ाई पर वैसे भी बहुत कम ख़र्च किया जाता है। अस्तु, कुछ घरों से जमादार को कचरा दिया जाने लगा। कुछ घरों की गृहणियाँ और रिटायर्ड बूढ़े अगले मोड़ के कूड़ा-कन्टेनर तक जाने लगे लेकिन ज़्यादातरों ने मैदान में ही कचरा फेंकना जारी रखा अलबत्ता ये ज़रूर हुआ था कि सरेआम के कूड़ा-दुस्साहस, अलसुबह-देर रात की नज़र बचाती झिझक में बदल गये थे।

लेकिन मूल समस्या जस की तस रही; समाधान कमज़ोर पड़ने लगा। जो लोग जमादार को तीस रुपये माहवार देने का वादा कर चुके थे, चीखने लगे—जब दूसरे मुफ़्त में कूड़ा फेंक रहे हैं, हम रुपये क्यों दें और क्यों दरवाज़े पर सहेजकर रखें कूड़ादान?...बस! ये होने ही वाला था कि जमादार का काम छूट जाता,...मैदान फिर पूरा कूड़ाघर हो जाता,...सब सुअर-कौवे-कुत्ते अगले मोड़ से फिर लौट आते,...रुचि-सुरुचि फिर दरवाज़े पर खड़ी होने से कतराने लगतीं लेकिन लेकिन लेकिन उसने कुछ किया,...उसने, जिसकी ज़िन्दगी के आसमान में पार्क फ़ेसिंग घर का सपना चाँद बनकर टँका था।

चारूलता ने फिर अपना पल्ला कमर में खोंसा, तिनका-झाड़ू उठाई और मैदान बुहारना शुरू कर दिया; कभी बेचैन अलसुबहों में,...कभी जलती दोपहरों में,... कभी क्लान्त शामों में, पसीने में तर वो एकाकी स्त्री उसी तरह परिश्रम करती दिखती जैसे असम के सुदूर मैदानों में अभिशप्त अश्वस्थामा! आसपास की गृहस्थी में लॉक गृहणियाँ आँखें फैलाकर उसे ताकतीं-मुँह बनातीं—और कईयों दफ़ा तो झाड़ू लगाती चारू ने अपने लिए सुना,...सनकी!...झक्की!...लीडरनी!...निर्लज्ज औरत!

एक रात तीसरे पहर तक उसे नींद नहीं आई। आँखें रह-रहकर डबडबाती रहीं और उसे लगा,...न परिवार!...न विश्व!...न ईश्वर!...नहीं! उसके साथ कोई नहीं! और जबकि वो वहाँ आ चुकी है जहाँ निर्णय का सही या ग़लत होना मायने नहीं रखता; मायने रखता है निर्णय पर बने रहना, तो अब क्या सब पीछे छूट गया? सब मर्यादायें—स्त्रीत्व के क़ायदे—परम्परायें और परवरिश? हथेलियों से फिसल गया सबकुछ?

सबकुछ??

जागते-जागते मतिभ्रम की बहकती सीमाओं पर आ चुकी चारू ने अपनी जलती आँखों पर अचानक ही बर्फ़ हथेलियों का स्पर्श पाया। पलकें मुँद गयीं, जलन जाती रही और एक शांति उसके भीतर दूर तक फैल गई। चारू ने देखा! हाँ, चारू ने देखा कि ये उसके भीतर से प्रकट एक विराट स्त्री है जो उसका सिर अपनी गोद में रखे उसके रूखे-उलझे बालों को अपनी नम उँगलियों से सुलझा रही है:

...तो क्या हुआ कि कॉलोनी की औरतें उससे बोलती नहीं हैं!

...तो क्या हुआ कि रुचि-सुरुचि अपनी सहेलियों से हासिल कुल खिन्नतायें उस पर उतारती हैं!

...तो क्या हुआ कि कॉलोनी के आदमी उसे देखकर बंकिम मुस्कुराते हैं!

...तो क्या हुआ कि इन दिनों पति ने उसके प्रति ख़ुद को बंद-बंद-सा कर लिया है!

...अपने साथ वो ख़ुद तो खड़ी है!!

और वो बुहारती रही मैदान को बिल्कुल अपने एक कमरे के घर की तरह: पहला दिन,...दूसरा दिन,...दसवाँ दिन,...बारहवाँ,...सत्रहवाँ,...और जब उन्नीसवाँ दिन आया, एक भी घर से मैदान में कूड़ा नहीं फेंका गया! कुछेक बूढ़े-गृहणियाँ अगले मोड़ पर जाकर कूड़ा फेंक आती रहीं, बाक़ी सबों ने जमादार और उसके नन्हे-मैले बच्चे की आमदनी स्थायी कर दी।...और जबकि चारूलता के घर की बाहरी दीवारों पर सीमेन्ट की नई सतह रची जा रही थी, मैदान की सूखी खरपतवार में किसी ने आग डाल दी थी और अब खुले-खाली मैदान में तरुण बच्चे क्रिकेट लगे। पति और बेटियों ने इस सुथरे दृश्य की न्यौछावर के तौर पर रेस्तराँ में जाकर खाना खाने का प्रोग्राम बनाया था!

पर चारूलता की चिन्ता और थी। उसके घर की तरफ़ मैदान में एक चौड़ा-गहरा गड्ढा था जिसमें सुअर सुस्ताते-घुरघुराते; गर्मियों के इस अंतिम पखवाड़े में उसे साफ़ दिख रहा था कि जब बारिश के दिन आयेंगे, ये गड्ढा,...ये पतली सड़क,...उसके घर की दहलीज़ तक कीचड़-ही-कीचड़ होगा।

पर वो करे तो क्या करे? अपने अभावग्रस्त जीवन पर एक दिन रो पड़ी...बेटियों के स्कूल की आगामी फ़ीस-कपड़े-किताबें,...गेहूँ-सब्ज़ी-एल.पी.जी. गैस,...स्कूटर का पेट्रोल,...दूध के पैसे...और सबसे बढ़कर दीवारों के प्लास्टर और दरवाज़े-खिड़कियों के पेन्ट का ख़र्च!! पति से किस मुँह से कहे कि गड्ढा पुरवाने के लिए आधी ट्राली मलबा मँगवा दे?—दो मज़दूर भी? अपना सपना उसे चटकता-सा लगा; पार्क फ़ेसिंग घर के इसी इकलौते स्वप्न के सहारे वैवाहिक जीवन के तेरह सालों को जिया नहीं, सहा था,...लगभग मूर्ख पति को निभाया था,...दो-दो बेटियों को अपनी सर्वश्रेष्ठ संस्कारी समझ से पोसा-पाला था,...गृहस्थी को रत्ती-रत्ती सहेजते एक सुन्दर उम्र होम कर दी थी:

—क्या उसकी अपनी कोई ज़िन्दगी नहीं थी?

—क्या उस ज़िन्दगी के कुछ शौक नहीं थे?

—क्या उन शौकों की सार्थकतायें नहीं थीं?

पर जिस देश में स्त्री मज़दूर को पुरुष मज़दूर के मुक़ाबले कम मज़दूरी चुकाई जाती हो,...शहरी-देहाती सब औरतें समान तरह से भोग्या हों,...शिक्षण संस्थानों

तक में २व टीज़ स्वीकार्य-सी बात हो,...अबोध बच्चियों के शरीरों को बेचा-ख़रीदा जाता हो,...स्त्री को जहाँ अन्ततः और मूलतः 'योग्य नौकर' के अतिरिक्त किसी और रूप में प्यार नहीं किया जा सकता हो,...और जो एक पूरा मुल्क 'अच्छी बच्ची सिन्ड्रोम' से ग्रस्त हो; वहाँ एक चारूलता अपनी विवशता पर कुछ दिनों रो भी ले तो किसे फ़र्क पड़ता है?

वक़्त उस निर्मम एकाकी मार्ग का नाम है जिसके यात्री पीछे मुड़कर देख तो सकते हैं, लौट नहीं सकते! फिर एक आम औरत की ज़िन्दगी में ऐसा कुछ भी नहीं होता जिसे पलट-पलटकर देखा जाए:...घुटनों-घुटनों की उम्र से ही पालतूपन के प्रशिक्षण,...माता-पिताओं की माथे पर शिकन जैसा स्नेह,...देह में भटकती प्रेमियों की मोहब्बतें,...विवाह के जुए में जुत जाने के प्रचण्ड दबाव,...पतियों के ज़हनी-जिस्मानी मालिकाना दावे...और माँ के तौर पर महिमामंडित आया की भूमिकायें; ऊँचे काग़ज़ों पर स्त्री-विमर्श की साहित्यिक ऐयासी 'क्लास' का भले प्रिय शगल हो, 'मास' की ज़मीनी दुनिया में औरत के मुँह पर तमाचों-से हैं उसकी स्वाधीनता के ये कैफ़िटेरियाई दावे!

लेकिन जब स्त्री, स्त्री नहीं इंसान होकर सोचने लगती है, वो इंसान हो जाती है!...आम के भीतर बहुत ख़ास इंसान जो वक़्त की लम्बी यात्रा कर कोयले से हीरे में तब्दील होने लगता है जैसे...जैसे चारूलता हो रही थी!...पहले दो दिनों तक तो वो पति के स्कूटर पर ही बैठकर गई थी और डेढ़ किलोमीटर आगे जो तालाब गहरीकरण का काम हो रहा था, वहाँ से आधा-आधा मन मिट्टी गोद में रख लाई थी; पर तीसरे दिन ऑफिस से लस्त लौटे पति पर उसे इतनी दया आई कि उसने उनसे कहने के बजाय बेटियों से कहा। रुचि दो दिनों तक साईकिल के कैरियर पर उसे पीछे बैठाकर जाती रही, सुरुचि एक दिन; और फिर दोनों ही बेटियाँ जब हाथ खड़े कर चुकीं, चारूलता कई पलों तक चौड़े-गहरे गड्ढे किनारे ध्यानमग्न खड़ी रही मानो स्वयं में किसी सिद्धि को आहूत कर रही हो।

और अगली दोपहर कॉलोनीवालों ने उसकी अर्जित सिद्धि का साक्षात्कार किया; जबकि लोग पंखों-कूलरों में बेचैन थे, चारूलता पैडल-पैडल साईकिल चला रही थी और तालाब गहरीकरण की जगह से मिट्टी ढो-ढोकर गड्ढे को पाटने के एकल भागीरथी प्रयास कर रही थी। हर पैडल पर उसकी नम आत्मा की धाप थी। पार्क फ़ेसिंग घर जैसे उसके जीवन का ध्येय हो गया था जिसने लोक-लिहाज़, तपन-जलन और सब मानवीय विषमताओं से उसे ऊपर उठा दिया था। चारूलता प्रेम में थी,...पार्क फ़ेसिंग घर के प्रेम में!!

पहले दिन परिश्रम कुछ ज़्यादा हो गया था; रात भर वो बुखार में रही; पर अगली दोपहर की लू हवा में फिर एक अकेली साईकिल के पैडलों पर जीवट की धाप थी। और दो-एक दिनों में ही वो अंतिम भयकणों की लोकसीमाओं से आगे

निकल गई, साहस के ऊँचे पौरुषीय पहाड़ों पर! शायद आठ या नौ दिनों तक तो वो अकेले-अकेले ही गड्ढा भरने के लिए जूझती रही; फिर इस लोकपथ पर एक-एक कर सफलता के सहभागी जुड़ने लगे।...एक पड़ोसन ने अपने घर के पिछवाड़े पड़ी दो तस्ले भर मिट्टी गड्ढे में डाली।...एक युवा पड़ोसी ने अपनी वैन से—जिसे वो स्कूली बच्चों के लिए चलाता था—मिट्टी लाकर पटक दी...और एक पुरानी रिटायर्ड नर्स ने अपने मकान निर्माण से बची-खुची सब रेत-गिट्टी जब डलवाई, गड्ढा सतह से ऊपर तक भर गया।

जिस दिन गड्ढा पुर चुका; आसमान से टूट-टूटकर पहला पानी बरसा; देव इन्द्र ने चारूलता की वैसी ही सहायता की थी जैसे पर्वत ले जाते हनुमान जी की सूर्य देव ने! चारूलता पर नेमत की तरह बादल बरसे और देखते-ही-देखते एक व्यक्तिगत सपना एक कॉलोनी का सपना हो गया।...लोग पार्क की ज़मीन अपने-अपने घरों के सामने, आँगन के हिस्से की तरह बुहारने लगे।...स्त्रियाँ फुर्सतों में दरियाँ बिछाकर गप्पों के बीच अपने छोटे-मोटे काम निबटाने लगीं।...नन्हे बच्चे कार्टून चैनलों के तिलस्म से छूटे और मैदान में छौनों की तरह दौड़ने लगे।...और एक बूढ़े दादा ने तो परमानेंट तख़्त ही डाल लिया और रातों में सोने भी लगे। जब कभी पानी का तेज़ झला आता, अपना चादर-गद्दा लपेटकर वे घर को भागते; पर अगली रात फिर अपना बिस्तरा-सुराही उठाए चले आते, आसमान की छत तले, कुदरती एयरकंडीशनर में, माँ की गोद-सी मीठी नींद पाने।

और चारूलता को सब इज़्ज़त की नज़रों से देखने लगे हैं।...ऐसे ही तो होते हैं लोग! नयेपन के सब अगुआओं पर पहले घृणा बरसाते हैं जो दरअसल उस श्रृद्धा का ही दूसरा सिक्का पक्ष होती है जो बाद के रोशन अनुकरण में बदल जाती है; और शर्तें अनुयायियों की? बस दो-चार,

अपराजेय दृढ़ता!...अथक कर्म!...और आत्म का विश्वास!

और सब आमों और सब अवतारों के बीच शर्तों की यही सीमारेखायें हैं। क्या आपने सुना, एक आम स्त्री अपने प्यार में, सब रेखाओं के उस पार चली गई है!...आम लोगों की एक कॉलोनी ख़ुश है क्योंकि उनके पास अब अपनी एक नायिका है जिसे सब पसन्द-प्यार करते हैं सिवाय बूढ़े सोसायटी अध्यक्ष के, जो न जाने क्यों चारूलता से प्रतिद्वन्दी-सा बर्ताव-आदर रखता है!...बाकी हर परिचित-अपरिचित उसकी तरफ मुस्कुरा देखता है।...लड़कियाँ और पुरुष भी उसे नमस्ते करने लगे हैं।...और कई सक्रिय बूढ़ी औरतों में उससे पहचान बढ़ाने की होड़ है; न विमर्श, न भाषण, न तमाशे...स्त्री को सिर्फ़ आत्म परिष्कार की ज़रूरत है!

और आम लोगों की परिष्कृत सोच-से प्रस्तावित पार्क का आज भूमिपूजन होना है। पार्षद जी आने वाले हैं। सोसायटी अध्यक्ष ने गेंदे के फूलों की आठेक मालायें, एक छोटा मंच, माइक, कुर्सियाँ और पुरोहित बुला रखा है। यज्ञ वेदी सज

चुकी है। देवता विराजने को तैयार हैं और ये पूरी व्यवस्था सोसायटी की तरफ़ से है; इन पौधों की भी जिन्हें भूमिपूजन के बाद ज़मीन पर रोपकर पार्षद जी पार्क निर्माण के लिए अपनी निधि से आशाभरी राशि की घोषणा करने वाले हैं—श्रेय लेने के इस खेल में सब मँजे हुए खिलाड़ी हैं!

चारूलता घर पर नहीं है। वो पति के साथ गई हुई है, मोगरे के कुछ पौधे लाने और प्रसाद के लड्डू भी। सालों बाद आज उसने मेकअप किया है। अपनी शादी की एक साड़ी पहनी है और फ़ोटो स्टूडियो में, पति के कंधे पर हाथ रखे फ़ोटो भी खिंचवाई है।

तेरह साल का एक सपना...एक पार्क फ़ेसिंग घर!!

और वो इतनी-इतनी ख़ुश थी! स्कूटर की पिछली सीट पर मोगरे के पौधों, लड्डुओं से भरे डिब्बों और साड़ी-मेकअप में इस क़दर आत्मरत् कि जब स्कूटर घर के सामने रुका, उसे ठीक-ठीक समझ नहीं आया कि आखिर हुआ क्या है?...फिर जब उसने मंच हटता देखा, फूलमालायें कुचली हुयीं, सब महत्वपूर्णों को नदारत और आठ-दस नये स्त्री-पुरुष ऊँची आवाज़ों में बकते हुए; उसके दिल-दिमाग़ में सनाका खिंच गया।

मामला यह था कि वे छह दावेदार थे जो तमाम ऊलजलूल के बीच एक बात बार-बार दोहरा रहे थे कि छह हज़ार स्क्वायर फ़ीट का ये मैदान दरअसल हज़ार-हज़ार स्क्वायर फ़ीट के छह प्लॉट हैं जो उन्होंने यहाँ के उस नामी कॉलोनाइज़र से ख़रीदे थे,...वही बिल्डर जो परसों ही शहर छोड़कर फरार हो गया है; किसी एक पूरी कॉलोनी को फ़र्जी बेचने की एफ.आई.आर. दर्ज़ हुई है उसके ख़िलाफ़। पिछले दो दिनों से सब लोकल न्यूज़ चैनल और सब अख़बार उसके बारे में तरह-तरह के समाचार दे रहे हैं...पर ये अख़बारों के रोचक समाचार नहीं हैं, ये ज़िन्दा लोग हैं जो रो रहे हैं, गालियाँ बक रहे हैं, गिड़गिड़ा रहे हैं और हर मौजूद कॉलोनीवाले को अपनी रजिस्ट्रियाँ दिखा रहे हैं।

चारूलता को अपने घुटनों में इतनी कमज़ोरी महसूस हुई कि वो वहीं मैदान की कच्ची मिट्टी में बैठ गई। फक्क पड़ गए हाथों से उसने अपना शून्य माथा थाम लिया और आँखें बन्द कर लीं।

ज़मीन के दावेदार रो-गाकर चले गये हैं। भीड़ छँट चुकी है और मैदान के पुरे गड्ढे के एक कोने पर सिर थामे चारूलता समाधि-सी हालत में बैठी है। पति—जिसने कुछ देर उसे उसके खंडित स्वप्न की किरंचों के साथ अकेला छोड़ देना ठीक समझा था—घर से गिलास भर पानी ले आया है। रुचि-सुरुचि की आँखों से आँसू बह रहे हैं; अपनी माँ के टूट चुके इस सपने को उन्होंने अपने साथ पलते-बढ़ते देखा था!

"चारू, लो पानी पी लो और घर चलो।" पति की आवाज़ रुंध रही है और

चारूलता के कंधे पर रखा हाथ थरथरा रहा है।

सहसा वो खड़ी हो गई और ख़ुद को व्यवस्थित करती दिखी,

"रुचि-सुरुचि, ये पौधे उठाकर छत पर ले चलो। मैं बस अभी आती हूँ, साड़ी बदलकर!"

"छत पर??" सबने एक साथ चौंककर पूछा।

"हाँ! तुम सब को पता नहीं है, मुझे रूफ़ गार्डनिंग भी आती है! देखना हफ़्ते भर में, छत पर एक छोटे-से पार्क की शक्ल दिखने लगेगी। चलो! चलो! पौधे उठाओ!"

सब काम पर लग गये हैं।

...वो व्यस्त दिख रही है और भरसक इस कोशिश में है कि रोये नहीं!!

मैं उस लड़की को देखता रहा

व्यस्त शहर की व्यस्त शाम।

भोपाल के महाराणा प्रताप नगर कमर्शियल इलाके का एक छोर; गाड़ियों के कार्बन से मैली हो चुकी, किसी पगली भिखारिन-सी अव्यवस्थित दुकान के सामने मैं अपनी कार खड़ी कर सड़क पर टहलने लगा हूँ। मैकेनिक ने कहा है, पहियों की बैलेंसिंग, एलाइनमेंट और स्टेरिंग के काम में एक से डेढ़ घण्टा लगेगा। उसके पीछे कई लड़के काम कर रहे हैं जो चढ़ती उम्र के साँवले नौजवान हैं। वे धूल, ग्रीस और मोबिआइल में सने, काम के बीच किसी नई हिन्दी फ़िल्म का गीत गुनगुनाते हैं, सड़क पर जाती लड़कियों को देख मुस्कुराते हैं और एक-दूसरे से धौल-धप्पा करते हुए मज़ाक करते हैं...ये गीत, मुस्कुराहटें, मज़ाक, धौल-धप्पे ख़ुशबू की तरह उनके काम में रचे-बसे महसूस होते हैं; उनके सख़्त हाथ गाड़ियों के पुर्ज़ों को नर्म फूलों की तरह सँवारते-सम्हालते हैं। बहरहाल, मैं एक मध्यवर्गीय इंसान हूँ जिसे अपनी कार प्रेमिका-सी प्यारी है। अगर कार की देह पर एक खरोंच भी आती है तो मेरा दिल देर तक दुखता है। एक लाइट टूटती है तो दो वक़्त खाना ढंग से नहीं खाया जाता और अगर कार का छोटा-मोटा एक्सीडेंट हो जाता है तो कई-कई दिनों मेरा चेहरा उतरा रहता है। वज़न कम हो जाता है। भूख नहीं लगती। नींद नहीं आती।...प्रेमिका-सी कार!

तो मैं अपनी कार, मेहनत की स्याही में रचे उन मैकेनिक नौजवानों के हाथों सुपुर्द कर सड़क पर टहल रहा हूँ। मोटर वर्कशाप के उस बगल उजाड़ सरकारी ज़मीन का टुकड़ा है जिसमें कूड़े के ढेर, आवारा गाय-कुत्ते और प्लास्टिक बीनते भूखे-काले बच्चे हैं जो गंदे कूड़े में खाने की चीज़ें दिख जाने पर ख़ुश हो रहे हैं।...वर्कशाप के इस बगल दुकानों की लम्बी कतार है: हार्डवेयर-स्पेयरपार्टर..., नल-पाइप..., खाने-पीने की चमकदार चीज़ें..., इलेक्ट्रीकल्स..., टाइल्स..., दूर तक सजी दुकानों में शहराती ज़रूरतों का सामान-ही-सामान; बाज़ारवाद की लुभावनी भटकन का अंतहीन सिलसिला! और कदमों तले है, घर को बाज़ार से अलग करने वाली, टूटती जा रही बूढ़ी रेखा-सी सड़क। उस पार रिहायशी कतार में सामने एक अपार्टमेंट दिखा जिसमें शहर को अपना बनाने को जूझते लोगों के नन्हे-नन्हे फ़्लैट्स

हैं; परिन्दों–सा तिनके–तिनके का संघर्ष! अपार्टमेंट का प्रहरी भीतर घुसती गाय को, मुँह से 'होह! होह!' की आवाज़ें निकालकर भगा रहा है जो उसी की तरह बूढ़ी और कमज़ोर है। घर और बाज़ार के बीच पिसती रेखा–सी सड़क पर निचुड़े-निचुड़े-से लौटते लोगों के स्कूटर और कारें हैं।

टहलते हुए मैं लौटा और कार के पीछे टिककर खड़ा हो गया। नज़र में अब, अपार्टमेंट से सटा घरौंदेनुमा दोमंज़िला मकान आया; मिट्टी के विंडचाइम्स और बेंत–सोफ़े से सँवरी चटक रंगों के संयोजन में पुती बालकनी की असल रौनक लगी वो नर्म लड़की, जो रेलिंग पर कुछ झुककर टिकी, सड़क के नज़ारे में खोई थी। बालकनी के ऊपर फूलों भरे गुलमोहर की दहकती–सी शाखें,...मैंने एकटक निहारते हुए सोचा, पूरा दृश्य किसी चित्र–सा लुभावना है।

धीरे–धीरे लड़की शाम के सिंदूरी उजाले में पलाश के फूल जैसी दिखने लगी। उसे और पास से देखने की चाह लिए मैं आगे बढ़ा। सहसा कुछ याद करता–सा रुका; जेब से नन्ही कंघी निकालकर बाल सँवारे, टीशर्ट के ठीकठाक होने पर नज़र डाली और जींस की ऊपरी छोटी जेबों में अँगूठे फँसाकर चाल को भरसक लापरवाह और लुभावना बनाता, टहलता–टहलता उसके घर के सामने ऐसे एंगल पर खड़ा हो गया जहाँ मुझ पर लड़की की नज़र ज़रूर पड़े।

" बहुत सुन्दर है, दोस्त!" बुदबुदाकर मैंने ख़ुद को उसकी सुन्दरता के प्रति आश्वस्त किया।

उसकी उम्र बीस के आसपास रही होगी। गाय जैसी कजरारी आँखें, बच्चों–सा दूधिया चेहरा और गुलाब की टहनी–सी नाजुक देह! कत्थई रेशम–से बाल हवा की शरारत से चेहरे पर उतर-उतर आते।

दिल गहरा–गहरा धड़कने लगा; और मैं सोच रहा था कि अगर इसी तरह सड़क पर खड़ा घूरता रहा तो ये ज़रूर मुझे मवाली–लफंगे जैसी किसी हल्की गाली से नवाज़ कर भीतर को भाग लेगी। उसके घर के सामने रेस्तराँनुमा दुकान थी। बढ़िया किस्मत! मैं ऐन सामनेवाली टेबल पर जा बैठा। वो सड़क को शून्य भाव से तक रही थी और मैं सोच रहा था, इस लड़की का ध्यान अपनी तरफ कैसे खीचूँ?...टेबल पर टाँगें रखकर कुर्सी पर अधलेटा हो जाऊँ और हाथों को सिर के पीछे टिकाकर सीटी बजाने लगूँ?...सेलफ़ोन पर ऊँची आवाज़ में बातें करने लगूँ?...इसकी तारीफ़ में वही ग़ज़ल गुनगुनाऊँ जिसे दो साल पहले तक, कॉलेज के दिनों में, राह चलती लड़कियों को सुना-सुनाकर गाता था,

शाम की लाली, रात का काजल, सुबह की तस्वीर हो तुम।
चलता–फिरता ताजमहल, साँसे लेता कश्मीर हो तुम॥

"नहीं यार!" दिल बोला, "तू ऐसा कर, इस पर अपनी रईसी का रौब झाड़।"

"ओ. के. बॉस!" मैंने ख़ुश होकर सोचा और कार का रिमोटवाला चाबीछल्ला

जेब से निकालकर टेबल पर रख दिया। सोने की अँगूठी जो पीछे को घूम गई थी, ठीक की। गले की चेन टीशर्ट के ऊपर निकाली। नया सेलफ़ोन सामने रख दिया और उँगलियों से टेबल बजाते हुए, आवाज़ को गहरा बनाकर इतनी ज़ोर से पुकारा कि लड़की ने भी सुन लिया--

"वेटर!"

दस-ग्यारह साल का काले कंकाल जैसा लड़का कंधे पर अपनी चलनी बनियान डाले आ खड़ा हुआ,

"जी सा'ब?"

पल भर को मेरा ध्यान सामने वाली हीरोइन से हटकर ग़रीबसूरत लड़के पर चला गया; मैं दया से भर गया,

"तू स्कूल नहीं जाता?"

"आप क्या लेंगे सा'ब?"

जवाब दौड़कर आए दुकान मालिक ने दिया जो अपने बंधुआ मज़दूर को बरगलाया जाना बर्दाश्त नहीं कर सका होगा। अमीर तो वो भी नहीं दिख रहा था। दुकान की अस्थाई-सी व्यवस्था देखकर लगा, दुकान किराये की होगी।

" अरे यार! कहाँ उलझ रहा है?" दिल झल्लाया और मैं, फिर मैं हो गया। लड़की को तिरछी नज़र से देखते हुए पूछा,

" तुम्हारी दुकान में सबसे बढ़िया क्या है?"

"पेस्ट्री है सा'ब। कोल्डड्रिंक केन है। स्पेशल चाय है। काजू नमकीन...और बाकी, सामने अलमारियों में देख लीजिये सर।"

मुझे हँसी आ गई इस दुकान की सबसे महँगी चीज़ों के नाम सुनकर। यकीनन ये आदमी किराये की दुकान में है और इसका सस्ता नौकर इसकी पूँजी का एक हिस्सा है।

मन चाय पीने का था। मैंने एक नज़र ताज़े फूल-सी लड़की पर डाली जो अब इसी ओर देख रही थी; और उसकी समग्र दृष्टि में, मैं भी था,

" एक कोल्डड्रिंक केन, साथ में दो पेस्ट्रीज़।"

अचानक मैंने सोचा—क्या मैं लड़कियों को इम्प्रैस करने में उस्ताद हूँ? कॉलेज के किस्से छोड़ भी दूँ तो पिछले दो साल की नौकरी में तीन लड़कियों से फ़्लर्ट कर चुका हूँ। (ये अलग बात है कि वे भी मेरे साथ फ़्लर्ट ही कर रही थीं।) मन उदास हो गया,...स्कूल-कॉलेज-दफ़्तर की प्रेमिकायें!...ग्रीटिंग काड्र्स, तोहफे, पिक्चरें, डेटिंग!...प्यार के नाम पर सबकुछ करने के बाद भी प्यार जैसा कभी कुछ महसूस नहीं हुआ। काश, इस प्यारी लड़की को मुझसे प्यार हो जाए! मेरी अब तक की प्रेमिकाओं में सबसे सच्ची-सी!

" आई विश!" पलक का झड़ा बाल मैंने मुट्ठी पर रखा और आँखें मूँदकर

प्रार्थना फूँक दी।

घूँट-घूँट कोल्डड्रिंक पीता मैं उसकी बालकनी के नीचे टहलता चला आया हूँ और एक भूले-बिसरे दोस्त से सेलफ़ोन पर ऊँची आवाज़ में बातें करने लगा हूँ,

"हाँ यार, मैं एकदम मज़े में हूँ।...अब क्या बताऊँ, यार-दोस्तों को याद करने की फुर्सत ही नहीं मिलती; प्रमोशन हो गया है। एक तरह से ये समझ कि बिगबॉस ने पूरा ब्राँच ऑफ़िस मेरे भरोसे छोड़ रखा है। कहते हैं, 'तुम-सा क़ाबिल नौजवान मिलना मुश्किल है।'...हाँ-हाँ कार तो कब की ख़रीद ली! और फ़्लैट तो अपना है ही।...मैं भी यही सोच रहा हूँ, शादी-वादी करके यहीं सैटल हो जाऊँ।...कहाँ यार! कोई अच्छी मिले तब ना!...अच्छा सुन! अभी मैं थोड़ा बिज़ी हूँ। कार को मैकेनिक के पास लाया हूँ, व्हील बैलेंसिंग के लिये। मैं तुझसे बाद में बात करता हूँ।"

दोस्त उस तरफ़ से पता नहीं क्या कह रहा था, मैंने कॉल काट दी।

वो मुझे ही देख रही थी। मैं रोमांचित हो उठा। हथेलियों में फिसलन-सी उतर आई। सीने में धड़कनें जैसे गूँजने लगीं और पिंडलियों में बहता रक्त थरथराने लगा। ये क्या है जो मुझमें गहराईयों तक उतर रहा है? ख़ुशी और उदासी का ये मिलाजुला-सा एहसास? कहीं प्यार...?

अपने आपको सम्हालता मैं फिर टेबल पर आ बैठा। कोल्डड्रिंक ख़त्म हो चुकी थी। पेस्ट्रीज़ मैं खा चुका था और अब, जैसे बारिश को तरसता पपीहा बादलों को मनोकामनाओं भरी नज़र से ताकता है, मैं सूनी बालकनी को देख रहा था। दसेक मिनिट में वो लौटी। मेरा उमसता दिल जैसे फुहार में भीगा। उसके हाथों में धुँआता कप था।

"शिट!" मैं अफसोसमंद हुआ जैसे अनजाने में भारी भूल हो गई हो। बहरहाल, मैं सोचता हूँ, असफलताओं को पानी में डाई मारने की तरह लेना चाहिये; जितनी तेज़ी से रसातल की ओर जायें, उतनी ही ताक़त से लौट सतह तोड़ते हुए ऊँचे हो जायें।

"एक स्पेशल चाय देना।" फिर मैंने बालकनी को तिरछी नज़र से देखते हुए कहा।

दुकानदार मुस्कुराया; तो क्या कोल्डड्रिंक पीकर चाय पीने वालों का यहाँ उठना-बैठना रोज़ की बात है? पर मुझे किस हक से बुरा लग रहा है?

चाय पीते हुए वो इधर-उधर को देखती रही। बीच में, दो बार नज़रे-इनायत इधर को भी हुई। हर बार मैंने मुस्कुराना चाहा; पर पता नहीं क्यों, उससे आँखें चार होते ही मेरा दिल धड़कना भूल जा रहा था। अब अफसोस कर रहा है बेवकूफ, शरारत से मुस्कुराते हुए आँख क्यों नहीं नारी; उसे बहुत दिनों तक याद रहता मैं।

शाम की दुल्हन अपनी सिन्दूरी ओढ़नी में सिमटती, आतुर अंधकार के पहलू में समाने लगी। बालकनी में नन्हे बल्ब की दूधिया रोशनी बिखेरकर वो मेरी जान

भीतर चली गई। दरवाज़ा बंद हुआ, खिड़कियाँ भी। ज़ाहिर था, अब वो बालकनी में नहीं लौटेगी।

अंधेरा झड़ने लगा था। मैं बैठा रहा; दूधिया रोशनी में नहाई, मिट्टी के विंडचाइम्स और बेंत-सोफ़े से सजी, गुलमोहर वाली बालकनी को देखता रहा जिसमें वो लड़की अदृश्य-सी उपस्थित थी।

" क्या हो गया है तुझे?" दिल हँसा भी, उदास भी रहा।

मैकेनिक के सहायक नौजवान ने दूर से आवाज़ लगाई,

" हो गया सा'ब! आ जाइये!"

कार लेकर मैं उसके घर के सामने से गुज़र रहा हूँ।

...काश! वो हार्न की आवाज़ सुनकर एक पल को ही खिड़की से झाँके!

व्यवस्था बाइज़्ज़त बरी है

दिन दूसरे ही दिनों जितना आम था;

जबकि दफ़्तर को घर से निकलती पी.एच.क्यू. (पुलिस हेडक्वार्टर) की चपरासिन शील चक्कर खाकर गिर पड़ी थी। गए दिन से उसे तेज़ बुख़ार और सर्दी थी और घर-दफ़्तर-बेटे की ज़िम्मेदारियों से दबी एकाकी विधवा होश खोकर गिर जाने की हद तक अपनी तकलीफ़ पर क़ाबू किए रही थी। पड़ोसी औरतें उसके दो नन्हे कमरों वाले घर तक उसे पहुँचा गई थीं जबकि उसका तेरह साल का बेटा प्रखर स्कूल नहीं गया था। कल ही उसके स्कूल की एक वैन—जो अवैध गैस सिलेण्डर से चलती थी और जिसपर कभी कोई कार्यवाही नहीं की गई थी—में आग लग गई थी और उसमें बैठे छोटे-छोटे बच्चों में से दो की मौक़े पर ही मौत हो गई थी। ड्राइवर फरार है और शेष बच्चे अस्पताल के बिस्तरों पर अपने पगलाये माताओं-पिताओं की प्रार्थनाओं की ताक़त लिए मौत से द्वन्द में हैं; और स्कूल ने ये कार्यवाही की है कि आज बाक़ी सब बच्चे छुट्टी मना सकते हैं।

तो प्रखर घर पर ही था जब पड़ोसिनें बेसुध माँ को चारपाई पर लिटा गयीं। किशोर बच्चा मोहल्ले के अगले मोड़ की डिस्पेन्सरी की ओर दौड़ा; जो कि बूढ़े डॉक्टर सेवाराम ने इसी साल खोली है जबकि वे किसी कस्बाती ज़िला अस्पताल के मुख्य सर्जन पद से रिटायर होकर वर्षों से वीरान पड़े अपने इस पुश्तैनी मकान में मय बूढ़ी बीवी लौट आये हैं। उनके तीनों बेटे डॉक्टर हो गए हैं जिनमें से एक विदेश में है और सर्वविदित यह है कि प्रतिष्ठित नागरिक डॉक्टर सेवाराम ने (पुण्य-मानवसेवा-जनहित टाइप कुछ) संसार के भले के लिए क्लीनिक खोली है; जबकि सिर्फ़ वे और उनका ईश्वर ही जानता है कि उनके उज्ज्वल नौकरीपेशा जीवन के गुप्त पापों के हार्दिक पश्चातापों ने ये डिस्पेन्सरी खुलवायी है (आपकी सहूलियत के लिए दो-चार का ज़िक्र किए देते हैं!)

जैसे :

—जबकि एक रात डॉक्टर साहब वार्ड के राउंड की बजाय नवेली नर्स के साथ किसी निषिद्ध एकान्त में थे और उस अग्निदग्धा नववधू के परिजन उन्हें ईश्वर की तरह ढूँढ़ रहे थे जो अगली सुबह उनके द्वारा स्थिति सम्हालने तक बचायी नहीं जा

सकी थी और बाद में ग़रीब मायके पक्ष ने ग़रीब ससुराल पक्ष पर दायर मुक़दमे में मुख्य चिकित्सक पर भी आरोप तय किया था कि उन्होंने दूसरे पक्ष से पैसा खाकर उनकी बेटी को मर जाने दिया।...दशकों पहले अदालत से ससम्मान निकल आये डॉक्टर सेवाराम के क्लीनिक पर कभी एकान्त में, कभी मरीज़ों की कतार के बीच वो मृत अग्निदग्धा नववधू चुपचाप आ बैठती है और एक शब्द भी नहीं बोलती जबकि सेवाराम हर बार उससे यही दोहराते रहते हैं, काश! उनकी नर्स इतनी ख़ूबसूरत न रही होती!

—दुर्घटना में घायल एक नौजवान का केस जिसे उन्होंने दरअसल अतिरिक्त ड्यूटी की झुंझलाहट में बड़े शहर रिफ़र कर दिया था और वो—किन्हीं बूढ़ों की लाठी,—किसी घर का चिराग़ राह में ही बुझ गया था; डॉक्टर साहब अक्सर ऊपरवाले का शुक्रिया अदा करते हैं कि उन्हें उस नौजवान का चेहरा नहीं याद वर्ना वो भी क्लीनिक के मरीज़ों के बीच आ बैठा करता; लेकिन अभी दो साल पहले जब सेवाराम के विदेशी डॉक्टर बेटे का ख़तरनाक एक्सीडेंट हुआ था और वो मरते-मरते बचा था; उनकी आत्मा ने उन्हें बताया था कि ये दुर्घटना उसी नई उम्र के लड़के ने करवाई है जिसकी ज़िन्दगी—वे चाहते तो—बचाई जा सकती थी।

—वे महिला मरीज़ें जिन्हें चेकअप-चिकित्सा के बहाने अश्लीलता से यहाँ-वहाँ छू लिया करते थे; एक दफ़ा तो एक कमउम्र बच्ची के साथ तक़रीबन ज़बरन...तौबा! तौबा! डॉक्टर सेवाराम अपनी आत्मा को कभी-कभी गालियाँ बकने लगते हैं; ऐसी अनैतिकतायें जिन्हें कभी बीवी भी नहीं जान पाई, उन्हें ये साली दोहरा-दोहराकर क्यों उनके सम्पन्न बुढ़ापे को नर्क बनाये है??

...चमकदार कॅरियर की ऐसी तमाम बड़ी-छोटी ग्लानियाँ हैं; रिटायर्ड मुख्य सर्जन को जब जो याद आ जाती है, वे उसके लिए ईश्वर के सामने सफ़ाई देने लग जाते हैं। कुछ दिन हुए, डॉक्टर ने अपने भूले-बिसरे पापों को एक कॉपी में दर्ज़ करना शुरू किया भी था; फिर दो-सवा दो सौ की गिनती पर वे उकता गए और अब हिसाबों से मुक्त पश्चाताप का सुख उठा रहे हैं; जबसे ये डिस्पेन्सरी खोली है, फ़ीस तो हालाँकि अटल है (पर डॉक्टर की राय में बहुत कम भी है) वे ईमानदारी से इलाज करने लगे हैं। सैम्पल की दवायें फ्री में दे दिया करते हैं और पेशेन्ट को देखने जाने से पहले रुपयों का तगादा नहीं करते।

इसीलिए तो नंगे पैर दौड़ आये, घिसी बुशशर्ट और पुराने पैंट वाले घबराये बच्चे प्रखर के साथ डॉक्टर तुरन्त क्लीनिक बंद करके चल दिये।

"स्वाइन फ्लू के लक्षण हैं। अस्पताल जाइये, अभी!"—तमाम लक्षणों को जाँच-पूछकर डॉक्टर ने आशंका जताई।

"डॉक्टर साब, आप ही कोई दवाई दे दीजिये।"—होश में आ चुकी विधवा ने सरकारी अस्पताल की अव्यवस्थाओं, असुविधाओं और नर्सों के अपमानित करते

कड़वे बर्तावों के बारे में सोचते हुए निवेदन किया।

"नहीं, ये जानलेवा हो सकता है! और फिर स्वाइन फ्लू की जाँच सिवाय ज़िला अस्पताल के कहीं और होती भी नहीं है।"

अब शील के सामने एक ही रास्ता बचा था जो ज़िला अस्पताल की ओर जाता था और जबकि बेहद कमज़ोरी, चक्कर और तेज़ बुखार-सर्दी से लस्त शील अकेले स्थिति सम्हालने में पूरी तरह से अक्षम थी; उसने बेटे से उसके नाना-नानी को फ़ोन करवाया जो शहर के उस छोर की एक ग़रीब बस्ती में रहते थे।

प्रखर के नाना शान्तनु पान की गुमठी चलाते थे और नानी जयन्ती गृहस्थी से बचे समय में पापड़ बेलने के कुटीर काम से लगी हुई थीं। पान-पापड़ के इन्हीं लघु रोज़गारों से शान्तनु-जयन्ती ने अपने तीन बच्चों वाले गृहस्थ जीवन की वैतरणी पार की है। सबसे बड़ी बेटी निराली को उन्होंने अपने मूल निवास झाँसी के आसपास के एक देहात में ब्याहा; और सुना, वहाँ उस सुदूर गाँव में,...जहाँ दिन में छह-आठ घण्टे बिजली गुल रहना आम बात है।...जहाँ के लोकजीवन में शाम ढले पहुँच मार्गों पर उन लुटेरों के भय से अघोषित कर्फ़्यू लग जाता है जिनके पास हथियार के तौर पर सिर्फ़ लाठियाँ होती हैं, बदन पर निहायत सस्ते कपड़े और जो जेल जाकर इसलिए ख़ुश होते हैं कि कुछ वक़्त तक वे दिन में तीन बार खाना जुटाने की चिन्ता से मुक्त रहेंगे।...भूख, भय और भ्रष्टाचार के लिए अभिशप्त बुन्देलखण्ड के एक छोटे गाँव में भी शहरी निराली सुखी है; बुन्देली जीवन में स्त्रियाँ परिश्रम और परेशानियों में ही नहीं, प्रतिष्ठा में भी पुरुषों-सी समानता पाती हैं। बहुत मामलों में, देहाती स्त्री मनुष्य होती है; शहरी स्त्री मादा!

तो ऐसे कठोर-ख़ूबसूरत गँवई जीवन में शान्तनु-जयन्ती की पहली सन्तान निराली ऐसी रच-बस गई है जैसे दूध में शक्कर! उनकी दूसरी सन्तान, बेटा चेतन पन्द्रह-सोलह साल की उमर में घर से भाग गया था, जैसे कि हिन्दुस्तान के सैंकड़ों नासमझ किशोर लड़के हर साल भागते हैं—सपनों के शहर मुम्बई! हिन्दी फ़िल्मों के चमत्कारी नायक हो जाने; शाहरुख-अक्षय जैसी जादुई क़िस्मतों से भरमाये हुए। असंख्य-असंख्य घरों के इन चिराग़ों में से बहुतेरे ट्रेनों में मूँगफली-पेपरसोप-चाबीछल्ले बेचने, स्टेशनों पर चाइनीज़ खिलौनों-बेल्टों-नकली घड़ियों के लिए ग्राहक पुकारने या मुम्बई की सड़कों पर छोटे-बड़े रोज़गारों के संघर्षों में अपनी रोशनियाँ विलीन कर देते हैं। कुछेक बालीवुड के मृगमारीची रास्तों की धूल का हिस्सा होकर रह जाते हैं; और इस बे-चेहरा भीड़ में विरले ही पुरुष होते हैं जो ज़िन्दगी के निर्मम थपेड़ों को सहकर भी घर लौट आने का माद्दा रखते हैं; शान्तनु-जयन्ती को यक़ीन है कि उनका चेतन ख़ुद को ऐसा ही नायक साबित करेगा,...असल ज़िन्दगी का हीरो!! लेकिन जब वो लौटेगा तो बस्ती में अपना घर कैसे पहचानेगा? दिन हुआ तो ठीक, पर अगर रात हुई तो? कहीं वो लौट ही न जाये!...और पिछले

बीस सालों से हर एक रात! हर एक रात माँ सोने के लिए जाने से पहले किवाड़ बन्द करते हुए एक दीया जलाकर दहलीज़ के बाहर रखना नहीं भूलती,...चेतन दीया देखेगा और दरवाज़ा खटखटायेगा! ईश्वर के लिए प्रतीक्षारत मंदिर जैसी झोपड़ी के द्वार पर पिछले बीस बरसों से एक माँ का विश्वास टिमटिमा रहा है; नहीं, बस इतना भर नहीं! माँ-पिता ने बेटे की प्रतीक्षा में घर को मंदिर ही नहीं, जीवन को भी यज्ञ बना लिया है! अपने सन्तान-प्रेम को वे सर्वश्रेष्ठ मानवीय प्रयासों की सीमा तक ले आये हैं; हर वर्ष शान्तनु-जयन्ती अपनी-अपनी सालाना बचतों को मिलाते हैं और मुम्बई की ओर चल देते हैं,...तीर्थ जाने की-सी आस्था लिए। मुम्बई की सड़कों-स्टेशनों-ढाबों पर वे एक पन्द्रह साला लड़के की बीस साल पुरानी तस्वीर दिखा-दिखाकर पूछते हैं—

"भईया, इस बच्चे को कहीं देखा है क्या?"

जब पूरी बचतें ख़र्च हो जाती हैं, पति-पत्नी लौट आते हैं फिर सालभर परिश्रम की पाई-पाई जोड़ने और अपने खोये बच्चे की प्रतीक्षा में हर रात चौखट पर एक दीया जलाने।

शान्तनु-जयन्ती की तीसरी संतान शील—जिसकी शादी उन्होंने हैसियत से ज़्यादा धूमधाम से की थी—शहर में ही ब्याही थी। लड़का जयप्रकाश पुलिस में सिपाही था; शान्तनु पानवाला अपनी गुमठी पर आने वाले सब पक्के ग्राहकों को पानों में लपेटकर ये मीठी ख़बर देता रहा था, शायद शादी के उन पूरे दो सालों के उस आख़िरी दिन तक जबकि सब्ज़ी मण्डी में मची मारकाट को क़ाबू करते हुए निहत्थे सिपाहियों पर असामाजिकों ने पास खड़ा रोड रोलर चढ़ा दिया था और जब तक एक सब इंस्पेक्टर ने गोलियाँ चलाकर उन्हें रोक नहीं दिया था—जिसपर बाद में इसीलिए कार्यवाही भी हुई थी और वो सालों जेल में रहा था क्योंकि जिन्हें गोलियाँ लगीं, उनमें एक विधायक का छोटा भाई था—मरने वाले ग़रीब सिपाहियों में एक शान्तनु का वीर दामाद, नवेली पत्नी शील का बहुत प्यार करने वाला पति, एक लगभग अंधी बुढ़िया का इकलौता बेटा और दस महीने के शिशु प्रखर का सपने देखने वाला पिता जयप्रकाश भी था। तब से शान्तनु ने अपनी गुमठी का नाम जयन्ती पान भण्डार से बदलकर शहीद जयप्रकाश पान पैलेस कर दिया है और दुकान के भीतर शंकर जी की छोटी फ़ोटो के बगल में उसने अपने शहीद नौजवान दामाद की तस्वीर टाँगी है जिसपर अगरबत्ती घुमाना और हाथ जोड़ना उसके लिए वैसी ही निष्ठा है जैसी शंकर जी की पूजा; और अनपढ़ बूढ़े को अपने वे सारे-के-सारे पढ़े-लिखे ग्राहक वज्र मूर्ख जान पड़ते हैं जो सीमा पर मारे गये सैनिकों को तो शहादत की ऊँचाईयों पर देखने के आदी हैं लेकिन जो लूट-दंगे-आग-बाढ़ में निहत्थे घुसकर लोकजीवन को बचाते हैं,...हा! इस देश के लोग अपने उन प्राणरक्षक पुलिसवालों का आदर करना ही नहीं जानते! हर साल, हर शहर, हर कस्बे-देहात में

व्यवस्था बनाये रखने में जान गँवा देने वाले उन असंख्य वीर पुलिस जवानों को ये कौम, ये आवाम, ये मुल्क कभी नहीं गिनता जो 'देशभक्ति-जनसेवा' की रक्षार्थ अनाथ कर गये,...अपनी नवेली पत्नियों को,...बूढ़ी माताओं को,...अक्षम पिताओं को,...छोटे-छोटे बच्चों को!

जैसे अपना प्रखर! पिता का अर्थ उसके लिए,...वो तस्वीर भर है जिसपर रोज़ प्रात: फूल चढ़ाकर ही माँ चाय पीती है,...और जिसकी वीर जवानी के सौ किस्से उसने अपनी माँ और दो साल पहले भगवान के घर चली गयीं अंधी दादी से बहुत सुने,...और जिसकी शक्ल उसे ख़ुद से काफ़ी मिलती-जुलती लगती है।

पिता; बस यही!

प्रखर की पूरी दुनिया तो उसकी माँ है जिसे पिता की मौत के एवज़ में पुलिस हेडक्वार्टर में चपरासी की अनुकम्पा नौकरी मिली है और जो अघोषित तपस्या जैसा शांत-परिश्रमी जीवन जीती है,...जो अपनी रोटी-साड़ी-चप्पल तक की ज़रूरतों से कटौती कर रुपया-रुपया बचाती है; और प्रखर को अंग्रेज़ी स्कूल में पढ़ा रही है ताकि एक दिन वो ऊँचा पुलिस अफ़सर बन सके जैसा कि शहीद पिता ने उसके लिए सपना देखा था।...और प्रखर बिल्कुल अपनी माँ की सोच का साकार रूप है...ख़ूब समझदार, ख़ूब मेहनती, ख़ूब आज्ञाकारी।

और ख़ूब आज्ञाकारी प्रखर इस समय हालात से जूझ रहा है। सिटी बस में न चढ़ पाने की हालत की वजह से माँ को उसने ऑटो में बिठाया और उसके लाख कहने पर भी ख़ुद ऑटो में नहीं बैठा; पीछे-पीछे चार किलोमीटर की सड़क पर साईकिल दौड़ाता अस्पताल आया है।

माँ की हालत बिगड़ रही है जबकि मरीज़ों से भरे अस्पताल में घबराता-बड़बड़ाता-रुंआसा हो हो जाता प्रखर वार्ड-दर-वार्ड एक स्ट्रेचर के लिए भटक रहा है और आखिरी प्रयास तक उसे स्ट्रेचर नहीं मिल सका है। अमूमन यहाँ मिलता भी नहीं। सैंकड़ों मरीज़ों के बीच दस-पाँच स्ट्रेचर; भाग्य के बली को ही ये सुविधा नसीब होती है। बहरहाल, प्रखर लौटा है और माँ—जिसे लिटाने को कोई और जगह नहीं मिल सकी थी, वो उसे शौचालय के सामने हाथ से धरती बुहारकर लेटा गया था—फिर बेहोश मिली है। तेरह साल के श्रवण कुमार ने अपनी पूरी ताक़त जुटाकर माँ को कंधे पर उठाया और डॉक्टर के कमरे के आगे की लम्बी कतार के अंत में बेसुध माँ को, अपनी शर्ट बिछाकर लिटाने तक उसके फेंफड़ों-सीने-पसलियों में तेज़ दर्द होने लगा, चक्कर आया और वो ख़ुद बेहोश होकर गिरते-गिरते बचा।

दो घण्टे बाद—जबकि नाना-नानी आ चुके हैं और माँ का सिर अब ज़मीन पर बैठी नानी की गोद में है और नाना आते-जाते लोगों को टोकने में मुस्तैद हैं कि ठोकर न मारें, देखकर चलें, एक बीमार यहाँ लेटी हुई है; और गुज़रते हुए परेशान

लोग और ज़्यादा परेशान होकर बड़बड़ाते जा रहे हैं, गैलरी का गंदा फर्श भी कोई जगह है लेटने की!!—अब शील का नम्बर आया है।

सुबह से मरीज़ों के पूरे एक हुजूम का परीक्षण करके डॉक्टर असीम साहब अब इस क़दर उकता चुके हैं कि मुख्य चिकित्सक की कुर्सी पर ख़ुद को बस किसी तरह बैठाये हुए हैं और मरीज़ों को एक-एक कर निबटाने में अब वे हरसम्भव तेज़ी कर रहे हैं। शील को उसके माँ-पिता पकड़कर अन्दर लाये हैं और स्टूल पर बिठाकर भी पकड़े हुए हैं जबकि प्रखर डॉक्टर सेवाराम का लिखा पर्चा मुख्य चिकित्सक को दिखा रहा है।

"हूँऽह, ये प्रायवेट डॉक्टर तो ज़रा सर्दी-बुख़ार में स्वाइन फ़्लू की जाँच लिख देते हैं!"—अपनेआप में झल्लाते बड़े डॉक्टर साहब ने रिटायर्ड प्रमुख सर्जन का पर्चा टेबल पर लगभग फेंक दिया और मरीज़ का सरसरी निरीक्षण करने लगे,

" देखिये, मैंने मलेरिया और थायराइड की जाँच लिख दी है; ये करवाकर लाइये।"

"पर डॉक्टर सा'ब, दूसरे डॉक्टर सा'ब ने जो स्वाइन फ़्लू की जाँच को लिखा है?"—शान्तनु ने उसी अदब में पूछा जिसमें एक ग़रीब एक अमीर से बात करता है—अनिष्ट के भय सरीखा अदब!

"तो जाइये, उसी डॉक्टर से इलाज करवाइये! सरकारी अस्पताल आते ही क्यों हैं आप लोग?"—डॉक्टर ने अधूरे लिखे पर्चे पर पेन छोड़ते हुए कहा।

"नहीं, नहीं सा'ब! हम तो बस इतना निवेदन कर रहे हैं कि..." ग़रीब और बीमार विधवा के पिता की कमर झुक गई, हाथ जुड़ गये और आवाज़ गिड़गिड़ाने के स्तर तक नीचे आ गई।

"देखिए, स्वाइन फ़्लू की जाँच यहाँ तो होती नहीं है; दूसरे शहर की सरकारी लैब में होती है और वहाँ से सख़्त आदेश हैं कि जाँच के लिए उनके ही ब्लड सैम्पल भेजे जायें जिनमें सी-श्रेणी के लक्षण दिखें। आप जाइये, इनका मलेरिया और थायराइड का टेस्ट करवाकर लाइये।...नेक्स्ट!"

डॉक्टर ने मेज़ पर रखी घंटी लगभग तमाचा मारने के ढंग से ठोकी; और द्वारपाल के अगला नम्बर पुकारने के दौरान बूढ़े नाना-नानी और नवासा अपनी अर्द्धमूर्छित परिजन को लिए उठ चले।

मलेरिया-थायराइड की रिपोर्ट नार्मल आई। इस बीच परिवार बीमारों से अटे अस्पताल के कॉरीडोर में शॉल बिछाकर लेटा-बैठा रहा था और परिसर की टंकी से बार-बार पानी पीकर वक़्त काटता रहा था। उन्होंने दिन में तीन बार चाय पी थी और एक बार ठेले से समोसे ख़रीदकर खाये थे। डॉक्टर साहब के कमरे के सामने शाम के मरीज़ों में अव्वल नम्बर शील का ही था जो अब होश में तो थी—जबकि उसके पिता अपनी समझ से, बीमारों के लिए फायदेमंद मौसम्बी का जूस ग्लूकोज़ डालकर

उसे दो दफ़ा पिला चुके थे—पर नामालूम दर्द के तहत वो ठीक से देख-सुन-बोल नहीं पा रही थी।

डॉक्टर ने भरपूर पेशेवराना मुद्रा में रिपोर्ट्स देखीं। पर्चे पर पाँच दिनों की दवायें लिखीं और हिदायत दी कि दवायें अस्पताल के सामने वाले बत्रा एण्ड बत्रा सन्स मेडीकल स्टोर से ही ख़रीदें।

तीन दिन बीत गये जबकि शान्तनु अपनी पान की गुमठी और जयन्ती पापड़ का दिहाड़ी काम छोड़कर बेटी के घर की व्यवस्थायें सम्हाल रहे थे, प्रखर रोज़ स्कूल जा रहा था। दवाओं-रतजगों और मन्नत-मनौतियों के बावजूद शील की स्थिति सुधरने के बजाय बिगड़ती गई और जब मरीज़ को साँस लेने में भी तकलीफ़ होने लगी; बदहवास नाना-नवासा डॉक्टर सेवाराम के क्लीनिक पर हाथ जोड़े खड़े थे और डॉक्टर सेवाराम—जिनकी सनातन मरीज़ अग्निदग्धा नववधू ने कल पहली बार उनसे बात की है और उन्हें आश्वस्त किया है कि अगर उन्होंने ग़रीब बेवा शील को मरने से बचा लिया तो वो उनके क्लीनिक पर आना छोड़ देगी—मरीज़ को देखने के बाद, ख़ुद को ज़िम्मेदार ईश्वर-सा कुछ महसूस करने लगे। उन्होंने तुरन्त एक पत्र लिखकर प्रखर को सरकारी अस्पताल से टेमीफ़्लू की दस गोलियाँ लाने को भेजा।

अनाथ हो जाने के भय से काँपते बच्चे की साईकिल की रफ़्तार पवनदेव को मात दे रही है जबकि उसकी रगों में रक्त थरथरा रहा है। चेहरा सुन्न है। पिंडलियाँ काँप रही हैं और वो लगातार हनुमान चालीसा बुदबुदाता जा रहा है...

जय हनुमान ज्ञान गुन सागर।
जय कपीस तिहुँ लोक उजागर॥
रामदूत अतुलित बल धामा।
अंजनि पुत्र पवनसुत नामा॥
महावीर विक्रम बजरंगी।
कुमति निवार सुमति के संगी॥

पर अपने दिल के रक्ताभ अँधेरों में उसे हनुमानजी की दैदीप्यमान उपस्थिति कहीं-से-कहीं तक महसूस नहीं हुई। पैडल पर पैरों के ज़ोर के साथ उसने पाठ की रफ़्तार भी तेज़ की...

दुर्गम काज जगत के जेते।
सुगम अनुग्रह तुम्हरे तेते॥
राम दुआरे तुम रखवारे।
होत न आज्ञा बिनु पैसारे॥
सब सुख लहैं तुम्हारी सरना।
तुम रक्षक काहू को डरना॥

हनुमानजी अब भी उसके भीतर नहीं आये! अब भी नहीं! अब भी नहीं जब अस्पताल के बाहर साईकिल रोकते वो चालीसा के परायण की ओर बढ़ रहा था...

संकट कटै मिटै सब पीरा।
जो सुमिरै हनुमत बलवीरा॥
जय जय जय हनुमान गोसाईं।
कृपा करहु गुरुदेव की नाईं॥

और...और अब भी जब हनुमान जी साथ देने को नहीं आये; प्रखर जान गया, उसकी मनोकामना असम्भव की सिद्धि है क्योंकि...हनुमान जी कहीं बाहर नहीं, प्रखर के भीतरी अँधेरों में वास करते हैं और हर भली-बुरी प्रार्थना की प्रक्रिया में ही वे उसे बता देते हैं; किसमें ईश्वर का साथ मिलेगा, किसमें नहीं, जैसे...

—जब प्रखर स्कूल में अव्वल स्थान के लिए रात-रातभर पढ़ता था; हनुमान जी पूरी रात उसके साथ बैठे रहा करते थे; और पिछली साल प्रखर ज़िले में अव्वल आया था।

—जब प्रखर रिमोट कन्ट्रोल वाले ऐरोप्लेन के लिए महीनों अपना जेबख़र्च बचाता रहा था; हनुमान जी कभी उससे मिलने नहीं आये। बाद में, जब एक दिन वो उन बचाये जेबख़र्चों के कुल रुपये माँ को—घर के आवश्यक आन पड़े एक ख़र्च के लिए—दे रहा था; उदास प्रखर के पीछे खड़े हनुमान जी उसका कंधा थपथपा रहे थे।

—जब प्रखर को टीचर ने फटे जूतों के लिए भरी क्लास में डाँटा था; हनुमान जी उसके साथ सिर झुकाये, सर की डाँट सुनते रहे थे; और जब वो घर लौटकर आया, जूतों की नई जोड़ी दिखाती माँ के साथ खड़े वे मुस्कुरा रहे थे।

पर आज! आज! आज हनुमान जी साथ नहीं आये हैं जबकि अस्पताल के बाहर तक प्रखर पहुँच चुका है और उसके होठों पर अन्तिम पंक्तियाँ निवेदित हैं,

जो यह पढ़ै हनुमान चालीसा।
होय सिद्धि साखी गौरीसा॥
तुलसीदास सदा हरि चेरा।
कीजै नाथ हृदय महँ डेरा॥

साईकिल खड़ी कर वो बैभूला-सा रुका हुआ है। अब जबकि हनुमान जी ने उसका साथ नहीं देना तय किया है...?? अचानक उसे माँ की टूटती-बिखरती साँसें याद आयीं और अपनी लाल आँखें पोंछता वो अस्पताल के भीतर को भागा।

जैसा कि होता ही है, सरकारी डॉक्टर साहब के कमरे के आगे बीमार ग़रीबों

की लम्बी कतार थी और कोई एक भी किशोर लड़के पर रहमकर आगे जाने नहीं दे रहा था। ज़िन्दगी को ग़रीब वही लौटाता है जो वो उसे देती है—निर्ममता!! बहरहाल, इस-उस को अपनी माँ की बहुत ख़राब हालत का हवाला देकर आगे बढ़ने को प्रार्थित लड़का जब थक गया; डॉक्टर के कमरे के द्वार पर मुस्तैद चपरासी के निकट आ खड़ा हुआ। अब जबकि चपरासी के चेहरे पर झिड़कने का भाव आने वाला है-बच्चे के भावों में गिड़गिड़ाहट...नहीं! ऐसा नहीं हुआ; तेरह साला हिन्दुस्तानी ने ज़िन्दगी की पाठशाला में सीखा एक सबक आजमाना तय किया :

"क्या बे? यहाँ क्यों खड़ा है?"

चपरासी कह ही रहा था कि,

"कम्पाउण्डर साहब, ज़रा इधर आइये।"—लड़का लिहाज से फुसफुसाकर बोला।

"क्या काम है?"

ख़ुद के लिए 'कम्पाउण्डर' सुनते ही चपरासी का आवाज़ जादुई तौर पर नर्म पड़ गई।

"आइए तो सर, प्लीज़।"

चपरासी लापरवाही से उसके साथ एक ओर को चल दिया और जबकि लड़के ने उसे दस रुपये का नोट थमाया; प्रतीक्षारत-कतारबद्धों में से कईयों ने देख लिया है, पर सब चुप हैं, इस सहज भाव से जैसे कहीं कुछ ग़ैरनियम का घटा ही नहीं है! आपको नहीं पता? भारत में भ्रष्टाचार शिष्टाचार-सा स्वीकार्य है!

बहरहाल, प्रखर इस तरह डॉक्टर के कमरे में पहुँच गया। फ़ोन पर लम्बी बात में मन्त्रबिद्ध डॉक्टर असीम ने इशारे से काम पूछा। धड़कते दिल से लड़के ने पत्र टेबल पर रख दिया। फ़ोन के दूसरे सिरे से खनकता स्त्री स्वर सुनते-मुस्कुराते डॉक्टर ने दो पलों को पत्र देखा और चोंगे पर हथेली रख कहा,

"ये गोलियाँ हॉस्पिटल में ख़त्म हो गई हैं; सामने वाले बत्रा एण्ड बत्रा सन्स मेडीकल स्टोर पर मिल जायेंगी।"

अप्रत्याशित तौर पर मुस्कुराते बड़े डॉक्टर साहब फिर उस सिरे की खनखनाहट में खो गए जबकि प्रखर कमज़ोर अनुनय कर रहा था,

"सर, वो आप..."

डॉक्टर सरकार ने हाथ के इशारे से उसे जाने को कहा और 'नेक्स्ट' के लिए निर्मम घंटी चीख उठी।

अब वो अस्पताल के बाहर की सड़क पर है। आसमान से तीखी धूप बरस रही है और तपती-मनहूस दोपहर में हनुमान जी दूर-दूर तक नज़र नहीं आ रहे हैं। वो सड़क पार के बत्रा एण्ड बत्रा सन्स मेडीकल स्टोर पर टेमीफ़्लू की दस गोलियाँ लेने गया; पर चपरासी को रिश्वत दे चुकने के बाद कुल इतने रुपये शेष थे कि छह ही

गोलियाँ ख़रीद पाया।

अब प्रखर के दिमाग़ में हनुमान जी नहीं सिर्फ़ अपनी माँ थी,...माँ जो सबेरे आँखें खोलने से लेकर रात आँखें बन्द करने तक उसके लिए काम करती है!...माँ, जिसका नाम हर छोटी-से-छोटी चोट से जुबान पर आ जाता है!...माँ, जो पीटती भी है तो रोती जाती है!...माँ जो विश्व है! ईश्वर है! जीवन है!...और माँ, जिसके बच जाने का यक़ीन आज हनुमान जी तक को नहीं है!!

प्रखर ज़ब घर आया; दरवाज़े पर ताला देखकर विचारशून्य हुआ ही था कि पड़ोसिन ने बताया कि उसकी माँ की हालत इतनी बिगड़ गई थी कि डॉक्टर सेवाराम के साथ नाना-नानी, माँ को बड़े प्रायवेट अस्पताल ले गए हैं ऑटो से।

अब किशोर बच्चा रोता जा रहा है और सीने में दर्द की हद तक तेज़ रफ़्तार से साईकिल चलाता जा रहा है। उसे लग रहा है जैसे उसकी माँ खो जाने की प्रक्रिया में है। तीन साल पहले, एक बार जब माँ किसी ज़रूरी काम से पूरे दिन के लिए दूसरे शहर गई थी और उसे अंधी दादी के भरोसे छोड़ गई थी, वो माँ के बिना ऐसा घबराया था कि शाम होते-न-होते नंगे पैर दौड़ता हुआ बस स्टेण्ड पहुँच गया था। हर बस में, हर आदमी से अपनी माँ के बारे में पूछ रहा था और जब रात हो गई थी, माँ को ढूँढ़ते-ढूँढ़ते वो ख़ुद खो गया था, वो ज़ोर-ज़ोर से रोने ही वाला था कि अचानक!...हाँ, बिल्कुल ही अचानक उसने देखा था कि स्याह रात में हेलोजन की सुनहली रोशनी में सामने से माँ चली आ रही है,...आसमान से उतरती अप्सरा जैसी माँ!...प्यास में मीठे शर्बत जैसी माँ!...पसीने में ठंडी हवा जैसी माँ!...चोट पर मलहम जैसी माँ!

माँ!...माँ!...माँ!

पर आज माँ आसमानी परी की तरह मुस्कुरा नहीं रही है; अस्पताल के बिस्तर पर कराह रही है और नाना-नानी का प्रखर के सिर पर बार-बार हाथ फेरना उसे इंतेहा डरा रहा है—क्या होने वाला है?

शील की स्वाइन फ़्लू की जाँच की गई है और वेंटीलेटर पर रखकर उसका इलाज शुरू किया गया है।

और आठ दिन बीत गए। स्वाइन फ़्लू—जिसका पश्चातापी डॉक्टर सेवाराम को यक़ीन था और जो उकताये डॉक्टर असीम को नहीं दिखा था—अब मरीज़ को ख़तरनाक स्थिति में ले आया है। एच वन एन वन वायरस पूरे शरीर में फैलकर अब फेफड़े ख़राब कर रहा है। डॉक्टर्स आइसोलेशन वार्ड में रखकर शील को बचाने की पूरी-पूरी कोशिश कर रहे हैं क्योंकि अस्पताल के लाखों रुपयों के बिलों का भुगतान हो रहा है,...जयप्रकाश की शहीदी पर पुलिस महकमे ने जो एकमुश्त हर्जाना चुकाया था,...प्राविडेण्ट फ़ण्ड की कुल रक़म,...भूख के आसपास रहकर की गई सब बचतें,...अब शील का दो कमरों का घर,...और अंततः शान्तनु-जयन्ती की झोपड़ी

भी बिक गई जबकि डॉक्टर उनकी बेटी की सर्जरी कर रहे थे। इलाज के दौरान डाली गई कृत्रिम आहार नली की वजह से मरीज़ के गले में सूजन आ गई थी; और जबकि डॉक्टरों ने सर्जरी कर नली शिफ़्ट करने की कोशिश की; जीवन की सब निर्ममताओं को सहता रहा शील का शरीर इसे सहन नहीं कर सका;

...उसकी मौत हो गई।

मोहल्ले की सड़क

एक मोहल्ला; कस्बाती...

जीवन की जटिलतायें और सुख-सौन्दर्य यहाँ भी वही जो आपके मोहल्ले-कूचे-गली-कॉलोनी में होगा बशर्ते आप हों आम आदमी! यहाँ भी वही सब : कभी नल में पानी कम, कभी उमस भरी रातों में बिजली गुल। मुए नगरपालिका वाले किसके मीत हुए हैं जो इनके होंगे; अपने-अपने हिस्से के कूड़े-गन्दगी से ख़ुद ही जूझते लोग। यहाँ भी चूहे-मच्छर-कॉकरोच जीवन का हिस्सा। और सुनिये! स्ट्रीट लाईटों की रोशनी आये दिन समाधिस्थ! बहरहाल, टी.वी. और अख़बार वाली राष्ट्रीय तरक्की ने या पता नहीं विश्वग्राम की बाज़ारू अवधारणा ने मोहल्लेवासियों की जीवन दृष्टि में इतना फ़र्क तो ला ही दिया है कि मोहल्ले की इकलौती-इकहरी सड़क के दोनों ओर हर मकान का अगला-निचला हिस्सा नन्ही दुकान में तब्दील हो चुका है। छोटी-छोटी दुकानों की कतार...हलवाई,...परचून,...सब्ज़ी भाजी,...आटा चक्की,...रंगाई इस्त्री...और मोहल्ले के अंत में, सँकरे तिराहे के कोने में, कभी बेरोज़गार रहे...एक ख़ूब पढ़े-लिखे नौजवान का छोटा-सा नीहारिका गिफ़्ट सेन्टर। यहाँ से नई उम्र के लड़के अपनी प्रेमिकाओं के लिये छोटे-मोटे सजावटी उपहार ख़रीदते और लड़कियाँ रिबन-नेलपालिशें ले जाया करतीं।

नीहारिका गिफ़्ट सेन्टर से दस कदम पीछे लौटें...तीन ओर से घरेलू दुकानों-मकानों के आलिंगन में मोहल्ले का हृदय: छोटा-सा मैदान! जिसके बीचोंबीच नीम है। नीम के नीचे चबूतरा और चबूतरे पर घरनुमा मंदिर में विराजे हैं औघड़ भोले, सो भी सपरिवार! एक लोकप्रिय देवी की नन्ही मड़िया भी यहीं है। सातेक महीने पहले मन्नू भाई पार्षद ने मैदान में पाटें बिछवा दीं; चुनाव जीतते ही यह उनका पहला काम था। वे लगातार तीन चुनाव हारने के बाद अंततः पिछला चुनाव जीते थे, प्रचंड बहुमत से।...मन्नू भाई ने चबूतरे पर सीमेन्ट से सजावटी काम भी करवाया है और अंतिम सीढ़ी पर संगमरमर की पट्टिका जड़वायी है—चरणसेवक

मनोहरलाल पुत्र श्यामलाल

...ज़रूर ये उसी मन्नत का मुआवज़ा है, जिसने मन्नू भाई को पार्षद बनवा दिया—पूरे मोहल्ले को इस बात पर पुख़्ता यक़ीन है। और क्यों न हो; मोहल्ले का

हर अंडी-आदमी अपनी मनोकामनायें यहीं चढ़ाने आता है।...धर्म की प्रचारिणी संस्थायें हो चुकीं वृद्धायें-प्रौढ़ायें, उफनती नदियों जैसी मोहक घूँघटों में बँधी नववधुयें और खिलती कलियों-सी नर्म-प्यारी लड़कियाँ यहीं इकट्ठी होकर छोटे-मोटे तीज-त्यौहार मनाती हैं।...यों जब वे गातीं-बजातीं और ज़रा-ज़रा बात पर खिलखिलाती हैं, तो पूरा मोहल्ला कविता हो उठता है। वैसे यहाँ हर शाम भजन-कीर्तन की मंडली जमती है। चार-छह वृद्धायें, अपनी झुर्रियों में जीवन अनुभवों, दुखों-कष्टों और व्यर्थता बोध की गठरी उठाए मड़िया के बाहर बैठ जाती हैं और जीवन का भार देवी माँ से साझा करती हैं—काँपती आवाज़ के भजनों की चिट्ठियों से!...जीने की सार्थकतायें तलाशती वृद्धाओं का ये अटल नियम ठहरा; पर यूँ रोज़-रोज़ कौन इस देवस्थल को पुजारी की-सी दृष्टि से घूरता है!...वो तो बस, कभी-कभार जब मोहल्ले का समूचा स्त्रैण सौन्दर्य नीमवाले चबूतरे पर महकता है; कच्ची-पक्की उम्र का हरेक पौरुष अख़बार, खिड़की या ऐसी ही किसी अन्य ज़बरदस्ती की व्यस्तता के बहाने अपने दिलपसन्द चेहरे को मुग्ध हो निहारता है; और जीवन का कण-कण आणिवक सौन्दर्य की ऊर्जा से भर उठता है। यही गुलचे जीवन को दुर्धर्ष नहीं होने देते।

मोहल्ले का सबसे ऊँचा, बूढ़े आधार स्तंभ-सा, सूखी काई और बीती बारिशों के सौन्दर्य से रचा तिमंज़िला मकान चौबे जी का है। उनकी नीचे ही, मुहल्ले की सबसे पुरानी दुकान है; मिठास बेचने की दुकान! आस्तीनोंदार फीकी-चिकटी बनियान (जिसमें छुपी तोंद साफ़ उभरी दिखती है।) और घिसी-छनी लुंगी—यही चौबे जी का सनातन पहनावा और कड़ाही औंटते हुए मीठी यादों-उपलब्धियों में खोये रहना, मुख्य स्वभाव। गोकि दुकान बहुत नहीं चलती। रोज़-रोज़ रसगुल्ले-रबड़ियाँ उड़ाने की हैसियत इस मोहल्ले की है भी नहीं; पर हाँ! सुबह-शाम पोहा, जलेबी, समोसे, बर्फी ठीकठाक बिक जाती है। शादी-ब्याह का कोई आर्डर जब कभी मिलता है, चौबे जी के समताल-से जीवन में प्रसन्नता की लहर थिरक जाती है। अनजानी शादियों में ये एकाकी बूढ़ा अपने बच्चों के ब्याह सरीखा खिला-खिला फिरता है। थाल में एक-एक बरफी इंतेहा मोहब्बत से सजाता है मानो अपने सगे जामाता को कुँअर कलेऊ में परोसने जा रहा हो।...और चौबे जी के ख़ुद के बच्चे? हैं बहुत पर हासिल एक भी नहीं! बड़े शहरों में बसे लड़के-बच्चे इतनी तरक्की कर चुके हैं कि ये कस्बा, मोहल्ला, मकान और बूढ़े चौबे-चौबाइन तक उनके लिये छूटी-बीती बातें है। तो भी! किसी ने कभी न इस जोड़े को रोते देखा, न अपने बच्चों को कोसते सुना। चौबे जी ने अपने विशाल तिमंज़िला भवन का बित्ता-बित्ता सस्ते क़िरायेदारों से भर रखा है। रंगहीन,सूखी मिर्च जैसी चौबाइन (जो अक्सर बीमार रहती।) किरायेदारों पर दिन भर वजह-बेवजह बड़बड़ाया करती। छोटे बच्चों की शरारतों से भयंकर चिढ़ती और शाम के भजन-कीर्तन में कभी भी सम्मिलित नहीं

होती। उसके चेहरे पर जीवन की व्यर्थता का बोध—सीलन से ख़राब हुई दीवार की तरह—अक्सर दिखाई देता है। चौबे जी अपनी पत्नी से प्यार करते और उसका ख़ूब ध्यान रखते हैं।...काँच के बक्से में सजी मिठाईयों और दो तिहाई शताब्दी जी चुकीं दीवारों वाली दुकान में ऐन भीतर एक बड़ा-सा, धुँआया-पीला काग़ज़ चिपका है जिस पर कवि माखनलाल चतुर्वेदी की पंक्तियाँ गहरी स्याही में दर्ज़ हैं—

बहुत सरल विष पी मर जाना
बहुत सरल आँखों में आँसू भर लाना
नीलकंठ बन पियो हलाहल
मरने का वरदान न माँगो

चौबे जी के बगल में श्री और श्रीमती भारती रहते हैं। दोनों नौकरीपेशा और प्रण-प्राण से आधुनिक बनने पर उतारू! मसलन दफ़्तर जातीं श्रीमती भारती कंगन-चूड़ी वाली कलाई में घड़ी बाँधना कभी नहीं भूलतीं...सिन्दूर भरी माँग के ऊपर धूप का काला चश्मा सदैव सजा रहता, कुछ इस अंदाज़ में जैसे चश्मा लगाये-लगाये ऊब कर अभी-अभी बालों में अटका लिया हो। (ये और बात है कि शायद ही कभी किसी ने उन्हें आँखों पर चश्मा चढ़ाये देखा हो।)...और उनके विशुद्ध चमड़े के पर्स की कीमत-कम्पनी से हर परिचित वाकिफ़ है।...श्री भारती अपनी पत्नी से दो कदम आगे हैं; चौबीसों घण्टे चौकन्ने, आधुनिक दिखने-बनने के लिये क्या-कुछ नया घट रहा है कस्बे में ?...बस्ती में डिश टी.वी., सेलफ़ोन, कम्प्यूटर—जब जो कुछ आधुनिक नया-नया आया, श्री भारती उन पहले चंद आत्म गौरवान्वितों में से थे जिन्होंने आधुनिकता का झंडा झपटकर अपना लिया। (फिर चाहे महीनों ज़रूरी ख़र्चों तक में कटौती करते रहे हों!...हद ये कि उनके बढ़िया पैंट के अंदर अक्सर ही फटी गंजी होती है!) मोहल्ले का सबसे अधिक आकर्षक मकान इन्हीं का है; वॉशेबल पेंट से पुता, बाहरी बल्बों की जगह सीएफएल लाईटों और विंडचाइम्स वाला छोटा, साफ़, सजीला घर जिसकी दूसरी मंज़िल बनवाने के लिये और मकान के मुख्य रंग से मेल खाती छोटी कार ख़रीदने के लिये बैंक से तगड़ा लोन निकाला गया था और अब इस गर्वीले दम्पति के जीवन का श्रमसाध्य ध्येय है—बैंक का कर्ज़ा पटाना।

बहरहाल, इनका मकान मोहल्ले का सर्वाधिक आकर्षक घर है तो इसकी वजह सिर्फ पुताई के चटकीले रंग, मिट्टी के सलोने विंडचाइम्स और आधुनिक सजावट-धजावट मात्र ही नहीं है; दम्पति की दो बेटियाँ हैं—रिंकी और पिंकी। दोनों उठती उम्र की चित्रिणियाँ!...शाम को तितलियों-सी लड़कियाँ जब दूसरी मंज़िल की खिड़की से सटे तख़्त पर नये चलन के हारमोनियम पर सस्वर अभ्यास करती हैं, कोने वाले नीहारिका गिफ़्ट सेन्टर पर लड़कों की रौनक लग जाती है। छोटी पिंकी सदा स्कर्ट पहनती है और स्वयं को प्यार करने की उम्र से (बस ज़रा-सा!) छोटा मानती है। बड़ी रिंकी सदैव बिना आस्तीनों वाले कुर्ते, कसी सलवारें और गले में

रस्सी की तरह पड़े दुपट्टों में नज़र आती है। कॉलेज में उसका एक बॉयफ्रेंड (लीजिये, आधुनिक होने की एक और शर्त पूरी!) भी है बिल्कुल वैसा जैसा हर समझदार लड़की चाहती है...कम ख़ूबसूरत, ज़्यादा पैसेवाला और निरे गधे-सा आज्ञाकारी! (हा हा हा) नीहारिका गिफ़्ट सेन्टर के सामने अक्सर उसकी कार खड़ी दिखती है। किसी ने ये बात श्रीमती भारती को भी बताई थी।

इस लोकप्रिय मकान के ठीक सामने एक निरीह-सा एकमंज़िला मकान है जिसमें एक भरी-भरी, सुन्दर, प्रौढ़ विधवा शांति रहती है। एक सतर्क भय जिसके चेहरे का स्थायी भाव है और जिसका एक दुबला, उदासीन-सा किशोर बेटा और एक सहमी-सी, निहायत सुन्दर, संगमरमरी साँचे में ढल रही उम्र की बेटी है। पास के गाँव में इस परिवार की टुकड़ेनुमा खेतीबाड़ी है। इस आत्मकेंद्रित घर में किसी ने कभी किसी पुरुष को आते-जाते नहीं देखा। शांति अपने बच्चों को जिन्हें वो अब तक बच्चे ही समझती है, दाँतों के बीच जीभ के-से कड़े पहरे-अनुशासन में पाल रही है। उसकी बेटी नेहा दुपट्टे में पिनें लगाकर और दो कसी चोटियों में सादगी से सँवरकर कॉलेज को निकलती है और राह भर सिवाय सड़क के किसी दूसरी तरफ़ नहीं देखती; पर जब रंगाई-इस्त्रीवाले पप्पू की दुकान के सामने से गुज़रती, उसके चेहरे पर शर्म भरी घबराहट, देह में उठती-बैठती साँसों का कंपन और चाल में तेज़ी आ जाती...और यही पल है...समय...काल...जो पप्पू के लिये जीवन की सार्थकता-सा होता है। वो दिल-ही-दिल नेहा को अपनी जीवनसंगिनी मानने लगता है। अपार ऊर्जा से अपने काम में जुट जाता है; और दिन भर काम में अपनी रगों को लस्त पस्त करने के बाद पप्पू रात में जब अपनी एम.ए. उत्तरार्ध की किताबें खोलकर बैठता है तो रंगोली-सी कल्पनायें तितलियाँ बन हर्फ़ों पर आ बैठती हैं। उसे गहरा यक़ीन है...कि बहुत जल्द वो जीवन की किसी ऊँची परीक्षा में सफल होकर बड़ा अफसर बन जायेगा।...कि नेहा की अम्मा उसके विवाह प्रस्ताव पर ख़ुशी से बिछी-बिछी जा रही होगीं। भावी साला स्वागत-सत्कार की भागदौड़ में होगा, अपने मूल स्वभाव के विपरीत (हा हा हा)...कि वो मौका पाकर दरवाज़े की ओट में लजायी-मुस्कुराती अपनी भावी वधू नेहा को किसी घुप्प कोने में खींच-दबोच लेगा और तड़प कर कहेगा, ''नेहू, तुम्हें पाने के लिये जीवन तपस्या हो गया!''...कि नर्म नेहा उसकी मज़बूत बाँहों में आँखें मूँदे सिर छुपाये काँप रही होगी...कि...कि...कि...! ये सुनहले सपने पप्पू की साँसों में महकते हैं। सीने में धड़कने हैं। रगों में बहते हैं। देह में आत्मा की तरह बसे हैं!

पप्पू इस्त्रीवाले की दुकान के बगल में सब्ज़ी वाली धन्नो काकी की प्लास्टरविहीन गँवई-सी दुकान, जहाँ वो दिन भर बैठी सब्ज़ियों के तौल-भाव या टुकड़े-दो टुकड़े पर ग्राहकों से रिरियाती-पुटियाती-सी आवाज़ में हुज्जत करती रहती है। अच्छी सब्ज़ी में दो-चार पाव ख़राब सब्ज़ी बेच लेने के बाद वो बाक़ी पूरा दिन खिली-

खिली रहती है; वर्ना यों आमतौर पर सीधे पल्लू की साड़ी, सुर्ख सिन्दूर की लम्बी रेखा, चमकती बिन्दी और स्याह बादलों पर बिखरी चाँदनी की दमकती किरणों-से खिचड़ी बालों की कसी चोटी वाली धन्नो काकी उदास ही रहती है। खोई-खोई आँखों से एक अन्तहीन प्रतीक्षा का आभास-सा मिलता है। छह बरस हुए, उसका नाकारा-शराबी-फसादी पति एक सुबह अचानक लापता पाया गया। स्टेशन से लौटते किसी ने बताया, जीवन से हारा वो कायर, किसी सुदूर तीर्थ को जाती रेल में रोता चला गया है; और सब्ज़ी वाली काकी को गहरा यक़ीन है कि वो यायावर एक रोज़ थक-भटककर वापिस घर लौट आयेगा।...काकी का एक समझदार, समय से पहले सयाना होता किशोर बेटा है; जीवन में असफल रहे पिता का अपार परिश्रमी, दृढ़ संकल्पित-सा, सफल होने के लिये जन्मा पुत्र!

जीवन से जूझते-जीतते इस कुटियानुमा मकान-दुकान और ऐसी ही दो-चार और दुकानों और घरों से आगे चलें तो मोहल्ले के सीने पर दिल के बहुत क़रीब यानी नीम वाले चबूतरे के सबसे पास एक बहुत ख़ास मकान है; देव प्रतिमाओं वाले इस्पाती जंगलों का मकान। बाहरी चबूतरे पर सीमेन्ट की मोरवाली बैंचें हैं जहाँ मोहल्ले के अस्ताचली बूढ़े अंधेरे-उजाले अनाहूत आ बैठते हैं जिनके सदा के नमस्य मेजबान हैं, गृहस्वामी सीताराम बाऊजी!...बाऊजी के पुरखे कभी रईस रहे होंगे; उन्होंने अपना जीवन किसी मामूली प्रायवेट नौकरी में काटा जहाँ आदमी आजीविका कमा पाता है, सम्मान नहीं।...रिटायर्ड बाऊजी इज़्ज़त देने वाले हर ज़रूरी-गैरज़रूरी आदमी को बहुत जल्दी 'घर जैसा' मानने लग जाते हैं और अड़ोस-पड़ोस के हर बूढ़े ने वाकई यहाँ 'घर' जैसा समय जिया है...लम्बी-लम्बी, निरर्थक बहसों, सुनहले अतीत की गौरवगाथाओं और दूसरों-तीसरों की छुपी-निजी बातों पर रस ले-लेकर बूढ़ा समूह ठहाके लगाता है और इन्हीं सब के बीच कहीं स्वयं के होने को सार्थक पाता है। सीताराम बाऊजी अटूट नियम के तहत हर घंटे भीतर से चाय बना-बनाकर लाते हैं, मीठे इनकार-इसरार के बीच।...इन्हीं फुल फुर्सतिये मित्रों की इठाई के कारण, वर्षों से विधुर बाऊजी की ज़िन्दगी ख़ुश-ख़ुश बीत रही है, इस तिलस्मी भ्रम में कि वे मोहल्ले के सर्वमान्य नेतानुमा बुज़ुर्ग हैं। वैसे इसी सुन्दर भुलावे के शिकार मोहल्ले के चार-छह और भी महानुभाव हैं जैसे कोने वाले सरकारी बड़े बाबू दाँगी जी...किसी नेता का ख़ास छुटभैया विश्वकर्मा...स्थानीय सांध्य अख़बार का खोजी-झक्की रिर्पोटर जोशी...और साहब! गाहे-बगाहे थोड़ा-बहुत तो मोहल्ले का हर मर्द सत्ता की मृगमरीचिका को जी ही लेता है।

बहरहाल, सीताराम बाऊजी को नहीं पता है कि लोगों के दिलों में उनके प्रति मान-सम्मान, लाज-लिहाज़ और बड़प्पन का जो भाव है उसकी नींव बाऊजी का सदैव प्रस्तावित-प्रस्तुत चाय-नाश्ता नहीं बल्कि उनका बेटा है—कुलवन्त! गठी मुश्कों वाला, भरी उम्र का, राम-सा आज्ञाकारी कुलवन्त! जो मोहल्ले के हर बुरे-

भले आदमी को किसी अपने-सा दुलारा है।...आधी रात को किसी की बीवी-बहू को जचकी के लिये अस्पताल ले जाना हो...शादी-गमी-दसटौन हो...या किसी की बेटी को देखने वाले आ रहे हों; अपनी पुरानी जीप के साथ सरल-शांत-समवेदित कुलवंत मुस्तैद बेटे-भाई-सा सबका अपना है।...और इधर सीताराम बाऊजी के भ्रमित मित्र जो आजकल इतना समय उनके साथ गुज़ारते हैं कि दिन-दोपहर का भोजन भी वहीं कर लेते हैं। बाकी चाय-नाश्ते का हिसाब किसे करना है—आप तो बस, उनका नया शगूफा सुनिये जो बाऊजी के साथ-ही-साथ उनके मित्रों के जीवन को भी लक्ष्य दे रहा है। उन सब की नई चिंतायें कुछ यों हैं...

साढ़े चार साल बाद होने वाले अगले पार्षद चुनाव से ऐन पहले उन्हें किस राजनैतिक दल की और क्यों सदस्यता ले लेनी चाहिये?...चुनाव में मोहल्ले सहित पूरे वार्ड में वोटों का जातिगत गणित क्या होगा?...आगे से किसके नमस्कार का जवाब देना है किसके का नहीं?...चुनाव होने तक किन-किन मोहल्लाई गतिविधियों का नेतृत्व करते रहना है?...चुनाव में कौन-किस बुर्ज़ से क्या-क्या सम्हालेगा?...और पार्षद बन जाने के बाद सीताराम बाऊजी को अपनी वेशभूषा, भाषा-शैली, दिनचर्या और किस-किस आदत में क्या-क्या निहायत ज़रूरी परिवर्तन करने ही होंगे?

...और कुलवन्त पिछले मोहल्ले में रहने वाले प्रौढ़ मन्नू भाई पार्षद का छोटे भाई-सा, निष्ठावान मित्र है।

(अब!...मोहल्ला तो घूम लिया आपने। राहगीरों-रहवासियों से भी मिल-मिला लिये। चलिये, टहलते-टहलते ज़रा आगे की ओर बढ़ते हैं। ये सिंहोदरी-सी सड़क जो आगे शहर के सुन्दर मुख्यमार्ग में जा मिलती है,) मोहल्ले की जीवनरेखा-सी इसी सड़की पर आज हुआ कुछ यों कि...

यह छह घण्टे बिजली कटौती वाली पिछली उमसती, उबाऊ, उनींदी रात के बाद की सुबह थी...आँखों में रतजगे की ख़ुमारी लिये कमर पर बेल्ट चुस्त करते आदमी दफ़्तरों-दुकानों के लिये तैयार हो रहे थे। बच्चे स्कूल के लिये सज रहे थे और बच्चों को रात भर हाथपंखा झलकर सुलाये रखते हुए स्वयं से जूझती रहीं माँयें अब बदहवास-सी...कहीं टिफ़िन लगाने में सुस्त कलाईयों से ज़ोर लगा रही थीं...कहीं लस्त-बासी बदन को चाय, दोपहर की नींद जैसे भुलावों में डाले दौड़-दौड़कर जूते-रूमाल-पेन थमा रही थीं....तो कहीं तन-मन पर हावी होती नींद को भरसक दबाये, नल से बाल्टियाँ भर-भर उड़ेल रही थीं; ये आम लोगों की दुनिया है जहाँ जीवन उनींदी भोर से काम में खप जाता है। रतजगों को अभयदान यहाँ कहाँ!

और यों भीतर की टूटन-थकन को दबाये, चुस्त-से दिखने को जूझते लोग घरों से निकले। सुबह के ताज़ापन में मेहनती ज़िन्दगी की चिर परिचित सुगंध थी कि अचानक!...लोग ठिठक-ठिठक गये। उन्होंने देखा, सड़क खोदी जा रही थी। तीन-चार मज़दूर खुदाई कर रहे थे और एक ठेकेदारनुमा आदमी...मुँह में पान की

गिलौरी...उँगलियों में रंगीन नगों जड़ी अंगूठियाँ...सफारी सूट में दबे सीने पर कीमती वज़नदार लर...त्वचा मोटी-खुरदुरी...चेहरे पर ग़जब की चिकनाहट समेटे!...एक ओर कुर्सी जमाये बैठा था और सेलफ़ोन पर दुनियावी मिठास भरे ढंग से बतिया रहा था। दाँगी जी और जोशी जी ने राह चलते, मज़दूरों से हल्की पूछताछ की; ठेकेदार ने दूर से ही, सेलफ़ोन पर क्षण भर ठहर कर गिलौरी भरा मुँह ऊँचा उठाते हुए कहा था, ''ठेका मिला है साहब!''...और उसकी मुद्रा कह रही थी, 'आप अपने काम से काम रखिये!'

क्या कहता कोई; फिर काम पर जाने का वक़्त था। लोगों ने चलते-चलाते, खुदाई से बची हुई मिट्टी-कीचड़ आधी सड़क पर न उछालने का आग्रहनुमा अनुरोध करते हुए अपनी-अपनी राह ली।

शाम को दफ़्तरों-दुकानों से लोग जब लौटे, दंग रह गये।...ठेकेदार के मज़दूर आधी सड़क का कुछ हिस्सा खोद गये थे, बाकी आधी सड़क पर खुदाई की नम, कीड़ों भरी मिट्टी का ढेर लगा गये थे और अरे-परे गिट्टी, रेत के ऊँचे टीले बना गये थे। कुल हाल ये कि रास्ता तक़रीबन बंद हो चुका था और जहाँ सड़क दिख रही थी सबेरे, अब वहाँ से पैदल गुज़रना भी मुश्किल हो रहा था। लोग अपने दुपहिया वाहनों को रिरकती मिट्टी के ढेर पर बमुश्किल धकेल पा रहे थे।...श्री और श्रीमती भारती की छोटी कार का निकलना जब असंभव लगने लगा, वे वहीं से कार मोड़कर दो किलोमीटर दूर अपने किसी रिश्तेदार के यहाँ रख आये और बस से लौटे...थकान और असुविधा से चकनाचूर!...कुलवन्त ने अपनी जीप मुख्य सड़क किनारे एक परिचित की बाउंड्री में रख दी।

अगली सुबह लोगों ने देखा, सड़क और खोदी जा रही थी। कुछ बूढ़े आगे आये; मोहल्लेवासियों की असुविधा की सविनय शिकायत की और ठेकेदार का टका-सा जवाब सुन, अपना-सा मुँह लिये लौट आये।

''देखिये साहब! ठेका मिला है सो काम करवा रहे हैं वर्ना हमें कोई शौक थोड़े ही है, सड़के खोद फेंकने का! और ये तो आप ही लोगों के विकास का कार्य है। अब थोड़ी-बहुत परेशानी तो होगी ही!''

...फिर अगली सुबह!...फिर वही परेशानी!...आधी सड़क जैसे सुरसा के मुँह की भाँति गहरे, लम्बे गड्ढे में तब्दील होती जा रही थी; बाकी आधी माटी के फुसफुसे पहाड़ में। बजरी, गिट्टी, मिट्टी के ऊपर से, पहले से ही झल्लाये हुए लोग और ज़्यादा झल्लाते हुए, अपने दुपहिया वाहन जैसे-तैसे घसीटते-बचाते रास्ता पार करने के लिये जूझ रहे थे।...सब्ज़ी वाली काकी का स्कूल जा रहा बेटा मिट्टी के ढेर से रिरककर गडढे में जा गिरा। उसके पास दूसरी यूनीफार्म भी नहीं है; रो पड़ा ग़रीब! उस दिन, कभी छुट्टी न करने वाला लड़का स्कूल नहीं जा पाया।...बंद राह

से जूझते दुखजीवियों ने दिल–ही–दिल हौंसला बाँधा। किसी ने कहा,''ज़िन्दगी में साला इतना कुछ सह रहे हैं, इसे भी सह ही लेंगे; ज़्यादा–से–ज़्यादा दो–चार दिन और सही...!''

...पर साहब! कहानी दो–चार दिनों में ख़त्म होनी नहीं थी, सो नहीं हुई। हुआ ऐसा फिर कि तीन दिनों तक तो उस अलसेटिया ठेकेदार के मज़दूर दल ने खोद–खोदकर सड़क को गहरी खाई में तब्दील किया; सड़क का सत्यानाश कर चुकने के बाद चौथे दिन यमसेना लापता! कोई कह रहा था, ठेकेदार की दूसरी साइट पर काम चल रहा है।...इधर औघड़ भोले को ऐन इसी वक़्त अपने भक्तों के जीवट को जाँचने की सूझी; मूसलाधार पानी बरसा। खुदी सड़क मौत का कुआँ बन गई और मिट्टी, रेत, गिट्टी के मिले–जुले टीले घिनौने दलदल में तब्दील हो गये। या ख़ुदा रहम...!

...सबसे पहले एक बूढ़ी गाय गिरी गड्ढे में; नौजवानों ने रस्सियों के सहारे बाहर निकाला। मरणासन्न हाल में देर तक पड़ी हाँफती रही। मोहल्ले की गृहणियों ने करुणा से भर–भरकर उसके पैर, पेट, माथा मला। रोटियाँ खिलायीं। सिक–सफाईपसंद चौबाइन ने डाबर पानी में तर गाय के सिर को गोद में रखा और अपने हाथों से उसके लार चुआते मुँह में पेड़े–बरफी के नन्हे टुकड़े डाले जैसे किसी अबोध बच्ची को भोजन करा रही हो!...दूसरे दिन गिरा एक झबरीला पिल्ला; पर वो नन्हा, भोली आँखों वाला शिशु श्वान बूढ़ी अर्जुनी–सा भाग्यशाली न था! रात गिरा होगा गडढे में; सुबह पानी पर तैरती लाश देखी लोगों ने।...एक हरा–लाल पनियल साँप न जाने कहाँ से आ बसा लबालब खाई की सतह के नीचे; पर बच्चों की दृष्टि से कोई सत्य बच सका है भला! उन्हें नया, रोचक और बेहद ख़तरनाक खेल मिल गया। वे घरों से भाग–भागकर आते। मटमैली सतह पर सर्प का जल–नृत्य देखते। कंकड़–पत्थर फेंकते। खिलखिला कर प्रतिक्रिया व्यक्त करते और पातालवासी को मुँह चिढ़ाते; डरते–डाँटते बड़े उन्हें खींच–खींचकर घरों की ओर ले जाते।...बंद रास्ते के कारण रिंकी का बॉयफ्रेंड मोहल्ले में नहीं आ सका है; दो दिनों से लड़की ने हारमोनियम छुआ तक नहीं है।...नीहारिका गिफ़्ट सेन्टर वाला दुकान के लिये नया माल ला रहा था, ऐसा फिसला कि हाथ से छूटीं नन्ही, कीमती, सजावटी चीज़े सीधे पानी के हवाले! अधिकाशं वस्तुयें डूब गयीं; बदहवास दुकानदार रिरकते किनारे पर घुटनों के बल हो पानी में तैर रहे एक–एक सामान को वापस खींचने की जद्दोज़हद करने लगा, ये जानते हुए भी कि पानी में एक साँप भी है!...चौबे जी को अपनी अकूहल बीमार पत्नी को अस्पताल ले जाना था। कुलवन्त की जीप मुख्य सड़क पर तैयार खड़ी थी; पर चौबाइन अबूझ रास्ता पार कर वहाँ पहुँचने की हालत में नहीं थी। बलिष्ठ बुजुर्ग को कुछ और न सूझा तो परधनी का फेंटा कसा और भार्या को गोद में उठाये रास्ता पार करने लगे। जिसने देखा, मुस्कुराया। पीछे आते किसी

नौजवान ने फुलझड़ी छुडाई,

"चौबेजी, हनीमून पर जा रहे हैं?"

व्यथित चौबेजी की चिरगंभीर मुखमुद्रा में नवयुवकों-की-सी झेंप आ गई और उनकी घोर घरेलू पत्नी को देखकर तो लग रहा था कि बीमारी से तो पता नहीं पर लोकलाज से लुब्धापति नायिका इसी पल मर जाने वाली है। जटिल पथ पर जीवन हँसा!...और हँसे-खेले तो वे नन्हे बच्चे भी बहुत जिनकी चिंतातुर माँओं ने बंद रास्ते के चलते तीन दिनों तक उन्हें स्कूल नहीं जाने दिया; पर आदमी तो बच्चों की तरह छुट्टियाँ नहीं मना सकते ना! बेचारे पुरुष मोरियाँ चढ़ाये, हाथों में जूते उठाये या दुपहियों को ढोते-ढकेलते, बंद राह के अरे-परे रास्ता बनाते नज़र आये।

चौथे दिन पानी कुछ-कुछ उतरा और पाँचवे दिन ठेकेदार अपनी यमसेना के साथ सड़क को नरमेध बनाने पुनः प्रकट हुआ। लोग चिढ़े हुए थे। सीताराम बाऊजी को किसी ने सुझाया, आपके लिये बढ़िया मौका है!...बाऊजी ने तुरंत मोहल्ले के अपने चार-छह प्रतिद्वन्दी सर्वेसर्वाओं को इकट्ठा किया और ठेकेदार को समझाइशनुमा ढंग से डाँटने लगे।

ठेकेदार हत्थे से उखड़ गया,

"देखिये, निर्माण कार्य दिन-दो दिन में नहीं हो जाता; महीनों लग जाते हैं ज़रा-ज़रा-सी लाईने डालने में। और हमें अपना काम आप लोगों से सीखने की ज़रूरत नहीं है!...जाइये यहाँ से और जो बन पड़े सो कर लीजिए मेरे ख़िलाफ़!"

आहत-हतप्रभ सयाने लौट आये। बुज़ुर्गों ने ये बात जवान लड़कों को नहीं बताई।

इधर ठेकेदार एक दिन काम करवाकर फिर ग़ायब! अब वो समय था जब मतभेदों-मनभेदों को ताक पर रखकर लोग बैठे; नीमवाले चबूतरे पर देर तक विचार-विमर्श हुआ। शब्दों का हेर-फेर था वर्ना हरेक ने बात एक ही कही थी—अब कुछ न कुछ तो करना ही पड़ेगा!

इतवार की सुबह मोहल्ले के नरपुंगवों ने अपने-अपने धरउअल कपड़े पहने, चेहरों पर बुद्धिजीवियों वाला स्यूडो गांभीर्य ओढ़ा और मोहल्ले के हर आदमी-औरत के अंगूठे-दस्तख़तशुदा एक सामूहिक शिकायत पत्र के साथ प्रोजेक्ट से संबंधित अधिकारी के सरकारी आवास जा पहुँचे।

"सर बाथरूम में हैं।" नौकर निसंज्ञ कह गया।

...और एक मामूली मोहल्ले का मामूली प्रतिनिधिमंडल डेढ़ घण्टे हरी-कतरी झाड़ियों से बनी बाउंड्री में सूर्य और अधिकारी की तिग्मता सहता बैठा रहा; जंजीर बँधा विदेशी नस्ल का ताकतवर कुत्ता रह-रहकर गुर्रा-डरा रहा था और तपते लोग मूक बैठे थे मानो कुछ भी बोलना—एक शब्द भी—अपना और अपने साथियों का घोर अपमान होगा।...विश्वकर्मा आते वक़्त ठंडे पानी की बड़ी बोतल साथ लेता

आया था; ऊबे-प्यासे साथी थोड़ी-थोड़ी देर बाद उसकी बोतल से पानी के हल्के घूँट ले रहे थे और उनमें से किसी ने उसकी दूरदर्शिता पर प्रशंसा के दो-एक शब्द भी कहे जिस पर सबके चेहरे हामी की मुद्रा में थे।...आम आदमियों में आम आदमी की कीमत!!...कहीं दूर किसी कोयल के कूकने का संगीत गूँजा।

डेढ़ घण्टे बाद लालफीता साहब बाहर आये; लुंगी बनियान में। मुखमुद्रा ऐसी मानो घर में जबरन घुस बैठे लोगों को दफ़ा न कर पा रहे हों। अधिकारी के चेहरे पर सख़्ती इतनी स्पष्ट थी कि हरेक तक पहुँची और सबने नीलकंठ बन विवशता को पिया सिवाय अधेड़-से युवक जोशी के जिसने रोष में कुछ कह ही दिया होता; ठीक उसी क्षण बाऊजी ने चुपके से उसका हाथ मसककर जीवन का अनुभव सिखाया।

चौबेजी ने प्रार्थनानुमा लहजे में शिकायत-समस्या सुनाई। अधिकारी साहब खड़े हो गये,

"देखिये! आप लोग ग़लत जगह आ गये हैं। ये प्रोजेक्ट अब से मैं नहीं, दूसरा अधिकारी देखेगा।...अच्छा, नमस्कार!"

अधिकारी नमस्कार के तुरन्त बाद बीच के दरवाज़े पर पड़े निर्जीव पर्दे में विलीन हो गया। उधर से बुदबुदाने की आवाज़ थ्री नॉट थ्री की गोली की तरह आई,

"कहाँ-कहाँ से चले आते हैं छुट्टी का दिन ख़राब करने!"

...डेढ़ घण्टे की सुलगती प्रतीक्षा और समय ख़राब करने के दोषी भी हम!!

उनमें से हरेक के मुख पर साधुओं का-सा भाव था; जीवन की क्षुद्रता को विवश बड़प्पन से सह जाने का मूक भाव! अब वे सब सड़क पर थे।

...और ग़जब का जीवट दिखाया मामूली मोहल्ले के उन मामूली लोगों ने या यों कह लीजिये, मजबूरी आदमी को मज़बूत बनाती हैं; तलाशते-पूछते दूसरे अधिकारी के घर जा पहुँचे वे सब।

दूसरा अधिकारी अभ्युत्थान विनम्रता से मिला। पानी भी पिलाया और फिर बिना पूरी समस्या सुने ही पहले वाले अधिकारी को पानी पी-पीकर कोसने लगा,

...वो ऐसा है!...वैसा है!...भ्रष्ट है!...कष्ट है!...मैं उसे सहता हूँ!...मैं तो कुल मामले में हूँ ही नहीं!...काम तो आपका वही दुष्ट करेगा!...अगर चाहेगा तो!...अच्छा, नमस्कार!

'दो मुल्लाओं में मुर्गी हलाल' की-सी स्तब्ध दशा में वे सब अधिकारी की हरी-कतरी झाड़ियों वाली बाउंड्री से बाहर निकले। यहाँ भी विदेशी नस्ल का एक खूँखार बंधा था।

किस्सा कोताह—चेहरों पर खिन्न विवशता और दिलों में निरीह आग...!

बंद रास्ते के अकथ्य कष्ट में चार दिन और बीते। पाँचवे दिन लोगों ने किसी ख़ुशख़बर की तरह काम पुनः चालू होते देखा। मोहल्ले ने तपती देह के ठंडाये पसीने-सी राहत महसूस की। जहाँ इतने दिनों सहा है, दो-चार दिन और सही!

सड़क दुरुस्त हो जायेगी फिर कुछ दिनों बाद ज़िन्दगी का ये थप्पड़ भी भूल ही जायेंगे, ये आम लोग!

पर साहब! ये निमार्ण कार्य न था, खिचड़ी थी बीरबल की;...दूसरे... चौथे...पाँचवें...आठवें दिन भी जीवन रेखा सड़की का हुलिया बद से बदतर होता हुआ!...अजगर की देह-सा लम्बा होता जा रहा गड्ढा और गंदी मिट्टी-कीचड़, रेत, गिट्टी के तिलस्म में तब्दील रास्ता!...लोग शायद चरम पर सह रहे थे!

और उस दिन चरम से आगे की शुरुआत थी।...नेहा कॉलेज से लौट रही थी और बंद रास्ते के डाबर सने टीलों को पार कर रही थी कि...ज़रा पैर फिसला उसका, गिरती-न-गिरती, ये तो बाद की बात होती, उससे पहले ही जनगुण्डे-से एक मज़दूर ने उसकी कलाई पकड़कर दूसरी ओर खींच लिया। नर्म लड़की भय, लाज और क्रोध से काँप उठी और वो आबनूस का कुन्दा अब तक हाथ पकड़े हुए मुस्कुराया,

"अरे मिस! मैं न बचाता तो आप गड्ढे में गिरकर गंदी हो जातीं।"

शेष जनगुण्डे मज़दूर और सरगना-सी सूरत वाला, ठेकेदार का नियुक्त सुपरवाइज़र मुस्कुरा रहा था।

अपना तमाशा बन जाने से पहले ही आहत-अपमानित, मेमने-सी लड़की हाथ छुड़ाकर चली आई। 'कहीं किसी ने देख तो नहीं लिया?' उसकी आँखों में भय झलक उठा था। सामने की दुकान से सब देख चुके पप्पू इस्त्रीवाले की नसों में ख़ून खौलकर रह गया। नेहा की काँच-सी प्रतिष्ठा का लिहाज़ न होता तो कत्ल कर ही देता उस मज़दूर का!

बहरहाल, इसे पूर्वाभ्यास समझिये, उस दिन का जब...

किसी व्रत का उत्सव था; देवी की मड़िया के प्रांगण में प्रौढ़ायें-वृद्धायें, नववधुयें और गुलपोश लड़कियाँ हँसती-गाती अर्चन-पूजन कर रही थीं; किसी न किसी बहाने की आड़ से मोहल्ले के हर कच्चे-पक्के पुरुष की दृष्टि में अपनी दिलपसन्द देह थी और दिल में रोशनी का विस्फोट...! नीम वाले चबूतरे के ऐन सामने कुछ दूर, सड़क खोद रहे मज़दूर और क़रीब खड़ा सुपरवाइज़र।...हवा में कविता थी कि सहसा!...परम्परा के उत्सव में लीन स्त्रियों का आनंद भंग हो गया; किसी वहशी-से मज़दूर ने कमउम्र पिंकी की ओर इशारा कर गंदा फ़िकरा बुलन्द किया था और पूरा मज़दूर दल अट्टहास कर उठा था। सुपरवाइज़र के चेहरे पर लुत्फ़ उठाने सरीखी मुस्कान थी।...गाते-खिलखिलाते स्त्री दल ने पल में अद्भुत गांभीर्य ओढ़ लिया और उनकी समस्त चेष्टाओं में प्रस्तुतीकरण का भाव आ गया मानो चिड़ियों का चहकता झुंड बिलाव की उपस्थिति भाँप, सतर्क हो दाने चुगने लगा हो। यहाँ-वहाँ बैठे-खड़े हर आदमी ने अपने पौरुष पर चोट-सा कुछ महसूस किया।

...और ऐन इन्हीं विस्फोटक पलों में, मुख्य सड़क की ओर से मोटरसाईकिल

पर कुलवन्त आता दिखा। रोज़ वह सड़क के टूटे-खुदे हिस्से से पहले ही मोटरसाईकिल धकियाना शुरू कर देता था; आज न जाने क्या सूझी उसे, चालू हालत में ही सम्हलते-सम्हलते पार पाने की कोशिश करने लगा। घायल मोहल्ले का पूरा ध्यान अब डाबर, दलदल, खाई और कुलवन्त पर था। कुलवन्त की मोटरसाईकिल कुछ आगे को बढ़ी...कुछ और आगे...और येऽ...फिसल गई! तेज़ फिसलती मोटरसाईकिल तले घिसटता हुआ नौजवान कीचड़ के ढेर में जा धंसा।

सुपरवाइज़र के चेहरे पर सबक सिखा देने वाली विजयी मुस्कान थी। मज़दूर दल न जाने क्यों हँस पड़ा, ठठाकर?

कीचड़-गन्दगी और छिले चेहरे से रिसते गर्म ख़ून में लथपथ कुलवन्त खड़ा हुआ। उसने एक नज़र सड़क, ख़ुद और मोहल्ले के लोगों पर डाली और दूसरी बंकिम मुस्कुराते सुपरवाइज़र पर...

फिर लोगों ने देखा कि नौजवान के जबड़ों की नसें भिंची हुई थीं, मुश्कें कसी हुई थीं और उसने सुपरवाइज़र की कॉलर पकड़ ली थी।

सड़क खोद रहे औजारों को हथियारों-सा पकड़े मज़दूर गड्ढे से बाहर निकलने लगे; पर इससे पहले कि वे हथियारबंद जनगुण्डे उस निहत्थे नौजवान को लहूलुहान कर उसकी पकड़ से अपने बिलबिलाते आका को छुड़ाते,

...चौबे जी के हाथ में कलछुरी थी, पप्पू इस्त्रीवाले के हाथ में रस्सी, बाऊजी के हाथ में छड़ी, विधवा शांति के हाथ में डंडा, सब्ज़ीवाली काकी के हाथ में चप्पल और एक नन्हे बच्चे के हाथ में कंकड़नुमा पत्थर!

आगे जाइए भाई

तपती दोपहर झिलमिला रही है।

नई कॉलोनी के अंतिम मकान के विशाल लौह द्वार के सामने किशोर भिखारी की पेशेवर गिड़गिड़ाहट तैरने लगी,

"कुछ देना माईऽ। दो दिन से भूखा हूँ। भगवान आपको..."

"आगे जाइए भाई।" जालीदार लौह कपाट से ठंडी हवा के नरम झोंके-सा स्त्री स्वर बहकर आया। भिखारी को लगा, बात किसी और से कही गई है। वो जैसे अपनेआप को यक़ीन दिलाने के लिये स्वर को कुछ और दीन बनाते हुए फिर रिरियाया," ऐ देना माईऽऽ...। भगवान भला करे। दो दिन से भूखा..."

"कहा ना भाई, आगे जाइए।" कोमल आवाज़ में भरा सम्मान इस बार उसने साफ़ महसूस किया।

भिखारी अकबकाकर देखने लगा। महीन जालीदार लौह कपाट के उस ओर एक स्त्री भास-सा उसे समझ आया। वो मुँह बाये, बिजूका-सा खड़ा घूर ही रहा था कि अपनत्व भरी-सी नरम फटकार, धूप में हल्की बारिश की तरह उस पर बरसने लगी,

"भाई, आप हट्टे-कट्टे लड़के हैं। कमाकर खाइए! भीख माँगकर क्यों ख़ुद को ज़लील करना!"

आवाज़ दूर जाते-जाते चली गई और सिद्दू भिखारी भौंचक-सा खड़ा रह गया।

आगे धूप में जलता खुला मैदान था। धूल भरी पगडंडियाँ इधर-उधर को जाती थीं। बबूल के सुन्न, एकाकी पेड़ तले धूल-पत्तों से अटी जर्जर मजार से वो जा टिका; भ्रमित, चकित, किंकर्त्तव्यविमूढ़। वो बंगले वाली बाई गाली दे देती, दुत्कार कर भगा देती, न हुआ तो कुछ बासा-बुसा या रुपया-दो रुपया कटोरे में फेंक दरवाज़ा बंद कर लेती पर...उस घर से सिद्दू भिखारी को इज़्ज़त मिली!

इंसान होने सरीख़ी इज़्ज़त!

सोलहसाला ज़िन्दगी में पहली बार किसी ने सम्मान और इंसानियत से बात की; सिद्दू भिखारी का दिल भर-भर आया। मन ख़ूब-ख़ूब रोने को हुआ कि अचानक!

...हाँ! बिल्कुल अचानक ही उसने अपने भीतर एक और सिद्दू भिखारी को पाया जो न जाने कैसी-कैसी नज़रों से उसे घूर रहा था। थिगरियों भरे चिथे-छने कपड़े, गंदे-लटाये बाल, बदबू मारता फटा बदन, पीले दाँत, लम्बे-मैले नाखून...नये सिद्दू ने पुराने सिद्दू का मुआयना कर हिकारत से कहा,

"मैं जानवर नहीं हूँ!"

और उसकी आँखों में आँसू तैरने लगे...

मलिन बस्ती जहाँ वो रहता है वहाँ मनुष्य और पशु के रहन-सहन में बहुत फ़र्क नहीं है। घर के नाम पर नाले से सटी, मिट्टी-पन्नी की दड़बेनुमा झोपड़ी, ओढ़ने-बिछाने को चार-छह फटे-पुराने बोरे, गृहस्थी के नाम पर भीख और चोरी से जोड़ा गया कंडम-कबाड़ और परिवार के नाम पर पगलायी-सी, बीमार, शराबी माँ। पहले एक बाप भी था, ख़ूब घटिया आदमी। जब से वो नशेड़ी मरा है, सिद्दू और उसकी माँ आये दिन भरपेट खाना खाने लगे हैं। कभी-कभार चाय लायक भी पैसे हो जाते हैं तब वो सोचने लगता है, उसका बाप बेकार में इतने साल जिया। पहले ही क्यों न मर गया; उसके जन्म के पहले ही!

सिद्दू को सब पता है; सब बुरा-बुरा! बगल की पक्की झुग्गीवाली 'मम्मी' एक ज़माने में उसकी माँ के साथ ही धंधा किया करती थी, अब ब्याज पर रुपया चलाती है और उसकी जवान और अधजवान दोनों बेटियाँ धंधा करती हैं। कभी सहानुभूति कभी घृणा और ग़जब की किस्सागोई के साथ मम्मी अक्सर उसे या उसी के सामने किसी को भी सुनाने लग जाती है।

सिद्दू तप रहा है; कँटीले पेड़ की नाकाफ़ी छाँव के चारों ओर अदृश्य आग के बरसने का मंज़र है। सुन्न हवा में अचानक ही लू का तेज़ झोंका आया मानो किसी ने सुलगता थप्पड़ जड़ दिया हो। सिद्दू ने अपना गाल सहलाया है।

एक ज़माने में उसकी माँ चम्पा वेश्या हुआ करती थी और बाप भज्जू उसका दिलपसन्द ग्राहक। भज्जू सब्ज़ी के ठेले से ठीक-ठाक कमा लेता था और कुल मिलाकर बुरा आदमी नहीं था। पता नहीं चम्पा मोहक दिवास्वप्नों की मारी थी या स्त्रियोचित मूल परावलम्बी प्रवृत्ति का असर था या वाकई प्रेम हो गया था उसे; वो तरह-तरह की मीठी-गुदगुदाती कल्पनाओं में जीने लगी...भज्जू से ब्याह के बाद ये गंदा धंधा छोड़ देगी...लोग उसके नाम से जुड़ा 'रंडी' शब्द भूलभाल जायेंगे...भज्जू सब्ज़ीवाले की पर्दानशीं बीवी बनकर इज़्ज़त-आबरू से बाल-बच्चे पालेगी...वो कमाकर लायेगा ये पकाकर खिलायेगी।

...पर काँच से चमकते उसके सब सपने 'छनाक' से टूट गए, जब उसने सच में, भज्जू सब्ज़ीवाले से ब्याह कर लिया। हुआ कुछ ऐसा कि जब शादी हो गई तो भज्जू ने सोचा, अब वह मेहनत क्यों करे; बस्ती के दूसरे मर्दों की तरह दारू पी-पीकर ऐशो-आराम से क्यों न जिए और बस, उसने न सिर्फ अपना ठेला ही बेच

दिया बल्कि अपनी बीवी का जिस्म भी बेचने लगा। छककर शराब पीता, अंडे-माँस उड़ाता और बीवी के लिये वक्त-बेवक्त ग्राहक ढूँढ़-ढूँढ़कर छोड़ जाता। उसकी रातें दारू पीकर बड़बड़ाने और कहीं भी बेसुध हो जाने में बीतने लगीं।

पता नहीं ये सिद्दू की काल्पनिक स्मृति है या शोहदों के चटखारेदार किस्सों का असर; उसे ऐसा याद-सा है कि जब वो बहुत छोटा था, माँ उसे सुलाकर बगलवाली झुग्गी के घुप्प अंधेरे में गुम हो जाया करती थी और उसके लाख रोने-चीखने पर भी नहीं लौटती थी। नन्हा-सा वो सूनी-स्याह कोठरी में, माँ के लिए हिलकते-बिलखते लस्त हो, भय से थर्राते-थर्राते न जाने कब सो जाता और अगली हर सुबह जब उसकी आँख खुलती, परियों की रानी-सी माँ बगल में बेसुध सोई मिलती और उसे खोने के डर से भरा अबोध सिद्दू उससे कसकर चिपट जाता। माँ जागती और खाने को चाय-टोस्ट मिलते। सिद्दू भिखारी की कुल जमा यादों में वे दिन सबसे कम बुरे थे। तब दोनों वक्त, पकती तरकारी की ख़ुशबू से झुग्गी महकती थी और जब कभी माँ मछली या मुर्गा पकाती, झोपड़ी उत्सव-सी ख़ुशी से भर-भर जाती।

लेकिन जैसे-जैसे ये राज़ जग-जाहिर होने लगा कि चम्पा रंडी को कोई गंदा रोग हो गया है जिससे उसका शरीर चितकबरा होता जा रहा है, वैसे-वैसे उसके बदन के ख़रीददार घटने लगे और धीरे-धीरे एक दिन ऐसा आया जब खाने के लाले पड़ गये। जानवर हो चुके बापू को हर हाल में दारू चाहिए थी और नन्हे सिद्दू को रोटी। माँ की काया देख सब बिदकते थे। चौका-बासन करने का काम उसे लाख मिन्नतों के बाद भी किसी ने नहीं दिया; और इस तरह सिद्दू की माँ 'चम्पा रंडी' से 'चम्पा भिखारिन' हो गई और भिखारिन माँ के पल्लू से चिपटा अबोध सिद्दू जान ही नहीं पाया कि माँ की पेशेवर गिड़गिड़ाहट कब उसकी आवाज़ में उतरती चली गई।

काँटों भरे पेड़ की ज़रा-सी छाया में तमाम चींटे-मकोड़े उस पर चढ़-चढ़ जा रहे हैं। घुटने का रिसता फोड़ा कसक रहा था और हथेली के हटते ही मक्खियाँ उस पर टूट-टूट पड़ रही हैं। उदास-उदास आँखों से उसने चिलचिलाते मैदान को देखा; मैला-कचरा, धूल-पत्थर, कँटीली झाड़ियों, साँप-चूहों के बिलों और नज़र की हद तक डराती-सी वीरानगी। जर्जर मजार में से एक जंगली पौधा उग आया है जिसमें अजीब-सी गंध का फूल खिला है। सिद्दू ने उसे गुस्से से तूपा, कुछ इस भाव से मानो दुनिया की हर ख़ूबसूरत शै से उसे चिढ़ हो। सहसा दिमाग में आशीर्वाद-सी आवाज़ गूँजी,

"आगे जाइए भाई...कमाकर खाइए...भीख माँगकर क्यों ख़ुद को ज़लील करना!"

ग़लती का एहसास होने-के-से भाव से सिद्दू फूल को पौधे पर वापिस टाँकने

की कोशिश करने लगा, ऐन उसी टहनी पर जहाँ वो खिला था।

कमला पार्क के शनि मंदिर की चलती सड़क के किनारे फुटपाथ पर बैठी माँ की बगल में धूल में खेलता सिद्दू...शराब के पैसों के लिये बापू के हाथों पिटती माँ को देख सहमता-सिसकता सिद्दू...भीख माँगने के गुर सीखता सिद्दू...पहली बार 'अबे सिद्दू भिखारी' सुन चौंकता-नकारता सिद्दू...माँ-बाप की गालियों, दुत्कारों और थप्पड़ों से उदास-रुँआसा सिद्दू...रुपये-रुपये के लिये सकुचा हाथ पसारता, रुंधी-रुंधी-सी आवाज़ में गिड़गिड़ाता, शर्मिन्दा-सा सिद्दू...पेशेवर भिखारी सिद्दू!

फूल पौधे से नहीं जुड़ सका है और सिद्दू ने चिढ़कर उसे फेंक दिया है मानो फूल न हो उसका द्वंद भरा उदास जीवन हो। कहीं से एक मरियल-खजैला, कमउम्र का कुत्ता दुम हिलाता आ खड़ा हुआ है और उसके झोले की तरफ़ जिसमें से खाने की गंध आ रही है, कातर-याचित नेत्रों से देख रहा है। सिद्दू को कुत्ता अपना-सा लगा। उसने झोले में हाथ डाला; भूखा वो भी बहुत है। एक घर से चार रोटियाँ मिली हैं। बासी रोटियाँ उसने झोले से निकालीं। सेवड़ी रोटियों से बदबू का तेज़ भभका उठ रहा है; पर खाने को और कुछ भी नहीं है। विकल्पहीन स्थितियों में स्वाभिमान का समर्पण कितना निरीह, निस्सहाय और निगृहीत हो जाता है! दो रोटियाँ उसने कुत्ते के सामने डाल दीं और दो ख़ुद खाने लगा। कौर चबाते भीतर से हींक-सी उठी और निगलते-निगलते आँखों में आँसू उतर आये। वह कुत्ते को देखने लगा जिसे सड़ा-बुसा, कुछ भी खा लेना बुरा नहीं लगता।

बस्ती में सिद्दू की उम्र के ज़्यादातर लड़के या तो चोरी-चकारी-जेबकतरी करते हैं या पन्नियाँ बीनते हैं या उसी की तरह भीख माँगते हैं। उनकी घटिया-अश्लील बातों, नशा-पत्ती की आदतों और गाली-गलौच के बीच न जाने क्यों वो ख़ुद को बाहरवाला-सा महसूस करता रहा है जैसे वो कहीं और का है और यहाँ ग़लती से आ फँसा है। गोकि उसने दो बार नशा-पत्ती आजमायी है। एक बार मम्मी की छोटी बेटी की रात ख़रीदी है और दो-तीन छोटी-मोटी चोरियाँ भी की हैं; पर ऐसा करके हर एक बार वो अपनेआप से शर्मिन्दा-शर्मिन्दा-सा रहा है। एक अजीब-सी, दबी-दबी छटपटाहट दिल में होती रही है और आज वो बेचैनी सब हदें पार कर नस-नस में दौड़ने लगी है। ख़ून की बूँद-बूँद में घुल गई है और किसी देवलोक से आती आवाज़ दिलो-दिमाग़ में भरती जा रही है,

"आगे जाइए भाई...क्यों ख़ुद को ज़लील करना!"

सिद्दू चीख-चीखकर रोना चाहता है; पर किसी संत की तरह शांत बैठा है।

माँ पहले भली थी जब तक बापू ज़िन्दा था, तब वो भले ही उसे गालियाँ बकती रहती थी, बापू से पिटकर उसे सूत दिया करती थी; पर तब उसे उसका पेट भरने की फिक्र रहती थी लेकिन पिछली साल से, जब बापू शराब पी-पीकर एक दिन नाले में मरा पड़ा मिला, माँ मानो सबकुछ से मुक्त हो गई, उससे भी! वो बहुत कमज़ोर,

बूढ़ी और बीमार-सी दिखने लगी है। दारू पीने लगी है और रात-दिन झुग्गी के दमघोंटू, बदबूदार अंधेरे में रीती-रीती आँखों से दीवारें ताकती रहती है। सिद्दू भीख माँगकर उसका और अपना पेट भरता है और उसके गिड़गिड़ाने से पहले ही दारू भी लाकर दे देता है। उसे लगता है कि माँ के भीतर कुछ भी नहीं बचा है...न अच्छा, न बुरा और बगलवाली मम्मी कहती है कि उसकी माँ सैंतीस की है।

सिद्दू ने मुँह में बाकी सेवड़ी रोटियों के कसैलेपन को मिटाने के लिये मुट्ठी भर धूल फाँक ली और कुत्ता कहीं से गंदी पन्नी लाकर चींथने लगा। सोचते-सोचते सिद्दू थकने लगा। फिर ढलती दोपहर की थपकियाँ देती-सी मद्धम लू, आँचल की गर्माहट की-सी बबूल की छाया और शांत गोद-सी मजार से टिका अबोध शिशु की तरह वो सो गया।

नींद में उसने एक सपना देखा। चारों ओर सुखद दूधिया रोशनी बिखरी है। पवित्र धुआँ उड़ रहा है और वह किसी देवलोक के मुख्यद्वार के सामने खड़ा है। हीरों जड़ा सोने का भारी-भरकम कपाट चरमराकर अपनेआप खुल जाता है। एक अदृश्य की आवाज़ गूँजती है,''आप कौन?'' उसने परिचय देना चाहा है, ''मैं सिद्दू भिखारी!'' पर आवाज़ गले में घुटकर रह गई है। वो चौपाया बन गया है; गंदा, खजैला पशु!

सिद्दू हड़बड़ाकर जागा है। कितनी देर सोता रहा? वातावरण में नरमी भरी गर्माहट है। क्लान्त सूरज शांति के पथ पर है। पक्षियों के लौटते झुण्ड अनुशासित-से उड़े चले जा रहे हैं। दिन के रीते आसमान में चटक सिन्दूरी रोशनी भर गई है और चारों के माहौल में बहुत हल्का, ताक़तवर, अच्छा-सा कुछ घुला है जैसे। सिद्दू ने स्वयं पर गहरी नज़र डाली है। वह गंदा पशु नहीं है, कतई नहीं। वो सोचने लगा है, क्या नाम है उसका? बहुत छोटे में, कुछ अच्छे दिनों तक माँ उसे किसी भले-से नाम से पुकारा तो करती थी। उसने दिमाग़ पर बहुत-बहुत ज़ोर डाला है,

सिद्दू भिखारी...सिद्दू...सिद्दू...सि...सिद...सिद्धांत!

सिद्धांत!

सिद्धांत!

सिद्धांत!

वह ख़ुश हो-होकर ख़ुद को देर तक पुकारता रहा। दिल रोशनी से भरता रहा।

धूल झड़ाकर वो कुछ इस भाव से खड़ा हुआ मानो नया हो गया हो। झोला और कटोरा बूढ़ी मजार के हवाले कर फिर उसी रास्ते से लौट रहा है; पर अब वो भिखारी नहीं दिख रहा। उसके मैले चेहरे पर विचित्र-सी चमक है; पुरुष होने की चमक!

यहाँ से वो पप्पू पंचर वाले की दुकान पर जायेगा। उम्मीद है काम मिल ही जायेगा; नहीं तो कहीं भी काम कर लेगा, मेहनत-मज़ूरी कुछ भी;

...पर अब से भीख नहीं माँगेगा!

कम्बल

रात के दो बजे हैं।

पुलिस की जीप नम सड़कों, कुहरे में लिपटे चौराहों और ठंडी पड़ गयी कॉलोनियों में गश्त लगा रही है। रास्ते में इक्का-दुक्का चौंकते-कुड़मुड़ाते कुत्तों के सिवाय कहीं ज़िन्दगी नहीं। पुलिस वाले भी बहुत-कुछ बेफिक्रे हैं। इन ठिठुरी सड़कों पर मौत-सी सर्द हवा में कौन निकलेगा मरने!

जीप में इंस्पेक्टर और ड्राइवर के अलावा दो सिपाही हैं। अपने सस्ते गर्म कपड़ों में ठिठुरते सिपाही एक-दूसरे से सटे अगली सीट पर बैठे इंस्पेक्टर की ओर देखते हुए फुसफुसा रहे हैं।

"लगता है साहब को ठंड नहीं लग रही है। देख, कैसे तने बैठे हैं।"

"अब इतना बढ़िया कम्बल ओढ़ेंगे तो ठंड कहाँ से लगेगी? ठंड तो इस महँगे कम्बल में घुसने से भी डरती होगी।"

"क्या बातें कर रहे हो सुरेन्द्र, रामदीन?"—साहब ने पुलिसिया रोब से भरी आवाज़ में पूछा।

"कुछ नहीं साहब, रामदीन कह रहा है कि आपका कम्बल बहुत शानदार है। कहाँ से ख़रीदा साहब?"

"मेरे भाईसाहब ने भेजा है, दिल्ली से।" आवाज़ में अपने भाई के लिये गर्व था।

"तभी मैं कहूँ कि इतना बढ़िया कम्बल हमारे इस कस्बे में तो मिलने से रहा।"

"कितने का होगा साहब?"

"पता नहीं, भाईसाहब ने बताया नहीं।"

"फिर भी साहब, अंदाज़न कितने का होगा?"

"हुंअ...दिल्ली में यह डेढ़-दो हज़ार सौ का आया होगा। यहाँ आसपास के शहरों में ऐसा कम्बल ख़रीदने जाओ तो तीन हज़ार से कम में नहीं मिलेगा।"

"तीन हज़ार!" आश्चर्य से रामदीन की आंखें फैल गयीं।

"...तीन हज़ार रुपये तो बहुत होते हैं! इतने रुपयों में तो महीने भर का...नहीं, नहीं, दो महीनों का राशन आ जाये!" रामदीन की कल्पना हिसाब लगाने लगी,...इतने

रुपये उसे कोई दे दे तो वह अपने चारों बच्चों के लिये दो-दो जोड़ी नये कपड़े सिलवा दे जिनके लिये वे दीपावली की साल भर बाट जोहते हैं।....इतने रुपयों में तो पत्नी घिसी साड़ियों से निकल चमचमाती साड़ियों में आ जाये और सोने का छोटा-मोटा जेवर भी बनवा लें।...इतने रुपयों में तो उसके हर बच्चे को स्कूल की दो-दो जोड़ी यूनीफार्में आ जायेगी, तब उन्हें बरसात में हर दूसरे-तीसरे दिन स्कूल की छुट्टी नहीं करनी होगी,...और इतने सारे रुपये अगर वो गाँव, माँ को मनीआर्डर कर दे तो वे घर की कच्ची, खपरैल छत सुधरवा सकती हैं जो बरसात में मूसलाधार रिसती है।...इतने रुपयों में तो माँ के लिये एक कूलर भी ख़रीदा जा सकता है तब माँ गर्मियों में झुलसी-सी नहीं दिखा करेंगी।...इतने रुपयों में तो माँ की पूरी दशा ही बदली जा सकती है। फटी सूती धोती के बजाय पोलिस्टर की झक्क सफ़ेद साड़ी, पतला-चमकीला ऐनक, नई गुलाबी हवाई चप्पल और बादामी रंग का फूलों वाला शॉल जो उनकी बूढ़ी काया को सख़्त सर्दी से बचा लेगा।

रामदीन खो गया,...नये कपड़ों में ताज़ा फूल-से खिले बच्चे,....चमचमाती साड़ी में नवेली-सी घरवाली,...गांव की सुधरी छत....बादामी फूलों वाले शॉल में दमकती माँ।

जीप एक झटके के साथ रुकी और रामदीन बच्चों, बीवी, कच्ची छत, बूढ़ी माँ और बादामी रंग के फूलों वाले शॉल की कल्पना से बाहर गश्त लगाती जीप में आ गिरा।

"क्या हुआ?"

"सो रहा था क्या? देखता नहीं साहब ने जीप रुकवाई है। उस ट्रकवाले के काग़ज़ चेक कर रहे हैं।"

सुरेन्द्र जीप से उतरा और इंस्पेक्टर साहब के साथ खड़ा हो गया; पर रामदीन उधर को नहीं गया। वो जीप की अगली सीट के पास खड़ा हो गया और इधर-उधर देख, कुछ क्षणों के संकोच के बाद साहब के कम्बल का कोना मुट्ठी में दबा लिया। ख़रगोश की खाल-से नरम कम्बल को छूते समय उसके चेहरे पर चौकन्नपन, आश्चर्य और आनंद था।

उसने कम्बल के भीतर हाथ घुसाया; नरम गर्माहट का अनिर्वचनीय सुख महसूस हुआ।

उधर साहब ट्रकवाले से पूछताछ कर रहे थे और इधर रामदीन दोनों हाथों से कैम्बल को दबा-दबाकर देख रहा था मानो साहब के वापिस आने से पहले कम्बल की कुछ गर्माहट चुरा लेगा।

साहब ने ट्रकवाले को रवाना किया और जीप की ओर लौट आये।

"क्यों रामदीन यहाँ क्यों खड़े हो? खड़े-खड़े झपकी ले रहे थे क्या?"

"नहीं साहब, बस ऐसे ही।"—वह झेंप गया।

"साहब, यह आपके कम्बल को छू-छूकर देख रहा था। लगता है रामदीन आपका कम्बल ख़रीदना चाहता है।" ड्राइवर ने कहा और जीप में एक सम्मिलित ठहाका गूँज गया।

"नहीं साहब, मेरी क्या औक़ात, ऐसा कम्बल ख़रीदने की सोचूँ भी!"—घिसी लोई को बदन से लपेटते हुए वह उदास आवाज़ में बोला।

"साहब, क्यों न थाने लौट चलें! ऐसी ठंड में भला कौन अपराधी हमारे इन्तज़ार में सड़क पर खड़ा होगा।"—सुरेन्द्र ने दोनों हाथों को एक-दूसरे से घिसते हुए कहा।

"नहीं, एस.पी. साहब का सख़्त आदेश है, पूरे इलाके में रातभर गश्त होनी चाहिये। वे रात में यह देखने के लिये निकलते हैं कि उनके पुलिसवाले अपनी ड्यूटी पर मुश्तैद हैं या नहीं।"

"एस.पी. साहब के पास भी आप के जैसा मंहगा कम्बल होगा साहब। हमारी जैसी छनी-घिसी खाकी जर्सियाँ होतीं तो वे रात में कभी न निकलते।" सुरेन्द्र ने मन में कहा।

"साहब, ठंड लग रही है। तनिक देर के लिये कहीं अलाव जला लें।"

"अभी नहीं, काफ़ी इलाक़ा बाकी है। थोड़ी देर और घूमते हैं फिर कहीं बैठकर तुम लोग ताप लेना।"—साहब ने अपने मखमली कम्बल को कानों तक ओढ़ते हुए कहा।

"वो कौन सो रहा है?"—फुटपाथ की ओर उँगली से इशारा कर उन्होंने पूछा।

"पगली होगी साहब। हमेशा इसी चौराहे पर पड़ी रहती है।"

साहब जीप से उतरे और उसके पास जाकर खड़े हो गये।

पगली चिथड़े हो चुके कपड़ों में सिकुड़ी सो रही थी। सीने से एक छोटा बच्चा चिपका सो रहा था, यही कोई दस-ग्यारह माह का। ठंड से बेचैन बच्चा आधी नींद में था। वह बार-बार कुनकुनाता, रोता और फिर माँ के सीने से चिपक जाता। पगली ने बच्चे के ऊपर अपना बाजू रख रखा था मानो वह अपना शरीर ही बच्चे को ओढ़ाये हुए थी।

साहब एकटक देख रहे थे।

"क्या देख रहे हैं साहब?"—सुरेन्द्र ने क़रीब आकर पूछा।

"देखो सुरेन्द्र, कितना छोटा बच्चा है और ओढ़ने के लिये एक गर्म कपड़ा तक नहीं! ऐसी कड़ाके की ठंड में इस तरह तो ये बच्चा किसी दिन मर जायेगा!"

"मरेगा तो मर जायेगा। अरे साहब, ऐसे बच्चों के जीने-मरने से किसे फर्क पड़ता है? माँ पगली है, बाप का कुछ अता-पता नहीं। पता नहीं कौन कमीना, अँधेरे-उजाले इसको ये पाप दे गया। ये बेचारी तो अपने बलात्कारी का नाम तक न जानती होगी। सीने से इस बच्चे को चिपकाये पूरा दिन इन्हीं सड़कों पर फिरती रहती है।"

साहब मौन खड़े देखते रहे। सुरेन्द्र जीप के पास लौट आया।

"क्या हुआ ? साहब वहाँ क्यों खड़े हैं।?"—ड्राइवर ने पूछा।

"फुटपाथ पर पड़ी उस पगली और उसके बच्चे को खड़े-खड़े घूर रहे हैं।" यह कहते सुरेन्द्र के चेहरे पर ऐसा भाव उभरा मानो कोई और बात भी बिना कहे ही कह गया हो।

"लगता है साहब का भी दिल आ गया है उस जवान पगली पर।"

तीनों के चेहरों पर दबी-दबी-सी हँसी आई और गई। किसी चटख़ारेदार किस्से के गवाह होने की-सी नज़रों से वे उस ओर देखने लगे।

साहब चुपचाप लौटे और जीप की सीट पर से कम्बल उठाकर चले गये।

"साहब ये कर क्या रहे हैं ?"—रामदीन फुसफुसाया।

"पता नहीं।"

वे तीनों साँसे थामे साहब को देख रहे थे।

साहब ने क्षण भर को क़ीमती कम्बल को देखा; और ठिठुरी पड़ी पगली और उसके बेचैन बच्चे को आहिस्ता से ओढ़ा दिया। फिर चुपचाप खड़े होकर उन दोनों को देखने लगे। बेचैन बच्चे के चेहरे पर कम्बल की गर्माहट का सुख उतर आया। सिकुड़ी पड़ी पगली ने कम्बल के भीतर पैर फैला लिये थे। साहब लौट आये।

वे तीनों हतप्रभ थे!

एक सौ पचास प्रेमिकाएँ

सिवाय मोहब्बत के सब नशे उसको हराम हैं।

मुझे पहला फ़ौजी मिला जो शराब नहीं पीता, बीयर का स्वाद नहीं जानता और सिगरेट-पाउच के निमंत्रणों पर निषेध में फिर फिर मुस्कुराकर रह जाता है। दिलख़ुश नौजवान लांस नायक राजवीर सिंह से कुछ वक़्त पहले ही मिला हूँ। कैसे : पहले ये; फिर तसल्ली से कि वो है कितना अद्भुत!...है ऐसा कि मिल्ट्री बस्ती के इतने पास की कॉलोनी में मेरा घर है कि जहाँ की हवा तक में सैनिकों के अनुशासन की अदृश्य लय और ज़िंदादिली की भीनी महक घुली रहती है। उधर बाउंड्री पार से उठती-गिरती सलामियों का संगीत, फुर्सतों के कहकहे और क़ायदों की मोहक स्तब्धतायें,...और इधर मेरे आस-पड़ोस में सुन्दर सादगी से बसे किरायेदार सैनिक परिवार मेरे मन में सेना के लिए सहज ही आकर्षण और प्यार पैदा करते हैं सो मेरे सीता विला (सीता कौन? अरे, मेरी नवेली पत्नी! अपने नाम-सी सार्थक! और विला क्या? अरे मेरा नन्हा घर! विला!!...हा हा हा) क्या तो कह रहा था मैं?...हाँ! ये कि मेरे सीता विला की दूसरी मंज़िल जब निर्माणाधीन थी, मकानमालिक होने की गर्व उन्मत्त कल्पनायें भी, तब मैं सोचा करता था कि किरायेदार तो फ़ौजी ही रखूँगा। अव्वल तो, उन्हें घर में बसा लेने भर से माहौल में सुरक्षा का बोध ऐसे भर जाता है जैसे मंदिर की हवा में एक स्थायी-सी चन्दनी महक; फिर वे इतनी कम सहूलियतों में भी इतनी सहजता से मकान मालिक के साथ निबाह कर लेते हैं जैसे अपने घर के लोग! और सबसे बड़ा सुख, उनके कैन्टीनों का सस्ता, बढ़िया सामान! ये अपने पड़ोस वाले मुंशी जी हैं ना; साल हुआ जब इनके घर एक सैनिक परिवार किराये से आया और इन फ़कत बारह-तेरह महीनों में मुंशी जी की गृहस्थी की सूरत ही दूसरी हो गई है,...पतले टेलीविज़न और नर्म डनलपी गद्दों से लेकर ट्रे-कप-गिलास तक और जैम-सॉस-बिस्कुट से लेकर साबुन की बट्टियों और कढ़ाही-कुकरों तक सब-का-सब फ़ौजियों के कैन्टीन का माल है! वर्ना इस मरे मक्खीचूस मुंशी के लड़के-बच्चों के हाथों में भला कम्पनियों वाले चिप्स पैकेट हो सकते थे? पहले तो कभी उन्हें किराने की दुकान से दो रुपये की भी कम्पटें-टॉफियाँ खाते नहीं देखा था!! लाख न बताये कोई; हम ऐसे भी निरे अनभिज्ञ-आधुनिक पड़ोसी नहीं

जो पड़ोस के हर ख़ास–ओ–आम घर को उसकी विशिष्ट ख़ुशबू से न पहचानते हों! कभी किसी ने भले न कुबूला हो, पर मैं ज़रूर जानता हूँ, कॉलोनी में जिस–जिस के यहाँ फ़ौजी परिवार किराये से रहते रहे हैं, उस–उस के यहाँ आला दर्ज़े की गृहस्थी जुड़ गई है (हाय! हाय!)...ख़ैर, मैंने जिस बैंक लोन पर ऊपरी मंज़िल बनवाई है, उसकी महत्ता के सन्दर्भ में, पहले ही महीने में किरायेदार बैठाना ऐसी घोर सांसारिक विवशता थी कि अपने किसी दिलपसन्द फ़ौजी किरायेदार की प्रतीक्षा में ऊपरी कमरे खाली छोड़े ही नहीं जा सकते थे। चार मूलांक है ना मेरा: बड़ी कठोर किस्मत! जब भी कुछ ऐसा करना चाहता हूँ जिसमें पसंदगी–प्रयास के साथ भाग्य की भी ज़रूरत हो, तो क़िस्मत ऐसी लात मारती है पीछे से कि मुँह के बल जा गिरता हूँ अपने दिलपसंद मकसद पर! सुबह ही ऊपरी कमरों में पहली–पहल किरायेदारिनी का सामान चढ़ा जो यहाँ के किसी कॉलेज में नई–नई प्रोफ़ेसर होकर आई है, एकाकी है, ख़ूबसूरत जैसी भी है कुछ–कुछ; तो भी, (इतने ख़ुश–हासिल के बाद भी!) दोपहर में, मैं घोर उदास हो गया जब एक सजीला फ़ौजी ख़ाली कमरों के लिए पूछने आया। दरवाज़े पर आये विष्णु–से उस युवा सैनिक को मुझसे लौटाते बिल्कुल न बना और (भीतर से लाख न चाहकर भी) मैं उसे बगल वाले मुंशी जी के घर ले गया। जैसा कि मुझे इल्म था, उनके घर की तीसरी मंज़िल के दो कमरे ख़ाली थे और उस जवान को उन्होंने तुरन्त अपना किरायेदार मान भी लिया (देखा! मैंने कहा था ना!); पर मैंने भी कच्ची गोलियाँ नहीं खेलीं साहब; तुरन्त जवान को भरपूर दोस्ताना अपनत्व से चाय का निमंत्रण दे डाला; और इतना कि उसका नाम मैंने बाद में जाना, जान–पहचान पहले बढ़ा ली। इस तरह वो कॉलेज छात्र सरीखा फ़ौजी राजवीर सिंह और मैं लगभग उसका समवयस्क अरुण सिंह दोस्त बन गए।

और वो इतना नर्म है अपने बर्ताव में, इतना ख़ूबसूरत अपने व्यवहार में और इतना मासूम स्वभाव में कि फ़ौजियों वाले परम्परागत ठेठपन का तो उसमें स्पर्श भी नहीं दिखता। प्रस्तर शिला जैसे सीने और राजे–रजवाड़ों वाली मूँछों–जो भारतीय सैनिकों की आम पहचान होती हैं—के ठीक विपरीत लांस नायक राजवीर किसी प्रेमकहानी का नायक लगता है। देवत्व में इंसानियत घोल देने सरीखी रंगत दी है उसे आसमान वालों ने: शुभ्रता में मिली हल्की कलौंच–सा रंग, गोरे से कुछ कम गोरा, साँवले से कुछ कम साँवला...दूधिया गेहूँ का रंग! और देह की बनावट जैसे एडम की फिनिश्ड प्रतिमा! आवाज़ जो यकीन पैदा करती है और चेहरा जिस पर पानी है; और ये कुल व्यक्तित्व एक चुम्बकीय आकर्षण में लिपटा हुआ। वो सिर्फ़ अपने दिखने में ही नहीं, अपने होने में भी लाजवाब है। उसके उठने–बैठने के सलीके, अदब–लिहाज़, पुरतकल्लुफी और भाषा पर ग़ज़ब का अधिकार, इतना कि अंग्रेज़ी, हिन्दी और गुलाबी उर्दू के नुक्तों–हलन्तों की सतर्कता–सहजता से आप उसे किसी महानगरीय कुलीन परिवार का युवक ही मानेंगे; पर जब उसके परिवार से मिला, मैं

ख़ूब-ख़ूब चौंका। उसकी पत्नी कणिका, दोनों बेटे यशवर्द्धन और हर्षवर्द्धन, वे सभी हाल में किसी गाँव से आए दिख रहे थे और वे दोनों तरुण बेटे—जो हाल ही में हुई अपने दादी की गमी और उससे कुछ पहले हुए दादा के स्वर्गवास की बातें ही ज़्यादा कर रहे थे—किसी भी रुख से उस युवापुरुष के बेटे हो ही नहीं सकते थे अलबत्ता उस अधेड़-सी युवती को मैंने राज की बीवी यों मान लिया क्योंकि वो मुझे जेठ जैसा कुछ होने का प्रशान्त गुरुत्व प्रदान करती आड़-पर्दा कर रही थी जैसे कि उसने चाय-नाश्ता बेटों के हाथों ही भिजवाया था और लिहाज़ में रसोई के द्वार की ओट ही बैठी रही थी जबकि राजवीर मेरी भौचक मुखमुद्रा पर ठहाका लगा रहा था,

"दोस्त, ये मेरी ही फेमिली है!"

फिर एक दिन कभी उसने बताया, "एक्चुअली अरुण, मैं राजस्थान के ऐसे दूर-देहात का रहनेवाला हूँ जहाँ कमउम्र में ही बच्चे ब्याह दिए जाते हैं फिर मैं तो अपने घर का इकलौता ही था सो ज्यों ही पन्द्रह का हुआ, माँ-पिता ने पास गाँव की एक चौदह साला छोरी से फेरे पड़वा दिए। अगला बरस ख़त्म होते-होते मैं एक बेटे का बाप हो गया और दो बरस बाद एक और बेटे का। अब यशवर्द्धन-हर्षवर्द्धन सोलह और चौदह के हैं और मैं बत्तीस का।"

"पर तुम बत्तीस के नहीं दिखते यार! बिल्कुल नहीं!! तुम तो..."

"पच्चीस का दिखता हूँ, यही ना! हैंडसम बने रहने के लिए ही तो फौज में हूँ!"

वो गुलाब के पूरे खिले फूल की-सी मोहकता लिए हँसा; पर मैं सोच में पड़ा रहा। क्या राज नारसिज़्म का शिकार है? क्यों उसका परिवार किफ़ायती गँवई ज़िन्दगी जीता है जबकि वो उन कुलीनतमों से प्रतिस्पर्धा में है जो अपने जूतों पर धूल नहीं चढ़ने देते? उसके जींस, टी-शर्ट्स, घड़ियाँ, बेल्ट, रूमाल तक ब्राण्डेड!...बाल हर वक़्त सँवरे हुए!...कपड़े सदा इस्त्रीशुदा!...चेहरे के भावों तक में सजावटीपन!...और प्रस्तुतीकरण का ये कुल चौकन्नापन इतना सहज, इतना पुराना-सा कि मुझे लगा, इस युवक ने अपने जीवन में समस्त जो कमाया है,...एक शानदार व्यक्तित्व!!

और मैं अरुण सिंह; राज से दो-एक साल भर बड़ा पर हल्की तोंद, नाटे कद और पक्के रंग का निहायत आमसूरत आदमी। राज जब भी मुझे कॉलोनी में देखता, आकर बातें करने लगता और तब मैं सोचता, ख़ूबसूरत लोग सदा ही कम सुन्दरों की सोहबत चाहते हैं ताकि बेहतर-कमतर की तुलनात्मकता अनअन्तिम रहे और वे अधिक अधिक सुन्दर घोषित हों। बहरहाल, उसकी पसन्दगी की दरअसल वजहें तो मैंने खोजी नहीं अलबत्ता मेरे मन में सदा एक ही शब्दावली गूँजती,....फ़ौजी कैन्टीन!...सस्ता सामान!...और मुंशी बच्चों के हाथोंवाले चिप्स पैकेट्स की कम्पनी!

यों चार-छह चायों के बाद ही मैं उसे कैंटीन के बाबत ज़रूर पूछ लेना चाहता था पर हो ये रहा था कि जब भी वो जाते-आते मिलता, मैं हर बार तय करता और

हर बार झिझक जाता; हमारी मित्रता अभी इतनी गहरी कहाँ हुई है! फिर शराब वो पीता नहीं, गोश्त छूता नहीं वर्ना इन दो दीनी नेमतों में तो वो इन्कलाबी ताक़त है कि एक बैठक में घोर दुश्मन भी सगा दोस्त हो जाए। बहरहाल, उस शुद्ध शाकाहारी वैष्णव नौजवान से अपनी चिरअपेक्षित कैंटीन कामना व्यक्त करने से पहले मैंने किया ये कि (जैसा उसने एक रोज़ बातों-बातों में बताया था कि उसे लांग ड्राइव पर जाना इंतेहा पसन्द है।) छुट्टी के दिन की उस ठंडी अलसुबह जब मुझे दूसरे शहर जाना था और जिस यात्रा में एक दिन भर—मुँह अंधेरे से देर शाम तक—का वक़्त भर लगना था, मैंने राजवीर से पिछली शाम पूछा था और तरुणों की तरह मनपसन्द एडवेंचर के आमंत्रण पर उसने 'हाँ' कर दी थी।

नवम्बर की अंधेरी कोहरा सुबह में, मैंने उसके दरवाज़े के आगे हार्न बजाया ही था और वक़्त पाबन्द राज सजाधजा तुरन्त बाहर आ गया। हम चल पड़े मित्रता के नए सफ़र पर...उँगलियों के नर्म स्पर्श-सी रोमांचकारी ठंड थी। हवा ओस में नहा रही थी जबकि कार के प्लेयर में घूमती एक सीडी से महान जगजीत सिंह की पुरसुकून आवाज़ आ रही थी—

होश वालों को ख़बर क्या बेख़ुदी क्या चीज़ है ऽ
इश्क कीजे फिर समझिए ज़िन्दगी क्या चीज़ है ऽ

और ग़ज़ल की आवेगमयी लयात्मकता के प्रवाह में मैंने परिचय की दैनिकता से परे एक प्रश्न कर लिया,

"राज, तुम कभी प्रेम में पड़े हो?"

"प्रेम नहीं, प्रेमों में पड़ा हूँ!"

वो खिलखिला कर हँस दिया...सर्दी की धूप-सी प्यारी हँसी!

"तुम इतने ख़ूबसूरत हो; लड़कियाँ तो तुम्हें प्यार करेंगी ही!"

"नहीं अरुण, उल्टा है; लड़कियों से मैं प्यार करता हूँ इसीलिए ख़ूबसूरत हूँ।"

हँसने की बारी अब मेरी थी और वो जैसे सफ़ाई देने लगा,

"एक्चुअली, जब हम किसी ख़ूबसूरत से प्यार करने लगते हैं तो उसकी सुन्दरता की अदृश्य महक हम में भी आ मिलती है और सदा-सदा को हमारी महीन रेखाओं में रच जाती है। अपनी उम्र के अब तक के सालों में, मैंने बहुत-बहुत लड़कियों को जिया है और उन ख़ूबसूरतों से प्यार की प्रक्रिया में, जाने कब मैं ख़ुद भी इतना ख़ूबसूरत हो गया! अब आईना देखता हूँ तो अजनबी जान पड़ता हूँ,—एक ख़ूबसूरत अजनबी!"

"तो अब तक कितने प्रेमों में पड़े हो?"

"ऊँअअ, तक़रीबन एक सौ पचास।"

"व्हाट???"—और मैं इंतेहा ग़ैरयक़ीनी में गाड़ी का सन्तुलन खोते-खोते बचा।

"यक़ीन नहीं होता ना!"—वो फिर हँसा...खिल! ख़िल! खिल!

"अगर डेढ़ सौ बार हुआ तो शायद उसमें से एक भी प्यार नहीं रहा होगा मेरे प्यारे कैसानोवा।"

मेरी बात पर वो मुस्कुराया,

"नहीं, ऐसा एकदम नहीं है। उनमें से हर एक प्यार था,....ख़ालिस प्यार! जब जो आई, दिल की रानी बनकर रही और जब गई, मेरा रोम-रोम जीकर गई। तुम यक़ीन न करो शायद, उनमें से हरेक को मैंने इतना चाहा कि सदा स्वयं से मुक्त रखा। वे सब-की-सब, उनमें से कोई एक भी यह नहीं कह सकती कि मैं बुरा था!"

"तुम्हें सब-की-सब याद हैं?"

"बिल्कुल नहीं!"—वो जैसे ख़ुद के साथ हँसा फिर अपनेआप से ही बोला, "पर उनमें से हरेक का स्पर्श मुझे याद है,...गहरा,...कम्पित,...गर्म,...बर्फ़...या झंझावाती!...हर एक प्रेमिका अपने चेहरे नहीं छुअन से दर्ज़ है दिल में।"

राह में हिल व्यू नाम के एक गँवई रेस्तराँ पर हम चाय के लिए रुके। ढाबे वाला जागा-जागा ही था और सुबह इतनी हो चुकी थी कि कोहरा अपनी दूधिया चमक में हंस के परों-सा उज्जवल दिखने लगा था।

हम ढाबे के बाहर बैठे; धरती पर बिछी सौंधी धूल के ऊपर संगमरमरी मेज़ के इर्द-गिर्द बर्फ़ हो चुकी प्लास्टिक कुर्सियों पर। अँगड़ाई लेती तन्द्रिल नागकन्या-सी मोहक सर्पिल सड़क की अनबूझी दूरियों के इस किनारे विंध्याचल पहाड़ों के धुँधले मसीहाई चेहरे थे। उस किनारे शोख़ हरे जंगल का बाँका सौन्दर्य और इस अनिद्य आदिसुन्दरी प्रकृति की गोद में नन्हे शिशु-सा दिख रहा था वो एकाकी ढाबा जिसकी ओस नहाई धातुई छत सुबह के सितारे-सी चमक रही थी। छोटी दीवारों के चटख नीले, क़िरमिज़ी और गाय के ताज़े दूध जैसे कच्चे पीले रंग सृष्टि-कैनवास पर किसी बच्चे की जतन से बनाई पेंटिंग-से दिख रहे थे।

धुआँते पारदर्शी गिलासों को हथेलियों में दाबे चाय की मीठी चुस्कियों के बीच मैंने कार में छूटी बातों का सिरा गहरी दिलचस्पी से जोड़ा,

"राज, तुम्हारी ज़िन्दगी में आई सबसे ख़ूबसूरत लड़की कौन थी?"

"वे सब अपनी-अपनी तरह से अद्वितीय थीं।"

"तो भी?"

"अँअ,...तो नाम लूँगा माही का। वो लड़की इतनी सुन्दर थी, इतनी नर्म और निर्दोष जैसे खरगोश का अबोध बच्चा! एक दफ़ा मैंने उसकी कलाई ज़रा ताकत से पकड़ ली थी और जब छोड़ी, इतनी सुर्ख़ी उतर आई थी जैसे ख़ून छलछला आया हो; और जब वो शरमाती थी ना अरुण, उसके मलाई-से गालों पर गाढ़ेपन की शोख़ी झलकने लगती थी!" राज का चेहरा प्रेम के गाढ़ेपन से शोख़ होने लगा।

"उसकी इतनी तारीफ़ मत करो दोस्त वर्ना तुम्हारी एक्स गर्लफ्रेंड से मुझे प्यार

हो गया ही समझो।''

हम कॉलेज के लड़कों की तरह ऊँची आवाज़ में हँसे।

''अच्छा ये बताओ, वो तुम्हें मिली कहाँ थी?''

''मेरे अफ़सर की बेटी थी। काम के सिलसिले में, मेरा उनके घर आना-जाना होता ही था और जिस दिन मेरी नज़र आसमान से निष्कासित परी जैसी उस लड़की पर पड़ी; मैं उस घर के छोटे-बड़े, कहे-अनकहे सब काम करने लगा, अपने सर्वश्रेष्ठ प्रयासों के साथ। एक तरह से मैं उस परिवार का बिन पगार का ग़ुलाम हो गया था।'' वो दुष्टता से मुस्कुराया।

''फिर?''

''कितना मज़ा आ रहा है ना तुमको सुनने में!''

उसने चुटकी ली। मैं झेंपकर सफाई देने जैसी मुद्रा में आ गया; पर इसकी ख़ास ज़रूरत नही पड़ी; राज गिलास के किनारे को होठों पर भूलकर अपने भीतर निकल गया,...इतने भीतर की माही मुझे भी नज़र आने लगी।

''तुमने उसे पटाया कैसे?''...पूछते पूछते मुझे अपने जीवन की सब दिलपसन्द लड़कियाँ याद आने लगीं जिनमें से एक को भी मैं मना नहीं सका था और घरवालों ने जो पहली लड़की दिखाई, वही आज मेरी पत्नी है।

''गुरु, लड़की पटाना भी एक कला है। इसमें हुनरमंदी, क़ाबिलियत, कुछ रुपयों की ज़रूरत तो अमूमन पड़ती ही है पर इन सबसे ज़रूरी है प्यार का वाकई प्यार होना! दिखावटी मुहब्बतों को लड़कियाँ इतनी जल्दी पहचान लेती हैं जैसे हिंसक पशु की गंध को चिड़ियाँ दूर से ही जान जाती हैं।''—उसकी आवाज़ में अनुभव की असीम गुरुता उतरने लगी,

''बातों से, बॉडी लैंग्वेज़ से, गिफ़्ट्स, अटेंशन और घोर शराफ़त से भी आगे बढ़कर लड़की दिल सिर्फ़ तभी देती है जब वो ये जान जाती है कि आपके दिल में उसके लिए सिर्फ़ प्यार ही नहीं इज़्ज़त भी है। अक्सर ही ये फार्मूला इतना कारगर होता है कि लड़की के सामने अदब-लिहाज वाले सब शिष्टाचारों का पालन करने भर से उसे हासिल किया जा सकता है।''

''जैसे?''

''जैसे उसके आने पर खड़े हो जाना, उसकी मामूली बातों को भी पूरी दिलचस्पी से सुनना और 'लेडीज़ फर्स्ट' की शिष्टतायें निभाना और हाँ, तारीफ़—जो सच्ची सी लगे—तो ज़रूर-ज़रूर करना ही चांहिए। वैसे तारीफ़ चाहे झूठी भी लगे, असर सच्चा ही छोड़ती है।''

''वाकई?''

''एक सौ पचास दफ़ा वाकई!''—वो विजेता वाले आत्मविश्वास में था,

''हम हिन्दुस्तानी अपनी औरतों को बस इज़्ज़त ही नहीं देना जानते और यही

है जो हर औरत चाहती है,...अपने होने की गरिमा का सम्मान! हम उन्हें सिर्फ इसलिए चाहते हैं क्योंकि हम उन्हें चाहना चाहते हैं; ख़ुश रखते हैं तो सिर्फ इसलिए क्योंकि ऐसा करने में हमें ख़ुशी मिलती है। दरअसल हम उनके माध्यम से अपनेआप को प्यार करते हैं। ऐसा मेरा एक दोस्त था—निमिष! उसने पूरे आठ सालों तक एक लड़की को इंतेहा प्यार किया फिर भी उसे कतई हासिल नहीं कर पाया; सिर्फ इसलिए क्योंकि वो उस लड़की को नहीं बल्कि उस लड़की को अपने आप के लिए चाहता रहा।''

''अरे! क्या सच में?''—मैं अपनी चाय का आख़िरी सिप भूल गया।

और फिर कार की गति मैंने जब दबाई, हम दोनों ही निमिष को जी रहे थे।

''बात तब की है जब मैं और निमिष बारहवीं में पढ़ते थे। हमारे स्कूल में दसवीं क्लास में एक नई लड़की आई थी, जयश्री, जिसे हमने पहली बार देखा सालाना फंक्शन में। एक गीत पर वो मोरनी की तरह नाची थी। कौन-सा तो था वो गाना...!'' —एक पल को राज के माथे पर स्मृति की शिकन थी और अगले ही पल एक याद उसके होठों से गुनगुनाने लगी,

''मोरनी बागा मा बोले आधी रात मा
खनन खनं चूड़ियाँ खनक गयीं देख साहिबा
चूड़ियाँ खनक गयीं हाथ माऽ

उस मोरनी के इन्द्रनील परों ने वर्षानृत्य की कम्पन के बीच तकरीबन सब तरुण दिलों पर बिजलियाँ गिरायीं; थोड़ा तो मैं भी घायल हुआ ही था पर निमिष? वो तो उसे पाने को पागल हो गया! घण्टों उसके घर के सामने छुपा खड़ा रहता, ख़त लिखता, फूल भेजता, किसी न किसी बहाने उसकी चलती क्लास में पहुँच जाने का उसका दुस्साहस भी देखा मैंने!''

''फिर?''—मैं जैसे गाड़ी चलाना भूलकर कहानी सुनने लगा।

''फिर उन शुरुआती दिनों में जब वो जयश्री के प्यार में हम दोस्त-यारों को भूल नहीं गया था, मैं कई दफ़ा उसके साथ सँकरी-एकाकी गलियों में देर-देर तक खड़ा रहा जहाँ से जयश्री ट्यूशन जाती थी।''

''तो उस लड़की पर कुछ असर पड़ा इस दीवानगी का?''

''शुरू-शुरू दिनों में तो सबको-मुझको भी यही लग रहा था, इतने प्यार से तो ये कमबख़्त, ईश्वर को भी पटा सकता है, लेकिन दोस्त,...ईश्वर का होना और ईश्वर को चाहना दो अलग-अलग अवधारणायें हैं। प्यार जब तक देता है प्यार रहता है, जब पाने पर उतर आता है तो घृणा हो जाता है। घृणा भी तो प्यार का ही एक रूप है ना!''

''मैं समझा नहीं।''—मैं वाकई नहीं समझा था।

''पहले-पहले तो उस मोरनी-सी ख़ूबसूरत लड़की जयश्री का चेहरा निमिष के

दीवानेपन से अभिभूत दिखता था, भले ही वो हर अदा से इन स्वीकृतियों को नकारती ही थी; और निमिष को हम सब दोस्त भी यही कहते रहे कि प्रेमिका तब ही प्रेमिका होना कुबूलती है जब प्रेमी का कलेजा निकलवा कर हथेली पर रख लेती है! यों हम सब उसे दिलासे-पे-दिलासे देते रहे कि लड़की की अनझिप आँखें, बेमुस्कुराये होंठ, भावहीन हो-हो जाता चेहरा—सब इसी ज़िद में हैं कि वो हमारे यार की मोहब्बत कुबूल ले।''

''तो प्रॉब्लम क्या हो गई थी?''

''ये कि निमिष प्यार की ग़लत गलियों में भटक गया और अपने प्यार का रास्ता पाने से पहले ही खो बैठा; वो लड़की अभिभूत होते-होते यकायक डरने लगी,...जब निमिष उसे ख़ून से ख़त लिखने लगा,...भरी सड़क पर उसकी कलाई पकड़ने लगा,...सीने पर छुरी की नोक से उसका नाम उकेरने लगा,...और एक दफ़ा तो वो पट्ठा सीधा उसके घर जा पहुँचा उससे मिलने और उसके गुण्डे भाईयों के सामने कह गया कि जयश्री उसकी ज़िन्दगी है!''

''तो फिर?''

''फिर वही यार जो तुम सोच रहे हो। लड़की के भाईयों ने उसे इतना पीटा, इतना पीटा कि जब वे से हमारी सड़क पर लहूलुहान फेंक गए, सबको लगा वो मर चुका है।''

''तो फिर उसने उस लड़की का पीछा छोड़ दिया?''

''इतना नार्मल आशिक होता तो वो उसे मिल ही न जाती!''

''फिर क्या हुआ?''

''फिर उस लड़की के पापा का ट्रांसफर हो गया और वो परिवार उस कस्बे से चला गया जहाँ हॉस्टल में रहकर पढ़ते थे और उसके बाद निमिष—जैसा कि मैं वहाँ से आने के बाद भी उसके बारे में दूसरों से सुनता रहा क्योंकि तब तक वो अपने उन्मादी प्यार में बाकी सब रिश्ते-सम्पर्क-मित्रतायें भूल चुका था—हर उस शहर गया जहाँ-जहाँ वो लड़की रही और पूरे आठ साल वो पागलों की तरह उसके लिए भटका, रोया, शराबी बन गया और सुबह-सुबह तक धूल भरी सड़कों पर नशे में बेसुध पाया गया और एक दिन अचानक...''—राज उदासीन नागकन्या-सी सड़क की अबूझ धुन्ध की ओर देखता चुप हो गया।

''अचानक क्या?'' मैंने दम साध लिया। मन-ही-मन प्रार्थना कर रहा था, काश! निमिष ने आत्महत्या न की हो!

''अचानक वो इस एकांगी प्रेम से मुक्त हो गया दिखा। उसने माँ-पिता की मर्ज़ी से शादी कर ली और अपने पुश्तैनी व्यापार में ऐसी सरलता से रच गया जैसे जयश्री नाम के किसी जलजले को उसने आठ साल जिया क्या, देखा भी न हो! सबको यही लगा कि वो सहसा ही किसी एक पल में जयश्री नाम की ज़िन्दगी से

मुक्त हो गया है लेकिन जब वो एक बेटी का पिता बना, पता है उसने अपनी बच्ची का नाम क्या रखा?''

''जयश्री?''

''बिल्कुल; और अब कभी पुराने दोस्तों से कहीं मिल जाता है तो अपने उस पागलपन का ख़ुद ही ज़िक्र छेड़ देता है और हँसने लगता है पर उसकी वो ऊँची दिखावटी हँसी इतनी मार्मिक होती है, चेहरा इतना करुण कि देखा नहीं जाता!''—राज आँखों का पानी रोकने-छिपाने के प्रयासों में खिड़की के पार शोख जंगल की अज्ञात भटकन देखने लगा।

''तुम कुछ भी कहो, निमिष ने बहुत प्यार किया उस लड़की को।''

''नहीं अरुण! निमिष बस यही नहीं कर पाया; आज भी वो उस प्रेम का ज़िक्र करता है तो सिर्फ और सिर्फ अपनी शहादतों की बातें करता रहता है। इतना 'अपना-अपना' करने वाला तो कभी किसी से प्यार कर ही नहीं सकता! प्यार का मज़ा तो तब है यार, जब हम हम न रहें, वो हो जायें,...वो जो हमारा प्यार हो! जब हमें ख़ुद को अपनी प्रेमिका के नाम से पुकारने का दिल चाहने लगे, समझना चाहिए कि हम प्यार मे हैं। जब माही मेरी ज़िन्दगी में थी, मुझे लगता था वो भी माही है, मैं भी माही हूँ; और जब-जब मैंने उसे बाँहों में भरकर प्यार किया, लगा जैसे, जैसे अपने ही स्त्री संस्करण को प्यार कर रहा हूँ जैसे वो माही नहीं, राज का विस्तार है। इस तरह इस प्यार में जब वो होती थी, हम दोनों में वो होती थी और जब मैं होता था, दोनों में मैं ही होता था...वो और मैं, किसी एक ईश्वर के दो हिस्से हो गए थे!''

''बाप रे! ऐसा प्यार! अच्छा ये बता, तूने उसे अकेले में कितनी बार प्यार किया?''

''शायद आठ या शायद दस बार। हाअऽ!''—उसने दिल के आरपार जाती आह भरी—''और वे आठों-दसों रातें ज़िन्दगी की सबसे ख़ूबसूरत रातों में शुमार हैं।''

''तुम लोग रात में मिलते थे? डर नहीं लगता था?''

''लगता था यार, बहुत लगता था, कोर्ट मार्शल का भी और उसके बाप की गोली का भी; पर ये डर भी तब इतना अद्भुत था!''—वो रोमांच से ख़ुश हो-होकर बता रहा था।

''बच्चू, अगर उसके फौजी बाप को सच में पता चल जाता तो आज ये सब बताने को तुम बचे न होते!''

''छोड़ यार! लड़कियों के बाप उतने भी खूंखार नहीं होते जितना हम उन्हें मान बैठते हैं।''

''बच्चे, तुम किसी के हत्थे नहीं चढ़े ना इसलिए ये कह पा रहे हो।''—जबकि मैं ये कह रहा था; मुझे याद आ रही थी वो घटना जब स्कूली दिनों में मैंने एक

जूनियर लड़की को पहले प्यार की आख़िरी चिट्ठी लिखी थी और अगले दिन उसके पापा ने मुझे प्रिंसिपल ऑफिस में बुलाकर जो लताड़ा था,...तौबा!!

"नहीं यार, ऐसा नहीं है, एक बार तो मेरी एक गर्लफ्रेंड के बाप की गोली पर मेरा नाम लिख ही जाना चाहिए था; पर मैं पूरे मामले से साबुत-का-साबुत बच निकला। तभी तो कह रहा हूँ, लड़कियों के बाप नरभक्षक सम्राट नहीं होते जो हमें फाड़कर दो कर दें बल्कि वे तो निरीह रक्षक-चरवाहे होते हैं जो अपनी मेमनों-सी बच्चियों को इस-उस आदमखोर की सीमा से बचा लाने को तमाम उम्र जूझते हैं।"

"तो माही के पापा को पता चल गया था?"

"नहीं यार, वो लोग तो छह महीने बाद मुझ पर निहाल-निहाल और मुझे 'बेटा-बेटा' कहते-दुलारते दूसरी पोस्टिंग पर चले गए और मैंने भी सामान बाँधती रुआँसी माही को गले लगाकर विदा किया। मैंने उसके माथे को चूमकर कहा था—ख़ुश रहना बाबू!"—वो एक पल को बुझ-सा गया फिर जैसे कुछ याद करके अगले ही पल रोशन हो गया, "अरे, यहाँ तो मैं अपनी ज्योत्सना जान की बात कर रहा हूँ।...या क्या पता किसी और की...हा हा हा!"

"ज्योत्सना!...कैसी लड़की थी?"

"क्या बताऊँ यार! अँधेरे में बैठा दो तो उजाला-सा लगने लगे; इतनी कमाल थी वो, जैसे....जैसे ख़ुदा की कोई नेमत!...वो अफ़ेयर बमुश्किल ढाई महीने चला और बस एक ही रात मैं उसे छू पाया।"

"अरे! क्यों?"

"सब मेरी ही ग़लती थी; उस रात मुझसे बिल्कुल क़ाबू नहीं हुआ तब जबकि उसका बाप हम दोनों के ठीक बगल में सो...नहीं! नहीं!...सोने का स्वांग करता रहा, रात भर!"

"क्या बात करते हो?"—गाड़ी किनारे के दरख़्त से टकराते-टकराते बची। मैंने गति पर नियंत्रण किया जबकि राज एक ग्लानि की रौ में था,

"उसका बाप सूबेदार रंजीत हमारी कम्पनी का नहीं था तो भी मैंने उससे गहरी दोस्ती कर ली थी और पारिवारिक पलों में, उसे 'रंजीत भाईसाहब' कहने लगा था और वो मेरा सो कॉल्ड भाईसाहब इस क़दर शराबी था कि चार-छह रम-बकार्डी में ही इतना पक्का यार बन गया कि एक रात जबकि उसकी बीवी गाँव किसी ब्याह में गई थी वो मेरे न्यौते पर अपनी सत्रह साल की ज्योत्सना को लिए मेरे घर रात बसने आ गया।

"फिर?"—मैं सामने आसमान से उतरती कमउम्र धूप पर नज़र जमाते हुए पूछ रहा था।

"उस रात मैंने उसे बेतरह कॉकटेल पिलाई। इतनी-इतनी शराब कि वो बिना कुछ खाये पीते-पीते वहीं सो गया, बैठक में।"

"और तुम्हारी ज्योत्सना?"

"उसे भीतर बेडरूम मे कणिका के साथ सोना था; पर जैसा तय था मैंने अपनी पत्नी के खाने में नींद की गोलियाँ मिला दीं और तसल्ली करने के लिए उसके लाख ना-ना करने पर भी पूरा खाना अपने हाथों से उसे खिलाया।"

"फिर?"

अब चारों ओर नवम्बर की प्रभाती धूप फैली थी, किसी लड़की के सुंदर चेहरे जैसी कोमल! सुखद!

"तीन ही कमरों का घर था मेरा। एक में बच्चे सो रहे थे, दूसरे में बीवी। तीसरे यानी बैठक में ज्योत्सना का शराबी बाप,...बिल्कुल कसम खाकर कहता हूँ अरुण, उन उन्मादी पलों में एक बार भी ये नहीं सूझा कि रसोई में चले जायें या फिर बाथरूम में। या यों कह लो कि कड़ाके के उन जाड़ों में रजाई का लोभ छोड़ा न गया वर्ना उस बेचारे, सयानी बेटी के बाप को मैं उस पूरी रात की नरक-यातना से ज़रूर-ज़रूर बचा लेता। अब सोचता हूँ,...काश! मैं उसकी लड़की के प्यार में ही न पड़ता!"

"हुआ क्या था?"

गहराती धूप में दौड़ती कार का संतुलन साधने पर ध्यान रखते हुए मैंने पूछा। मसीहाई पहाड़ों और पुकारते जंगलों से आगे अब हम गँवई आदिम बस्ती से गुज़र रहे थे।

"मैंने कहा ना कि उसके बाप को मैंने बेतरह शराब पिलाई थी और वो वहीं सो गया था, तब मुझे लगा था कि उसे इतनी चढ़ गई है कि कम-से-कम दो दिन बेहोश सोयेगा,...और बस यही मुझसे चूक हो गई! तब मैं नहीं जानता था—बाद में किसी ने बताया—कि रोज़ नशा करने वालों को नशा कभी बेहोश नहीं करता।"

"तो क्या तुम दोनों रात भर उसी कमरे में... ?"—न जाने मैंने वाकई शरारती आवाज़ में पूछा था, न जाने उसे शरमाना ही था; उसकी आँखों में ज्योत्सना शरमाने लगी।

"मैंने उस चाँदनी लड़की को सुबह होने-होने तक प्यार किया। उसके रोम-रोम में ऐसा उत्तेजक सुकून था, इंच-इंच में ऐसा कोरा सुख कि मैं सुध खोकर उसे प्यार करता रहा और उसे देखकर तो ऐसा लग रहा था जैसे मेरी बाँहों में उसे मौत का आनंद मिल रहा हो।...शुरू में हमने भरसक़ कोशिश की कि साँसों की आवाज़ें तक रजाई से बाहर न निकले पर घंटे-दो घंटे बाद हमने यह देखते हुए कि रंजीत भाईसाहब मुर्दे की तरह दीवार से औंधे सटे सोये हैं तो हम इतने निश्चिन्त हो गये कि अपने व्यग्र प्यार के बीच फुसफुसाकर उद्दाम बातें करते रहे और जब सुबह होने को आई, वो रोशनी मेरी, अपनेआप को व्यवस्थित करती भीतरी बेडरूम में कणिका के पास जा सोई। मैंने एक नज़र सोये पड़े फौजी पर डाली और एक पल को

अस्पष्ट-सा विचार कौंधा कि पूरी रात से अब तक उसकी निष्क्रियता इतनी स्पष्ट है कि साँसों के उतार-चढ़ाव की सहज आवाज़ तक सुनाई नहीं दे रही। बहरहाल, मैं थकान से इस कदर चकनाचूर था कि बिस्तर पर पड़ते ही गहरी नींद सो गया।''

''फिर?'' कंपित हृदय से मैंने पूछा।

''फिर जब, शायद ज़रा देर बाद ही पत्नी मुझे झिंझोड़कर जगाने लगी। अनन्त वासना की उस रात की खुमारी से बाहर आना तब मेरे लिए कतई असम्भव था। पत्नी की आवाज़ किसी दूसरे विश्व से आती जान पड़ रही थी। मैं नींद में सुन रहा था,—अब उठिए भी! कब से जगा रही हूँ। देखिए, रंजीत भाईसाहब और ज्योत्सना यों अचानक इत्ते सबेरे-सबेरे जा रहे हैं। चाय पीने को तक नहीं रुक रहे। मैं तो ऐसी सोई; न जाने क्या बात हो गई बाप-बेटी में? भाईसाहब का चेहरा सुर्ख हो रहा है और ज्योत्सना इत्ती डरी हुई दिख रही है!''

एक सेकेंड में मेरी नींद हवा हो गई। कपड़े पहनता-पहनता बाहर को दौड़ा तो क्या देखता हूँ कि रंजीत भाईसाहब मोटरसाईकिल स्टार्ट कर रहे हैं और उनके पीछे कैरियर पकड़े बैठी मेरी ज्योत्सना, मेरी चाँदनी सूखे पत्ते की तरह काँप रही है। मुझे देखा तो रंजीत भाईसाहब के चेहरे पर ऐसा भाव आया जैसे अपने आपको उस फ़ौजी वर्दी के भीतर पूरी ताक़त से क़ाबू में कर रखा हो। इधर-उधर गुज़रते फ़ौजियों की ओर देखते हुए जलती आवाज़ और भरसक नीचे स्वर में बस इतना कह पाए,

''ये तूने ठीक नहीं किया राजवीर!''

मैं सफ़ेद पड़ गया; लगा, बस गिनती की साँसें बची हैं; पर दो पल के मारक मौन के बाद जब उनकी मोटरसाईकिल हवा हो गई,...और दूर जाती ज्योत्सना अंततः धूप में खो गई। मैं पलटा और सोचने लगा, पत्नी के अनगिनत सवालों के क्या जवाब दूँगा।''

''क्या वाकई ये सब इतना ही आसान रहा था?''—सपाट रास्ते पर सरल ड्राइविंग करते हुए मैंने पूछा।

''हाँ बिल्कुल! हालाँकि तब मैं इतना डर गया था कि तीन दिनों तक घर से नहीं निकला था। अस्वस्थता के बहाने मुँह लपेटे लेटा रहा; भूख, नींद, चैन सब एकदम से ग़ायब हो गए थे। दिल रह-रहकर धड़कता था और मारे डर के हथेलियों में रिरकन महसूस होने लगती थी; लेकिन जब तीसरे दिन भी रंजीत भाईसाहब की तरफ़ से कोई प्रतिक्रिया नहीं मिली, मैं जान गया वे इस पूरी बात को कतई सार्वजनिक नहीं होने देना चाहते क्योंकि तब पहली उँगली उन पर ही उठेगी कि अपनी जवान बेटी के साथ दूसरी कम्पनी के फौजी के घर रात रुकने वे आखिर गए ही क्यों थे?''

''फिर तुम कभी नहीं मिले अपने उन रंजीत भाईसाहब से?''

"एक दफ़ा वे कैंटीन में दिखे थे, मैं तुरन्त इधर-उधर हो गया और अगले महीने तो कैसे भी करके मैंने अपनी पोस्टिंग बदलवा ही ली थी।...मतलब यहाँ करवा ली।"

"बाप रे!"

मैंने घोर आश्चर्य की साँस ली और एक कस्बाती बाज़ार में कार रोक दी। अपने लिए एक गुमठी पर पान लगवाया। राजवीर सुपारी तक नहीं खाता, मैं जानता था तो भी पूछने भर के लिए मैंने पूछा,

"पान लोगे?"

"नहीं तुम्हें तो पता है मैं..."

"अरे पान थोड़े ही नशा है। एक मीठा पान खाकर तो देखो।"

"नहीं बस तुम लो।"

"तुम्हारी कोई गर्लफ्रेंड खाती थी?"

"एक खाती थी; शादीशुदा थी।"

"शादीशुदा!! तुम तो उस्ताद हो यार!"

"नहीं, उस्ताद मैं नहीं वो थी। डॉली नाम था उसका। सूबेदार शिवशरण की कमउम्र पत्नी थी वो, दूसरे ब्याह की। उम्र में ठीक बारह साल छोटी।"

"ऐसे बेमेल ब्याह-रिश्तों का यही हश्र होता है। मर्यादा के नाम पर जिबह की गई बकरी-सी लड़की बाद में न सिर्फ अपने पति से बल्कि पूरी सामाजिक व्यवस्था से आत्महंता हो जाने की तरह बदला लेती है, विवाहेतर सम्बन्ध-दर-सम्बन्ध बनाकर।"

"नहीं ऐसा नहीं था; वो सच्चे प्यार में थी।"

"और तुम?"

हम लोग अपनी कार की ओर लौट चले।

"नहीं, वो मुझसे प्यार नहीं करती थी। हाऽह! वो भाग्यशाली कोई और था जिसे डॉली शादी के पहले से चाहती रही थी और बाद में उसी के साथ भाग गई,...उसके लिए मैं बस ज़रिया था।"

"सच? ऐसा भी होता है?"

कार का दरवाज़ा खोलता मैं ठिठक गया फिर अपनेआप में लौटा; कल देर रात तक के काम, आज अलसुबह से शुरू सफ़र और ठंडी हवा-तेज़ धूप के कॉकटेल मौसम में बदन पर चढ़ती हरारत-सी,...मैंने कार की चाबी उसे दे दी और पैसेन्जर सीट को पीछे कर अधलेटा हो गया। राजवीर ने एक्सीलेटर पर वज़न दिया और एक नई कहानी को गति दी,

"डॉली ने पहले प्रपोज़ किया था मुझे; फिर हम लगभग रोज़ ही छुप-छुपकर मिलने लगे। उसका पति जब घर पर नहीं होता, हम बेचैन-हड़बड़ाते प्यार करते।

उफ्! क्या आग थी उसमें! लाख प्यार करो, दिल भरता ही नहीं था!''

''अगर वो इतना ख़तरा उठाकर तुमसे प्यार करती थी तो फिर किसी और के साथ... ?''

''नहीं, तब मुझे पता नहीं था। अब सोचता हूँ तो उस महान लड़की के पैर छूने को दिल चाहता है; उसने एक नौजवान को इतना-इतना चाहा कि उसे पाने के लिए मुझ जैसे ज़रिये को पूरे एक महीने तक हर दोपहर अपना बदन भोगने देती रही! कितना सख़्त दिल-गुर्दा होगा उसका, कैसे सहा होगा उसने ? और चेहरे पे मुस्कान, छुअन में उत्तेजना कहाँ से लाई होगी वो ? उसे प्यार करते मुझे एक पल को महसूस नहीं हुआ कि इसी वक़्त में वो किसी और को भी प्यार कर सकती है!''

''तो इस बार तुमने नहीं, किसी और ने तुम्हें इस्तेमाल कर लिया ?''

आँखें मूँदे-मूँदे मैं हँसा और कल्पना करने लगा, कैसी दिखती होगी अधेड़ पति की वो कमसिन, दृढ़ प्रतिज्ञ डॉली।

''इस्तेमाल मैंने कभी किसी को नहीं किया दोस्त; मैंने उनमें से हरेक से सच्चा प्यार किया, उस डॉली से भी जो किसी और को पाने के लिए मुझसे होकर गुज़री थी।''

''मुझे बिल्कुल यक़ीन नहीं होता तुम्हारी बात पर राज!''

''तुम भले आदमी हो अरुण; तुम्हें भला कितनी औरतों का तजुर्बा हुआ होगा ? यहाँ तो मुझ-सा नामी तजुर्बेकार भी, हा हा हा...ख़ैर, उस मेरी जान का सच मुझे तब पता चला जब एक दफ़ा उसका पति किसी कैम्प ट्रेनिंग में जाते-जाते—क्योंकि मैं उसकी नज़रों में निहायत शरीफ और उसके सुदूर छोटे भाई की सूरत से हमशक्ल-सा था—मुझे घर देखते रहने को कहता गया था। उस रात ख़ूब-ख़ूब प्यार किया मैंने उस संगमरमरी नवब्याहता को; और अगली ही सुबह वो पास के पहाड़ पर घूमने जाने की ज़िद पकड़कर बैठ गई। मिल्ट्री इलाक़े में यों खुल्लम खुल्ला किसी की बीवी को घुमाने नहीं ले जाया जा सकता; वहाँ सामाजिक मर्यादायें भी अनुशासन की तरह अलिखित और अनिवार्य होती हैं; पर डॉली इस क़दर ज़िद पर थी कि हारकर मैंने ये तय किया कि पहले वो घर से निकल जाए, आधे घण्टे बाद मैं निकल आऊँगा और फिर वो जहाँ चाहेगी, दिन भर उसे घुमाऊँगा।''

''फिर ?'' उत्सुकता में, मैं आँखें खोलकर बैठ गया।

राजवीर ने एक्सीलेटर पर दबाव बढ़ा दिया,

''डॉली के जाने के आधा-पौन घण्टे बाद मैं भी निकला और राह में एटीएम से पाँच हज़ार रुपये भी निकाले उसकी शॉपिंग का सोचकर; पर रुपये जेब में ऐसे ही पड़े रह गए। जब मैं वहाँ पहुँचा, वो मिली ही नहीं!...दिन भर पागलों की तरह मैं उसे ढूँढ़ता रहा पर वो कहीं, कहीं नहीं मिली। शाम को थका-भूखा मैं घर लौटा और उसके पति को इत्तला की।''

''फिर?'' मैं अंत की अनुमानिकता से रोमांचित हो उठा।

''फिर जब उसका पति लौटा, बड़ा तमाशा किया उसने,...चीख-चीखकर लोगों को इकट्ठा कर लिया और मुझ पर इल्जाम लगाने लगा कि मैंने उसकी बीवी को किसी के साथ भगा दिया है!''

माहौल में गर्मी उतर आई थी। हम तपती मैदानी सड़क से गुज़र रहे थे और हवा ने ठंडक इतनी खो दी थी कि मैंने जैकेट उतार दी और राजवीर के चेहरे की तरफ़ देखा: धूप से ज़्यादा गर्म उसका चेहरा लगा।

''फिर मैंने डॉली के पति से कहा, वो एक बार उन दोनों को पकड़ तो लाये, गोली मैं मारूँगा दोनों में, और ये एक राजपूत का वचन रहा!''

कार की गति इतनी हो गई थी कि मुझे राज को टोकना पड़ा। न धूप नर्म रह गई थी और न दृश्य सुहाने और न राज की मुस्कुराहट स्थायी। मैंने देर से बंद संगीत नये सिरे से शुरू किया :

तुमको देखा तो ये ख़्याल आया
ज़िन्दगी धूप तुम घना साया

ग़ज़ल ने माहौल बदला तो मैंने उसे कुछ और बेहतर करना चाहा,

''राज, कोई ऐसी लड़की आई कभी ज़िन्दगी में जिसने सबसे बढ़कर तुम्हें चाहा हो?''

''कृष्णा!''—नाम लेते ही वो एकदम जैसे महकने लगा—''वो तो एकदम मेरे पीछे ही पड़ गई थी शादी के लिए और अगर मैं पहले से ही बाल-बच्चोंदार न होता तो यकीनन वो गुड़िया-सी लड़की आज मेरी पत्नी होती और मैं दुनिया का सबसे ख़ुशनसीब आदमी!...पूरे तेरह साल उसने मुझे भगवान की तरह चाहा!''

''तेरह साल??''

मैं जैसे अपनी सीट पर उछल पड़ा और देर बाद राजवीर मुस्कुराया, शायद मेरे चौंकने पर, शायद कृष्णा की स्मृति में।

''हाँ, एक्चुअली जब वो दस साल की थी तब से मुझे पसन्द करती थी। आगरा में मेरी विधवा मौसी के पड़ोस में उसका घर है। जब कभी मैं वहाँ जाता था, वो मुझसे मिलने ज़रूर-ज़रूर आती और जब कभी मैं वहाँ रहता, तितली की तरह मेरे इर्द-गिर्द ही उड़ती-फिरती रहती। उसकी आँखें तब भी गहरी, काली, मृग-छौने-सी निश्छल थीं जब वो लकड़ी की तरह सपाट-दुबली लड़की हुआ करती थी और जब वो फ्रॉक में रिबन वाली दो चोटियों से सँवरती थी, मैं जानता था कि उसे मुझसे तब से मोहब्बत है; कभी भी उसने मुझे 'अंकल' या 'भइया' नहीं कहा; मैं उसके लिए 'सर' ही रहा हमेशा।''

''फिर अफ़ेयर कब शुरू हुआ तुम दोनों का?''

''जब वो बीस साल की हो गई; अभी तीनेक साल पहले मेरी पोस्टिंग आगरा

हो गई और—क्योंकि बीवी-बच्चों को तब तक मैंने गाँव के पास कस्बे में बनाये अपने मकान में छोड़ रखा था क्योंकि मेरे माँ-पिताजी जो बहुत बूढ़े और बीमार थे, मरते समय न जन्मभूमि छोड़ना चाहते थे और न ही पोतों को—मैं अकेला था और मौसी ने कहीं और रहने नहीं दिया।''

''फिर शीशे में कैसे उतारा तुमने उसे?''

प्रश्न करके मैं अपने आप में चौंका; मैं अरुण सिंह घोषित तौर पर घोर शरीफ़ आदमी!!...तो क्या मुझमें भी कहीं एक कैसानोवा? जबकि मैं सोच रहा था; राज समतल सड़क पर गाड़ी को लय-की-सी रफ़्तार में दौड़ा रहा था,

''शुरुआत ऐसे हुई उस अफ़ेयर की कि एक शाम कृष्णा के मम्मी-पापा, मैं और मौसी चाय पी रहे थे। सबकी नज़रों में, मैं वज़नदार आदमी तो था ही, कृष्णा का प्रिय भी जाना-माना था। बातों-ब्रातों में उन्होंने मुझसे कहा कि मैं कृष्णा को मनाऊँ उस बढ़िया रिश्ते के लिए जो ख़ुद चलकर दरवाज़े पर आया है और वो सामने खड़े सौभाग्य के लिए दरवाज़े बंद करने पर तुली है! मैंने सबको कहा कि लड़कियों का मन बड़ा कोमल और संकोची होता है; मैं अकेले में उसे समझाऊँगा।...और ऐसे अगली दोपहर सबने उसे लगभग जबरन मेरे साथ ताजमहल भेज दिया।''

''आगे...?''

''आगे क्या यार, ताजमहल तो जगह ही ऐसी है फिर मैं और कृष्णा आँखों और स्पर्शों से इतना कुछ कह-सुन चुके थे कि जुबानी कुबूल करना तो एक औपचारिकता भर रह गई थी।''

''फिर कैसे प्रपोज़ किया तुमने?''—मुझे उत्तेजना होने लगी। सोचिए तो ज़रा, बेगानी शादी में अबदुल्ला दीवाना!

''मैं उसके लिए गिफ़्ट ले गया था,...चाँदी की हेयर क्लिप। जब मैंने उसकी ओर बढ़ाई, उसने हाथ आगे करके ली नहीं, शरमायी-सी सिर झुकाये बैठी रही। मैं अपने हाथों से उसके बालों में क्लिप लगाने लगा और पूछने लगा, वो कैसा जीवनसाथी चाहती है। और अरुण! जैसे फूल पाँखुरी-पाँखुरी खिलता है, वो आहिस्ता-आहिस्ता अपना मन खोलने लगी और जब उसने झरते फूलों से शब्दों में अपने मन के राजकुमार की छवि उकेरी; मुझे लगा, सिर्फ़ और सिर्फ़ मेरी ही बात कर रही है और मैंने उसे बाँहों में भर लिया और वो इतनी कसके मुझसे लिपट गई कि मुझे तुरंत यक़ीन हो गया कि एक उम्र से वो इस आलिंगन के लिए तरस रही थी! पगली को लड़कियों वाले नाज-ओ-नखरे तो बिल्कुल आते ही नहीं थे!''—राज का लहज़ा अपनी किसी आत्मीया बच्ची का ज़िक्र करने जैसा था।

''फिर?''

''फिर हमारा अफेयर चला, पूरे दो साल, जब तक मैं आगरा में पोस्टेड रहा

और उन दो सालों में उसने मुझे पत्नी की कमी महसूस नहीं होने दी फिर जब मेरा ट्रांसफर चंडीगढ़ हो गया, मुझे अपनी उस कुँवारी पत्नी को वहीं छोड़कर जीवन में आगे बढ़ जाना पड़ा।''—राज के चेहरे और आवाज़ के साथ-साथ गाड़ी की रफ़्तार भी उदास हो गई।

''तो ऐसे ख़त्म हुआ वो अफ़ेयर?''

''नहीं यार, वो जो मेरी कृष्णा थी ना, वो निमिष का स्त्री संस्करण थी! कमबख़्त का प्यार मेरे हलक में ऐसा अटक गया था कि ऊपर की साँस ऊपर और नीचे की नीचे!''

''वो कैसे?''

मैंने प्लेयर में दूसरी सीडी डाली और कार में जैसे कृष्णा का जीवन-संगीत गूँजा—

जाते-जाते वो मुझे अच्छी निशानी दे गया
उम्र भर दोहराऊँगा ऐसी कहानी दे गया

राज ने संगीत-ध्वनि अनसुनी हो जाने के अंतिम स्तर तक नीची कर दी ताकि उसकी बातें ऊँची, साफ़ और स्पष्ट रहें,

''वो मूर्ख लड़की मुझसे इतनी बुरी तरह प्यार करने लगी थी कि मुझे बिना बताये ही वो घर से भागकर चंडीगढ़ चली आई। उसे यों अचानक अपने क्वाटर में देख मेरे तो होश ही उड़ गए थे!''

अनसुनी लय में संगीत ज़िन्दा था,

ख़ैर मैं प्यासा रहा पर उसने इतना तो किया
मेरी पलकों की कतारों को वो पानी दे गया

जबकि राज कह रहा था,

''मुझे इतना गुस्सा आया उस पर कि दो झापड़ रसीद किए और उसी वक़्त पहली ट्रेन पकड़कर उसे आगरा घसीट लाया और माँ-पिता के सामने उसे डालते हुए कहा कि अपनी बेवकूफ लड़की को ज़रा दुनियादारी सिखायें। अरे, इस तरह कोई जवान लड़की घर से अकेली भागती है भला? रास्ते में कोई ऊँच-नीच हो जाती तो?'' राज का चेहरा किसी सयानी लड़की के फिक्रमंद पिता-सा हो गया।

''फिर क्या हुआ राज?''

''होना क्या था, उन लोगों ने मेरा बहुत-बहुत उपकार माना और मैं बेबस कृष्णा को उसके बौखलाए माँ-पिता के हाथों में छोड़ कर बिना पीछे देखे चला आया।''

''फिर तुमने कभी सोचा नहीं उसके बारे में?''

''सोचा क्यों नहीं? बहुत-बहुत सोचा!...सोचा, चलो अच्छा हुआ वो सही-सलामत अपने घर पहुँच गई।...सोचा, अब मम्मी-पापा उसे डाँट रहे होंगे-थप्पड़ें

मार रहे होंगे और ख़ुद भी रोते जा रहे होंगे।...और मैंने ये भी सोचा कि अब जबकि महीने-दो-महीने में कुछ भी करके घरवाले उसके हाथ पीले कर ही देंगे।...वो महीनों मेरी याद में उदास-उदास रहेगी। शायद रोये भी और बद्दुआएँ भी दे,...फिर किसी एक दिन बिल्कुल निमिष की तरह वो पायेगी कि उसका प्यार दरअसल प्यार था ही नहीं!...फिर धीरे-धीरे अपनी गृहस्थी-पति-बच्चे की मोहक तिलस्मी दुनिया में वो मुझे आख़िरकार भुला ही देगी।...और मैं ये सोचकर हमेशा तसल्ली करूँगा कि मैंने एक भली लड़की की ज़िन्दगी बर्बाद नहीं की!''

अब हवा में एक नई ग़ज़ल थी—

अपना अपना रास्ता है कुछ नहीं
क्या भला है क्या बुरा है कुछ नहीं
जुस्तजू है इक मुसलसल जुस्तजू
क्या कहीं कुछ खो गया है कुछ नहीं

''तुम दिल से बुरे नहीं हो राज; फिर प्यार-दर-प्यार क्यों ख़ुद को छलते हो? और दूसरा पहलू देखें तो ख़र्चा भी बहुत होता होगा न तुम्हारा?''

''होता तो है; मैं आधी वेतन घर में देता हूँ और बाकी आधी ख़ुद को सँवारने और लड़कियों को पाने-निभाने पर ख़र्च करता हूँ।''

''तुम्हारी पत्नी...?''

''कुछ नहीं कहती!''

हवा में ग़ज़ल का टुकड़ा था—

मोहर मेरे नाम की हर शै पे है
मेरे घर में मेरा क्या है कुछ नहीं

जबकि राज पत्नी के बारे में ऐसी भावमुद्रा से बता रहा था जैसे अपनी माँ का जिक्र कर रहा हो,

''वो दुनिया की सबसे अच्छी पत्नी है क्योंकि ग़ैर पढ़ीलिखी है।...मेरी सेवा करती है।...बच्चों का ख़्याल रखती हैं...और मेरी कमज़ोरियों को अपना प्रारब्ध मानकर चुप रहती है। मैं उससे भी बहुत प्यार करता हूँ तभी तो कृष्णा जैसी हीरा लड़की से शादी नहीं की!''

''आजकल...?''

उस शहर की बसाहट दिखने लगी थी जहाँ हमें जाना था। दो तरफ़ कमउम्र हरे दरख़्तों की कतारों के बीच हम कुलीन सड़क पर थे और मुझे अचानक न जाने क्यों ऐसा लगा कि इस राह के कम-अज़-कम एक सौ पचास दरख़्तों से मैं गुज़र चुका हूँ।

''आजकल टू टाइमिंग कर रहा हूँ और वे दोनों अपनेआप में अद्वितीय हैं! दो प्यार...अपनी-अपनी ख़ुशबू में अद्भुत!''

"ओय, कौन-कौन? कहीं कॉलोनी में ही तो नहीं?"

"नहीं! दोनों नहीं! एक तो किसी प्रायवेट कम्पनी में ऊँची अफ़सर है, सिंगल है और हमारी पहचान प्यार में यों बदल गई क्योंकि उसकी शराब पीने की लत इस क़दर बुरी है कि इस मामले में रंजीत भाईसाहब तो उसके आगे बच्चे हैं! और क्योंकि मैं फौजी हूँ, उसे तरह-तरह की शराबें गिफ़्ट करना मेरे लिए कठिन नहीं..."

"और दूसरी कौन है?"—अपने डरों का मारा, मैं बीच में ही पूछ बैठा।

"वो तुम्हारी किरायेदारिनी है ना...!"

"क्या? कब से? पर कैसे?"

"अरे! अरे! अरुण, तुम तसल्ली रखो, वो अब तक मेरी गर्लफ्रेंड नहीं बनी है, नई-नई दोस्त भर है!"

वो खिलखिल कर हँस पड़ा है,...और मैं जैसे उसके सामने रँगे हाथों हूँ!

रुकिये ज़रा, अंत हमेशा वहाँ नहीं होते जहाँ तय कर दिए जाते हैं और कहानियाँ हमेशा वे ही नहीं होतीं जो कह-सुन या लिख दी जाती हैं; वे भी होती हैं जो दिल की स्याह गहराइयों में दफ़न रह जाती हैं; अब...जबकि अभीष्ट शहर आने को है,...जबकि राज मेरा गहरा दोस्त हो चुका है,...जबकि मैं उससे फ़ौजी कैन्टीन चलने को साधिकार कह सकता हूँ; पर...पर...पर मैं ये सब नहीं सोच रहा हूँ बल्कि तय कर रहा हूँ कि घर लौटते ही गँवई अप्सरा-सी अपनी भोली सीता से पहले ही एकान्त में पूछ लूँगा,

...राजवीर के बारे में वो क्या सोचती है।

●●●